TIM INGOLD • Korrespondenzen

Tim Ingold

Korrespondenzen

Im Dialog mit der lebendigen Welt

EDITION TRICKSTER IM PETER HAMMER VERLAG

MIX
Papier aus verantwortungsvollen Quellen
FSC® C107574

This edition is published by arrangement with Polity Press Ltd., Cambridge
Titel der Originalausgabe: *Correspondences*
Übersetzt aus dem Englischen von Werner Petermann
Die vorliegende Übersetzung wurde gefördert durch den
Deutschen Übersetzerfond
Lektorat: Lisa Burger und David Sumerauer, Edition Trickster
Umschlaggestaltung: Magdalene Krumbeck
Satz: Graphium Press, Wuppertal
Druck: UAB Balto print, Litauen
ISBN 978-3-7795-0703-1
www.peter-hammer-verlag.de

Inhalt

Vorwort und Danksagung

Über die Jahre hin habe ich es mir zur Gewohnheit werden lassen, Briefe zu verfassen. Unadressiert gingen sie in mein Notizbuch ein, in der Form von Antworten auf Dinge, auf die ich gestoßen bin und die meine Neugier geweckt hatten. Diese Dinge hörten jedoch niemals auf, mir auf den Nägeln zu brennen, noch hörte ich auf, darüber zu grübeln. Es ist, als hätten wir uns auf eine Art von Korrespondenz eingelassen. In diesem Buch eröffne ich eine Sammlung solcher kurioser Korrespondenzen. Fast alles begann für mich während des letzten Jahrzehnts, und das meiste binnen der fünf Jahre von 2013 bis 2018. Es waren die Jahre, in denen ich mit der Leitung eines großen Projekts namens *Knowing from the Inside* (oder kurzum, KFI) beschäftigt war, das vom European Research Council finanziert wurde. Ziel des Projekts war es, eine andere Art des Denkens darüber auszubilden, wie wir dazu kommen, Dinge zu wissen: nicht durch das Arrangement einer Konfrontation zwischen kopfigen Theorien und bodenständigen Fakten, sondern eher durch ein Korrespondieren mit den Dingen selbst, in den wahren Denkabläufen.

Die hier versammelten Essays veranschaulichen alle dieses Ziel auf die eine oder andere Weise und sie erstrecken sich über die vier Felder, die das KFI-Projekt nutzbar zu machen suchte: Anthropologie, Kunst, Architektur und Design. Eine frühere Version des Buchs mit nur sechzehn Kapiteln (einschließlich von vier Essays und drei Interviews, die in der neuen Fassung fehlen) wurde von der University of Aberdeen „hausintern" im Jahr 2017 als einer aus einer Reihe von experimentellen Bänden, die sich dem Projekt verdankten, herausgegeben.[1] Ich habe mehr als neun Essays aus der ursprünglichen Version in die neue übernommen, mehrere davon sind überarbeitet und andere nahezu komplett neu geschrieben worden. Die übrigen achtzehn Essays sind neues Material.

Ich bin allen am KFI-Projekt Beteiligten für ihre Inspiration und Unterstützung zu großem Dank verpflichtet und dem European Research Council für die Finanzierung, die alles ermöglichte. Zusätzlich habe ich vielen einzelnen Personen zu danken, sowohl für Anregungen als auch für die Erlaubnis, schon veröffentlichtes Material erneut zu verwenden. Es sind: Anais Tondeur, Anna Macdonald, Anne Dressen,

Anne Masson, Benjamin Grillon, Bob Simpson, Carol Bove, Claudia Zeiske and Deveron Arts, Colin Davidson, David Nash, Émile Kirsch, Eric Chevalier, Franck Billé, Germain Meulemans, Giuseppe Penone, Hélène Studievic, Kenneth Olwig, Marie-Andrée Jacob, Mathilde Roussel, Matthieu Raffard, Michael Malay, Mikel Nieto, Nisha Keshav, Philip Vannini, Rachel Harkness, Robin Humphrey, Shauna McMullan, Tatum Hands, Tehching Hsieh, Tim Knoewles, Tomás Saraceno and Wolfgang Weileder. Meine Dankbarkeit an alle. Dieses Buch hätte ohne euch nicht fertiggestellt werden können!

„Irgendwo in Nordkarelien …" wird mit freundlicher Genehmigung von Penguin Random House abgedruckt; „Im Schatten des Baumwesens" mit freundlicher Genehmigung der Gagosian Gallery; „Im Flug" mit freundlicher Genehmigung von Skira Editore; „Worte, mit denen man der Welt begegnen mag" und „Diabolismus und Logophilie" mit freundlicher Genehmigung von Routledge (Taylor & Francis).

Tim Ingold
Aberdeen, März 2020

Einladung

Briefe, die von Herzen kommen

Ideen hat man, wenn man sie am wenigsten erwartet. Ein Gedanke, der dir wie ein erwarteter Besucher oder eine Besucherin in den Sinn kommt, der nach Vereinbarung bei dir anklopft, wäre das überhaupt eine Idee? Damit der Gedanke zur Idee wird, muss er beunruhigen, verunsichern, wie ein Windstoß, der einen Haufen Blätter durcheinanderwirbelt. Man mag darauf gewartet haben, aber es ist dennoch eine Überraschung. Diejenigen aber, die so schnell wie möglich von A nach B gelangen wollen, haben keine Zeit zu warten. Für sie ist eine Idee ein unwillkommener Gast; er droht sie vom Kurs abzubringen, wenn nicht gar, sie gänzlich in die Irre zu führen. Doch wenn's keine Ideen gäbe, säßen wir in der Falle. Das geistige Leben beschränkte sich auf ein Rangieren, und nichts wirklich Neues könnte jemals daraus erwachsen, nur die Umordnung eines bereits Vorhandenen. Heutzutage ist es üblich geworden, sich Kreativität folgendermaßen vorzustellen: Man nimmt an, dass es keine neue Idee gibt, die nicht die originelle Umsetzung oder Kombination von Bruchstücken älterer Ideen ist. Als wäre unser Geist ein Kaleidoskop, mit einer festen Anordnung von Spiegeln und einer Auswahl an Perlen, die in Form und Farbe variierten. Die Spiegel sind fest verdrahtete kognitive Strukturen, die Perlen stellen ihren geistigen Gehalt dar. Jede Erschütterung ergibt ein einzigartiges Muster und wir feiern seine Neuartigkeit; aber nichts Neues entsteht daraus. Hier ist alles Selbstzweck; es gibt keinen Anbeginn. Es sei denn ... es sei denn, wir schenken unsere Aufmerksamkeit dem, was üblicherweise unbeachtet bleibt, nämlich der Erschütterung selbst. Die Erschütterung verunsichert, das führt zu einer momentanen Lockerung, einem Kontrollverlust. Was, wenn die Idee die Erschütterung wäre und nicht das Schema, das sich daraus ergibt?

„I'm all shook up" („Ich bin ganz erschüttert"), sang Elvis Presley, „my hands are shaky and my knees are weak" („meine Hände zittern und meine Knie geben nach"). Elvis war verliebt, aber ich habe die gleiche Gemütserregung durchgemacht, wenn ich ganz unerwartet von einer Idee überwältigt wurde. Es ist so instinktiv wie intellektuell, wenn die beiden überhaupt unterschieden werden können. Der denkende Mensch mag manchmal unbeteiligt erscheinen, den Kopf in den Händen, in einer Blase isoliert, aber die Pose des Liebenden ist nicht viel anders. Denkende und Liebende haben gemeinsam, dass sie auf einzigartige Weise verletzlich sind. Sie sind in einem Zustand der Hingabe, ob nun an eine Idee oder eine geliebte Person. Aber der Zustand ist alles andere als passiv; im Gegenteil, er ist leidenschaftlich, eine Beeinflussung der Seele, die Geist und Körper zum Nachdenken auffordert, heftig in seiner Intensität. Und es ist der Furor des Denkens, nicht bloß im Zorn, sondern in der Ekstase, den ich auf diesen Seiten feiern möchte. Meiner Erfahrung nach ist das eine Wut, die nur in relativer Ruhe durchgestanden werden kann, wenn ringsum alles in einem guten Gleichgewicht ist. In der heutigen Welt ist ein solches Gleichgewicht schwer zu finden und aus diesem Grund umso kostbarer. Ich habe die Befürchtung, dass die Ungleichheiten der Welt – von Wohlstand, Klima und Bildung – das Denken zukunftsunfähig machen und das geistige Leben gefährden werden. In der Tat sehen wir uns einer Epidemie der Gedankenlosigkeit gegenüber, deren Hauptursachen darin liegen, dass wir aus unserem Denken jede Erwägung für die Folgen getilgt haben, als ob man sich ums Denken nicht mehr kümmern müsste, geschweige denn um die Liebe.

Uns obliegt die Entscheidung, warnte die Philosophin Hannah Arendt, „ob wir die Welt genug lieben, um Verantwortung für sie zu übernehmen“.[2] Arendt schrieb in der Zeit nach dem Zweiten Weltkrieg, als die Welt erneut am Rande des Abgrunds stand, doch haben ihre Worte heute noch die gleiche Kraft. Nur wenn wir uns wieder in die Welt verlieben, prophezeite sie, kann es für die künftigen Generationen Hoffnung auf Erneuerung geben. Und um das zu erreichen, müssen wir die Kunst des Denkens und des Schreibens wiedererlernen, sowohl mit dem Herzen wie auch mit dem Kopf. In der Vergangenheit dachten und schrieben wir so, insbesondere wenn wir Liebesbriefe schrieben, Briefe an die Familie oder an Freunde und Freundinnen. Sobald wir die Feder auf das Papier setzten, flogen unsere Gedanken hin zu der auserkorenen Empfängerin, als wären wir mit ihr im Gespräch. Wir pflegten zu schreiben, wie wir sprachen, mit Gefühl und Anteilnahme, nicht um eine These in die Welt zu setzen, sondern um eine Denkweise fortzusetzen, die, in ihren Stimmungen und Motivierungen, das ansprach, von dem wir glaubten, dass es der Adressatin gerade durch den Kopf ging. Wenn wir uns so nach und nach an den Dingen abarbeiten, tauchen die Ideen mit einer gewissen Frische und Spontaneität auf und sind noch nicht von der Last späterer Feinarbeit niedergedrückt. Aber beim Briefeschreiben kommt es nicht nur auf die Worte an, die wir wählen; es spielt auch eine Rolle, wie wir sie schreiben. Handgeschriebene Worte in Schreibschrift transportieren richtige Gefühle, durch die Gewichtung, die Beugung und die fortlaufenden Windungen des Schriftzugs. Das ist mehr, als Worte sagen können, doch Worte sagen es, nicht mittels der Bedeutungen, die wir ihnen zuschreiben, sondern dank der expressiven Kraft, die in der Zeile selbst liegt. Man kennt mich, man weiß, wie ich fühle, von meiner Art des Schreibens her; so auch aufgrund meiner Stimme. Jeder auf seine Weise.

Digitalisierung und Verlust

Heutzutage ist diese Form des Briefeschreibens so gut wie verschwunden, ersetzt durch die unmittelbare Kommunikation von Telefon und E-Mail. Und damit ist auch etwas von der Sorgfalt und Spontaneität des Briefeschreibens verloren gegangen. Wesentlicher ist die Spontaneität der Kommunikation: die Sache – in einem Augenblick vorbei – ist belanglos geworden, der Aufmerksamkeit und Bedachtsamkeit beraubt, die es braucht, um Zeilen auf einer Seite schreibend zu gestalten, und ohne die Geduld des Wartens aufbringen zu müssen: darauf, dass der Brief sein vorgesehenes Ziel erreicht, und auf die Antwort des Empfängers. Und umgekehrt hat auch Sorgfalt viel von ihrer Spontaneität verloren: sie erscheint berechnender und, aus dem gleichen Grund, unpersönlicher, weniger gefühlsbetont. Es ist daraus eher eine zu überbringende Dienstleistung geworden als die Anerkennung – durch Zuwendung und Erwiderung – dessen, was wir anderen für unsere Existenz als Lebewesen in einer Welt schuldig sind. Nun mögen einige sagen, dass es bloße Nostalgie sei, versuchte man, Sorgfalt und Spontaneität wieder zusammenzubringen. Ich bin da jedoch anderer Meinung und dieses Buch ist meine beispielhafte Offerte nicht nur dafür, wie es gemacht werden kann, sondern legt durch seine Existenz auch testamentarisches Zeugnis ab für die Kraft des Schriftverkehrs. Es geht nämlich nicht darum, in die Vergangenheit zurückzukehren, vielmehr darum, zuzulassen, dass die Vergangenheit einmal mehr den

Weg in die Zukunft findet. Damit es mit dem Leben auf Erden florierend weitergeht, müssen wir lernen, auf die Welt um uns herum einzugehen und mit Feingefühl und Urteilsvermögen zu reagieren. In Korrespondenz mit Menschen und Dingen zu sein – wie wir es beim Briefeschreiben gewohnt waren – eröffnet fortführbare Lebenswege, auf stets eigene Weise, aber dennoch mit Rücksicht auf andere.

In diesem Buch habe ich einige von den Vorgehensweisen zusammengestellt, wie ich schreibenderweise mit allem möglichen korrespondierte, beginnend mit Ozeanen und Himmeln, Landschaften und Wäldern bis hin zu Denkmälern und Kunstwerken. Idealerweise sollte ich diese Korrespondenzen mit der Hand geschrieben haben. Dass ich sie auf einer Tastatur geschrieben habe, ist für mich eine Unzulänglichkeit; dass man sie gedruckt zu lesen bekommt, bedauerlich. Dieses Bedauern ist jedoch kein Rückzug in die Nostalgie, sondern ein Ersuchen um Nachhaltigkeit. Eine Welt, in der alle Kommunikation vorüber ist, kaum dass sie begonnen hat, was das Leben auf eine Abfolge von Augenblicken reduziert, ist einfach nicht zukunftsfähig. Es ist auch nicht nostalgisch, wenn man sich wünscht, unsere menschlichen Ausdruckskapazitäten möchten erhalten bleiben. Denn wir verlieren diese Stärken auf eigenes Risiko. Tatsächlich waren sie noch nie in der menschlichen Geschichte gefährdeter. Wir haben dabeigestanden, als die von Mund und Hand getrennten Worte in die flüssige Währung einer globalen Informations- und Kommunikationsindustrie konvertiert wurden. Verpfändet an Staaten und Konzerne sind Worte zu bloßen Zeichen des Tausches reduziert worden. Und unsere Technologien haben sich im Gleichschritt entwickelt. Die Sprache ist aus den Gesprächen des Lebens herausdestilliert worden, nur um damit die Rechnermechanismen zu bestücken. Aber die viel gepriesene „digitale Revolution“ wird sich aller Voraussicht nach selbst zerstören, wahrscheinlich noch in diesem Jahrhundert. In einer Welt, die sich dem Klimanotstand gegenübersieht, ist auch sie offensichtlich untragbar. Nicht nur verbrauchen die Supercomputer, von denen sie abhängig ist, heute schon kolossale Energiemengen; die Gewinnung von giftigen Schwermetallen, die in digitalen Geräten zum Einsatz kommen, hat rund um die Erde völkermörderische Konflikte geschürt und wird wahrscheinlich viele Gegenden auf Dauer unbewohnbar machen. Indes lässt die Digitalisierung in beispielloser Geschwindigkeit die Archive dokumentierter Geschichte verschwinden.

Man stelle sich eine Zukunft vor, in der alle geschriebenen Vokabeln auf Tastaturen getippt würden oder auf Bildschirmen erschienen. Diese Wörter zu lesen erfordert eine Vorstellungskraft, die eher durch Papier oder Glas schneidet, um die dahinterliegenden Bedeutungen zu extrahieren, als an der Oberfläche festgehalten zu werden. Die linearen Affektspuren, die einst die Augen von Lesern gefangen genommen haben, werden mittlerweile als Ablenkung verbucht. Sie sind durch ein Vokabular von Emoticons ersetzt worden, die Gefühlssurrogate anstelle von echten Gefühlen anbieten. Wo die ausdrucksstarke Kraft der Zeile längst vergessen ist, verschwindet als Nächstes die Stimme. Auf Anordnung der Autoritäten wird entschieden, dass die musikalischen Qualitäten von Gesangsdarbietungen, die einst die Zuhörerinnen und Zuhörer so sehr begeistert hatten, dass sie zum Mitgehen oder Miteinstimmen verleitet wurden, von dem ablenkten, was heute als die richtige Funktion von Worten, nämlich Information zu vermitteln, gilt. Also wird die Stimme durch digitale Synthesizer (Sprachgeneratoren) ersetzt, die mittels Neurotransmittern aus dem Gehirn betrieben werden. In dieser schönen neuen Welt sind das Wiegenlied, der Klagegesang, das Weihnachtslied und das Summen, um jede Gemütsbewegung beraubt, dazu ausersehen, als Andenken an eine vergangene Zeit in Aspik konserviert zu werden. Der Stimme beraubt verlieren die Menschen die Fähigkeit zu singen. Aber dies verschlimmert nur die frühere Unterdrückung der Hand, die der Fähigkeit zu schreiben verlustig gegangen ist. Eine Gesellschaft ohne Handschrift ist wie eine, aus der der Gesang verbannt worden ist. Und doch würde es nur einer simplen Erfindung bedürfen, sie zurückzubringen: einer in der Hand zu haltenden spitzen Röhre, mit dunkelfarbiger Flüssigkeit gefüllt. Kein digitales Interface kann dem ausdrucksstarken Potenzial und der vielseitigen Einsetzbarkeit dieses Geräts gleichkommen. Billig, leicht zu gebrauchen, erfordert es keine externe Energieversorgung und hinterlässt keine Verschmutzung: Es könnte die Zukunft des Schreibens für unzählige kommende Jahre sicherstellen.

Mehr als menschlich

Manchmal wundere ich mich, wo die Philosophinnen und Philosophen all die Jahre geblieben sind. Einige von ihnen haben es in jüngster Zeit übernommen, uns zu erzählen – als ob es eine überraschende neue Entdeckung wäre –, dass die Welt in Wirklichkeit nicht um den Menschen kreise und dass nicht menschliche Wesen aller Art in Beziehungen zueinander treten und sogar von Bedeutung füreinander sein können, was nicht im Geringsten davon abhinge, wie sie von Menschen genutzt oder wahrgenommen würden, oder gar von jedweder menschlichen Gegenwart überhaupt. Die Tatsache, dass Wissenschaftlerinnen und Wissenschaftler auf solchen Gebieten wie Pflanzen- und Tierökologie, Geomorphologie und Bodenkunde solche Beziehungen seit Generationen untersucht haben, scheint an unseren Philosophen vorübergegangen zu sein. Natürlich haben wir gute Gründe, die Prämissen, die solche wissenschaftlichen Unternehmen stützen, infrage zu stellen. Zum größten Teil nehmen sie an, dass die Welt der Natur „da draußen" bereits existiere, wie ein unkartierter Kontinent, und lediglich auf uns Menschen warte, sie zu entdecken. Es ist gewiss etwas Doppelzüngiges in den Behauptungen der Wissenschaft, sie könne das Walten der Natur erklären, den Geist als Teil der Natur eingeschlossen, wenn man bedenkt, dass solche Behauptungen ihre Autorität aus der überlegenen Perspektive eines Geistes beziehen, der sich bereits selbst auf ein Podest gesetzt hat, das über die Natur, die er zu erklären vorgibt, hinausragt. Deshalb kann die Wissenschaft, auch wenn sie bestreitet, *irgendeine* Spezies besäße einen essenziellen Wesenszug, der Mutmaßung nicht entgehen, dass an den Menschen etwas Außergewöhnliches sei – etwas, das sie empor – und über die natürliche Welt erhebt. Sie kann dieser Vermutung nicht entgehen, weil das gesamte wissenschaftliche Projekt darauf beruht. Sie ist der Elefant im Raum, der unsichtbar den Vorsitz über die Wissenschaft nicht menschlicher Geselligkeit übernommen hat, unter Verleugnung seiner Gegenwart und seines Einflusses.

Aber Philosophinnen und Philosophen, die für einen ausgeglicheneren oder „symmetrischeren" Ansatz plädieren, der die Beteiligung von Nichtmenschen am Menschsein bei Chancengleichheit zuließe, sind nicht weniger heuchlerisch. Wir Menschen, sagen sie, sind nicht in einer Welt, die uns gehört. Im Gegenteil, wir haben unsere Welt mit einer nahezu unvorstellbaren Vielfalt nicht menschlicher Arten gemein, mit und unter denen wir Beziehungen knüpfen, die sich in ständig wachsenden Netzwerken von Einfluss und Handlungsmacht verzweigen. Und doch wird man im Zentrum jedes Netzwerks immer einen Menschen finden. Warum? Weil die Menschen, denen gemäß, die diese Ansicht vertreten, unter den Lebewesen in dem Maße einzigartig sind, als sie dazu befähigt sind, andere Lebewesen in ihre eigene Lebensweise zu integrieren. Sie tun dies durch den extensiven Gebrauch von unbelebten Objekten als Werkzeuge oder die Herstellung von Artefakten, durch die zweckerfüllende Domestikation von Pflanzen und Tieren und durch verschiedene andere Eingriffe. Diese Menschheit wird als Dreh- und Angelpunkt postuliert, um den herum sich Mensch und Nichtmensch im Gleichgewicht halten. Doch dieser Drehpunkt liegt selbst in einem der wirkungsvollsten Mythen der Moderne begründet. Es ist der Mythos, wie vor vielen Jahrtausenden die fernen Vorfahren des heutigen Menschen die Ketten der Natur zerbrachen, die alle anderen Tiere gefangen halten, und sich selbst auf den Weg der Geschichte machten. Paradoxerweise rechtfertigt sich ein Denkansatz, der behauptet, die Verschiedenheit von Mensch und Nichtmensch abzubauen und die gleichen Rahmenbedingungen zu schaffen, mit der Begründung, dass die Menschen in ihrer Art des Umgangs mit materiellen Dingen und in der Weise, wie die Geschichte dieser Beschäftigung fortschreitet, sich radikal von allen anderen Lebensformen unterscheiden. Schwerlich könnte eine symmetrische Herangehensweise auf einer asymmetrischeren Grundlage beruhen.[3]

Die Wahrheit ist, dass in einer nicht nur menschlichen Welt nichts in Isolation existiert. Menschen mögen sich diese Welt mit Nichtmenschen teilen, aber aus dem gleichen Grund teilen Steine sie mit Nichtsteinen, Bäume mit Nichtbäumen und Berge mit Nichtbergen. Doch wo der Stein endet und sein Gegenteil beginnt, kann nicht mit endgültiger Gewissheit sichergestellt werden. Das Gleiche gilt für den Baum und den Berg, ja sogar für den Menschen. Es ist eine Lebensbedingung, alles ist durchlässig und nichts eingeschlossen. Natürlich können wir die Dinge auseinanderhalten. Bittet mich darum, auf einen anderen Menschen zu zeigen oder auf einen Stein, einen Baum oder einen Berg, und ich kann das ohne Weiteres tun. Aber worauf ich deute, ist kein Gebilde, das in irgendeinem Sinne in sich abgeschlossen wäre. Meine Aufmerksamkeit richtet sich eher auf einen Ort, von dem ich etwas geschehen sehe, ein Treiben, das auf seine Umgebung überschwappt, mich eingeschlossen. Ich sehe den Stein in seiner Versteinerung, den Baum in seiner Arboreszenz, den Berg in seinem Aufragen und Abstürzen. Selbst einen Mitmenschen sehe ich in seinem oder ihrem Menschsein. Wir sollten unsere Hauptwörter für die Benennung von Dingen durch Zeitwörter ersetzen: „steinsein“, „baumsein“, „bergsein“, „menschsein“. Mit einem Mal erscheint die Welt, die wir bewohnen und die wir mit so vielen anderen Dingen teilen, nicht mehr in Dinge von dieser oder jener Sorte fertig zugeschnitten, wobei sie einer bestimmten Klassifikation folgen. Stattdessen finden wir uns in eine Welt geworfen, in der Dinge, den Falten und Knitterungen ihrer Formation folgend, sich gegenseitig ständig ausdifferenzieren. Alles hat – oder besser, *ist* – die Geschichte seiner Differenzierung. Solcherart ist die Geschichte eines Steins, eines Baums oder Bergs wie die Geschichte eines Menschen auch die Geschichte jener Dinge oder Wesen, die mit der Zeit zu deren anderem werden – das Moos, der Vogel, der Bergsteiger.

Sein und Werden

Nur wenn wir die Dinge darin würdigen, was sie an Geschichten zu erzählen haben, können wir anfangen, mit ihnen zu korrespondieren. Deshalb sollten Sie, als Leser, diese Art des Sehens praktizieren, bevor sie sich auf die folgenden Essays einlassen. Wir sind so daran gewöhnt, eine rückwärts gerichtete Sicht einzunehmen, Dinge einen Augenblick zu spät zu erfassen, wenn sie sich bereits in die Formen und Kategorien gefügt haben, die ihnen zugewiesen sind. Wie in dem Kinderspiel „Ochs am Berg“ schleicht die Welt sich hinter unserem Rücken an, erstarrt aber in dem Augenblick, wenn wir uns umdrehen, um einen Blick nach hinten zu werfen. Wollen wir eine Übereinstimmung herstellen, müssen wir uns hinter die Szene begeben, uns zu den „Ranschleichern“ gesellen und uns mit ihnen in Realzeit fortbewegen. Und kaum haben wir das gemacht, wird – was der „Ochs“ sieht, unbewegliche Statuen nämlich – vibrierend lebendig. Die Statue ist bereits erstarrt, aber die Ranschleicher sind auf dem Weg dahin noch lebendig. In ihrer Haltung verkörpern sie nicht das Sein, sondern das Werden. Mit ihnen übereinzustimmen erfordert eine Verschiebung, wie Philosophinnen sagen würden, von der Ontologie zur Ontogenese. In der Ontologie geht es darum, was für ein Ding nötig ist, damit es existieren kann, die Ontogenese hingegen befasst sich damit, wie es erzeugt wird, mit seinem Heranwachsen und seiner Herausbildung. Die Verschiebung hat überdies wesentliche ethische Implikationen. Legt sie doch nahe, dass die Dinge weit davon entfernt sind, voreinander abgeschlossen zu sein, ein jedes nur mit sich selbst, mit der eigenen unzugänglichen Lebenswelt beschäftigt. Im Gegenteil, sie sind grundsätzlich offen und alle haben teil an einer unteilbaren Welt des Werdens. Multiple Ontologien bedeuten multiple Welten, multiple Ontogenesen jedoch nur eine Welt. Da in ihrem Wachstum, ihrer Bewegung, die Dinge dieser Welt aufeinander reagieren, tragen sie auch Verantwortung. Und in dieser einen, unseren Welt tragen nicht bloß die einen Verantwortung und andere nicht. Es ist eine Last, die alle schultern müssen.

Nun gibt es Leute, die eine bestimmte Denkart nur dann verstehen, wenn sie sie zunächst einmal einer Lehrmeinung zuordnen können. Und aufgrund dessen, was ich bisher gesagt habe, würden sie wahrscheinlich vermuten, dass ich in Phänomenologie unterrichtet wurde. Es stimmt schon, dass ich von Denkerinnen und Denkern beeinflusst bin, die in dieser Tradition stehen. Aber die Phänomenologie ist für mich kein Ausgangspunkt. Ich habe nie daran gedacht, in ihr einen theoretischen Ansatz zu sehen oder eine Arbeitsweise, die ich zunächst absorbieren und dann anwenden könnte. Wie die meisten Dinge philosophischer Natur, ist auch dieses an mir mehr oder weniger glücklich herangewachsen und hat seinen Weg in mein Denken gefunden, ohne dass ich es wirklich bemerkte. Zweifellos gestattet sich dieses Eigengewächs von Phänomenologie alle möglichen Freiheiten mit den kanonischen Texten. Ich bin glücklich, dass ich viele davon nicht zu lesen brauche. Textexegese ist eine Aufgabe für ausgebildete Philosophinnen und Philosophen und nicht für Amateure wie mich. Ich war schon immer leicht von Wissenschaftlern verwirrt, die ihre Köpfe in die obskursten und unverständlichsten Texte vergraben, in dem Bemühen, so sagen sie uns, auf den tiefsten Grund unserer Erfahrungen als Wesen in einer Welt vorzustoßen. Man möchte meinen, dass der beste Weg, um die Tiefen menschlicher Erfahrung auszuloten, darin bestünde, sich mit der Welt selbst zu befassen und unmittelbar daraus zu lernen, was sie uns zu sagen hat. Erdbewohnerinnen tun dies die ganze Zeit in ihrem Alltag und wir können viel von ihnen lernen. Dennoch, selbst wenn wir gerade damit anfangen, die Bewohnbarkeitskrise der Welt zu lösen, bestehe ich weiterhin darauf, dass wir eher auf die Lebensweisheit von Bewohnern hören sollten, ob es nun Menschen sind oder Lebewesen anderer Art, als in der geschlossenen Selbstbezogenheit des philosophischen Diskurses Zuflucht zu suchen.

Wenn unsere Welt heute in der Krise ist, dann deshalb, weil wir vergessen haben, wie wir miteinander korrespondieren. Wir haben uns stattdessen an Interaktionskampagnen beteiligt. Interaktionsparteien treten sich bereits mit ihren fertigen Identitäten und Zielsetzungen gegenüber und tätigen ihre Transaktionen auf eine Weise, die ihren jeweils eigenen Interessen dient, aber nichts dazu tut, um diese umzugestalten. Was sie unterscheidet, ist von Anfang an gegeben und bleibt dies auch später. Interaktion ist folglich eine *Zwischen*beziehung. Korrespondenz hingegen, Entsprechung, geht anhaltend *einher*. Das Problem ist, dass wir so in unsere Interaktionen mit anderen verwickelt sind, dass wir es versäumt haben, davon Kenntnis zu nehmen, wie wir uns gemeinsam im Strom der Zeit dahinbewegen. Wie ich zu zeigen versucht habe, handelt es sich, wo es um Korrespondenz geht, um jene Wege, die von Lebensläufen in ständiger Entfaltung oder ständigem Werden zur gleichen Zeit genutzt werden, um sich zusammenzuschließen oder einen vom anderen zu unterscheiden. Diese Verschiebung von der Interaktion zur Korrespondenz bringt eine grundlegende Reorientierung mit sich, von einem relationalen Hin und Her der Lebewesen und Dinge zu ihrem *Zwischendrin-Sein*.[4] Denkt an einen Fluss und seine Ufer. Wir könnten vom Verhältnis des einen Ufers zum anderen sprechen und würden uns, sobald wir eine Brücke überqueren, auf halbem Weg zwischen beiden finden. Aber die Ufer werden unaufhörlich durch das vorbeiströmende Wasser des Flusses gestaltet und umgestaltet. Dieses Wasser fließt zwischen den beiden Ufern, im rechten Winkel zum Brückenbogen. Von Lebewesen und Dingen zu sagen, sie seien zwischendrin, heißt, unser Bewusstsein nach den Wassern auszurichten; mit ihnen zu korrespondieren bedeutet, dieses Bewusstsein mit dem Fließen zu vereinen. Genau solch eine Verschiebung der Orientierung ist, wie ich glaube, notwendig, wenn wir die Welt als solche verstehen wollen, die wir sowohl jetzt als auch in der vorhersehbaren Zukunft bewohnen können. Kurz gesagt, es ist eine Bedingung für nachhaltiges Leben.

Wissensvergeudung

Alles Wissen ist Schrott: das Abfallprodukt einer Stoffwechselreaktion. Dies ist jedenfalls der Schluss, der unweigerlich aus dem Modell der Wissensproduktion folgt, wie es von unseren Autoritäten vorgegeben wird, egal ob es sich um Bildungseinrichtungen, Unternehmensgruppen oder Beauftragte des Staates handelt. Diesem Modell zufolge entsteht Wissen durch das Einernten von Datenmengen, mit denen man Maschinen füttert, die diesen „Input" verdauen oder verarbeiten und die Ergebnisse am anderen Ende ausscheiden, was auch als „Output" bekannt ist. Dieses Exkrement ist die marktgängige Währung der Wissensökonomie. Soweit Menschen überhaupt in den Produktionsprozess verwickelt sind, sind sie lediglich Betreiber oder Technikerinnen, dafür da, die Maschinen zu bedienen: ihre Versorgung und ihre Funktionsfähigkeit zu gewährleisten. Idealerweise sollten ihre Anwesenheit und Aktivität – über die Sicherstellung der maschinellen Betriebsleistung hinaus – keine Auswirkung auf die Ergebnisse haben. Inputs gehen rein, Outputs kommen raus, was sich dazwischen ereignet, hat keine besonderen Konsequenzen. Und während sich die Arbeitsergebnisse auftürmen und die ausgeschiedenen Haufen an Wissen erbarmungslos anschwellen, wird das Leben selbst an den Rand gedrängt, dazu verurteilt, so viel von dem in industriellem Maßstab akkumulierten Datenverarbeitungsmüll zu ergattern, wie es kann.

Jedoch übersteigt es unsere Vorstellungskraft nicht, uns eine alternative Welt zu denken, in der die Maschinen von Menschen ersetzt worden sind. Diese Menschen könnten nach wie vor von „Daten" sprechen, aber sie hätten vor, den Begriff wörtlich zu nehmen, als das, was ihnen *gegeben* ist, damit sie leben und wissen können. Sie akzeptieren gern, was die Welt ihnen bietet, anstatt zu versuchen – ob nun mit Gewalt oder List –, sich anzueignen, was sie nicht offeriert. Sie werden durch dieses Angebot genährt, geradeso wie durch die Nahrung, die sie zu sich nehmen, und wie beim Essen folgt darauf die Verdauung. Aber für sie ist die Verdauung in erster Linie ein Prozess von Leben und Wachstum. Indem sie Wissen produzieren, produzieren sie folglich auch ihr eigenes Selbst als wissende Menschen. Natürlich sind sie sich darüber im Klaren, dass jeder derartige Prozess ein Maß an Reibung mit sich bringt: Nicht alles kann ins Wachstum einbezogen werden, und manche Dinge gehen unverdaut durch. Es gibt sicher kein Handwerk, das bei der Fertigung seiner Materialien nicht reichliche Mengen an Abfall erzeugt, sei es in Form von Staub, Spänen, Schnipseln oder Verschnitt. Mit dem Handwerk des Geistes ist es nicht anders. Aber in dieser alternativen Welt ist Abfall nicht Wissen. Zu Wissen wird er nur, wenn er wieder in einen Lebensprozess eingebracht wird.

Kein Lebewesen kann jedoch auf unbestimmte Zeit weiterbestehen, noch kann es sein Leben in Isolation verbringen. Die Kontinuität des Lebens – und daher auch des Wissens – erfordert von jedem Lebewesen, seinen Teil dazu beizutragen, anderen Leben zum Leben zu verhelfen und sie so lange zu unterhalten, wie diese wiederum brauchen, weiteres Leben hervorzubringen. Daraus folgt, dass alles Leben und alles Wissen an sich sozial ist, ob es sich nun um Bäume in einem Wald handelt, Tiere in einer Herde oder Menschen in einer Gemeinschaft. Soziales Leben ist eine einzige lange Korrespondenz. Genauer noch, es ist ein verworrenes Geflecht aus Korrespondenzen, die alle gleichzeitig geschehen, die sich in- und umeinander verweben. Sie verlaufen, verwirbeln sich hier und dort zu einem Thema wie Strudel in einem Strom. Und sie weisen drei charakteristische Eigenschaften auf. Erstens: Jede Korrespondenz ist ein *Prozess*. Sie setzt sich fort. Zweitens: Eine Korrespondenz ist ergebnisoffen. Sie strebt kein festes Ziel noch eine abschließende Schlussfolgerung an, denn alles, was gesagt oder getan werden könnte, lädt zu einer Fortsetzung ein. Drittens: Korrespondenzen sind *dialogisch*. Sie stehen nicht allein, sondern verlaufen zwischen und unter Partizipanten. Aus diesen dialogischen Verabredungen erwächst kontinuierliches Wissen. In Korrespondenz zu treten, heißt sich stets an dem Scheitelpunkt aufzuhalten, wo das Denken an dem Punkt angelangt ist, sich den Formen der Gedankenwelt anzupassen. Es heißt, Ideen im Flug einzufangen, im Gärprozess ihrer Anfänge, damit sie nicht von der Strömung mitgerissen werden und für immer verloren sind.

Die Strenge der Amateure

In den Korrespondenzen, die dieses Buch ausmachen, habe ich in der Freiheit geschwelgt, die Fesseln akademischer Konvention abzuwerfen und ganz ungeniert als Amateur zu schreiben. Alle wahren Gelehrten sind meiner Meinung nach Amateurinnen und Amateure. Dem Wortsinn nach ist der Amateur jemand, der ein Thema nicht wie die Akademikerin um einer Karriere willen untersucht, sondern aus Liebe zur Sache, motiviert durch ein Gefühl der Zuwendung, persönliches Engagement und Verantwortungsbewusstsein. Amateure und Amateurinnen korrespondieren. Und im Studium finden sie eine Lebensweise, die mit ihrer ganzen Art, in der Welt zu leben, harmoniert.

Freilich ist dieser Appell an die Amateurhaftigkeit nicht ohne seine Tücken, besonders in einem politischen Klima, in dem professionelle Kompetenz routinemäßig als das überhebliche Getue einer technokratischen Elite abgetan wird, die mehr daran interessiert ist, ihren eigenen Status und ihre Privilegien abzusichern, als auf den gesunden Menschenverstand der gewöhnlichen, ungebildeten Leute zu hören. Unsere Definition dessen, was es bedeutet, eine Amateurin oder ein Amateur zu sein, muss ergänzt werden, damit wir nicht riskieren, in plumpen Populismus abzugleiten.

Nach genauerem Nachdenken sind es meiner Ansicht nach zwei Wörter, die wir brauchen: *Strenge* und *Präzision*. Amateurstudien müssen, um diesen Namen zu verdienen, streng und präzise sein. Beide Begriffe wollen jedoch erst einmal entpackt werden. Als ich über das Konzept der Strenge nachdachte, erinnerte ich mich an meine eigenen lebenslangen Versuche, als Amateurmusiker das Cello zu meistern. Zwar haben diese Versuche Jahre des Übens, des Kampfes, der Frustration und sogar des Schmerzes bedeutet, doch haben sie nichtsdestoweniger ein großes Gefühl der Erfüllung mit sich gebracht. Strenge hat ihren Lohn. Neulich jedoch hatte ich das Glück einen Artikel der Künstlerin und Visuellen Anthropologin Amanda Ravetz zu lesen, der mich dazu trieb, das Ganze noch mal zu überdenken.[5] Ravetz beschäftigt sich mit dem, was es bedeutet, wenn man von der Kunst sagt, sie sei ein Forschungsprozess, in einem Kontext, in dem Forschung jeder Art unter zunehmend normative Bewertungssysteme gerät. Gegenwärtig beruht der Goldstandard für Forschung auf drei Kriterien: Originalität, Strenge und Signifikanz. Es sei nicht unvernünftig, so Ravetz, künstlerische Forschung nach ihrer Bedeutung und Originalität zu beurteilen. Strenge jedoch würde sie vernichten. Aber ist das die gleiche Strenge, fragte ich mich, die ich bei meinen Celloübungen aufbringe?

Man kann die Etymologie des Wortes *rigour* (Strenge) befragen. Ravetz führt sie auf die mittelenglischen Varianten von *rig* zurück, das alles, vom Erdrücken, den ein mittelalterlicher Pflug aufwirft, über die Wirbelsäule eines Tieres bis zum Dachfirst eines Hauses, abdeckt. Mein Lexikon jedoch findet die Wurzel des Wortes im lateinischen *rigere*, „steif sein", mit den weiteren Konnotationen von Rechtschaffenheit, Starrheit, Taubheitsgefühl und Morbidität. Welche Herleitung auch bevorzugt wird – und vielleicht sind sie ja miteinander verknüpft –, Härte und Strenge scheinen die zentralen Elemente zu sein. Strenge ist gefühlsarm, gibt der Erfahrung nichts ab und bewirkt sofortige Lähmung in allem, was lebt und sich bewegt, mit dem es in Berührung kommen könnte. Ist dies der Weg der sogenannten „harten Wissenschaften"? Dann ist es einer, den Amateurwissenschaftlerinnen entschieden ablehnen müssen. Hat er oder sie sich nämlich dafür entschieden, sein oder ihr ganzes Leben einem bestimmten Studienfach zu widmen, dann wählt die Amateurin einen weicheren und sympathiegetrageneren Ansatz, einen, der sowohl auf den Ruf des Themas antwortet als auch diesem gegenüber sich zur Rechenschaft verpflichtet fühlt. Die Antwort ist mit Verantwortung behaftet, Wissbegierde mit Zuwendung. Das ist es, was Ravetz eine „Korrespondenz mit empfundener Lebenskraft" nennt. Und für sie ist diese Korrespondenz alles andere als rigoros. Was aber nicht bedeutet, dass sie unbedacht, vage oder Unterschieden gegenüber unempfindlich ist. Die übliche Opposition zwischen Fachwissen und gesundem Menschenverstand tendiert dazu, sich Ersteres aus Wissensspitzen vorzustellen, die aus einem ansonsten homogenen und merkmallosen Plateau emporragen. Die Landschaft der Korrespondenz ist jedoch unendlich vielfältig. Sich mit Dingen in Korrespondenz zu bringen heißt, diesen Variationen zu folgen. „Das Denken, das sich mit Dingen verbindet", ist, wie Ravetz es ausdrückt, „heterogen, jung und aufstrebend, platziert und trüb."[6] Es ist in ständigem Kontakt mit Gefühlsregungen, mit gelebter Erfahrung. Was bedeutet es also, in diesem Sinne zu studieren?

Wir haben es hier mit zwei gegensätzlichen Denkweisen zu tun. Es gibt ein Denken, das die Dinge *zusammen*fügt, und ein Denken, das sich *mit* den Dingen verbindet. In dem einen Fall haben sich die Dinge bereits als Daten aus ihren Entstehungsprozessen herauskondensiert; die Aufgabe besteht folglich darin, sie retrospektiv miteinander zu verknüpfen. Im anderen Fall sind die Dinge ständig im Entstehen begriffen und Aufgabe ist es, in die Vorwärtsbewegung ihrer fortwährenden Erzeugung einzutreten. Man betrachte zum Beispiel die gerade Linie, die von Euklid bekanntlich als die kürzeste Verbindung zwischen zwei Punkten definiert wurde. Bestimmen Sie die Punkte und schon haben Sie die Linie festgelegt. Diese Linie hat keine Breite; sie ist abstrakt und unempfänglich. Sie ist nicht wie die gespannten Saiten meines Cellos, die ein bestimmtes Gewicht und eine bestimmte Stärke haben; die überdies schwingen und sich biegen, wenn sie gezupft oder gestrichen werden. Das ist nicht wie die gerade Furche des Pflügers, die er zieht, während er voranschreitet, und die seine ständige und wachsame Aufmerksamkeit verlangt, um eine gleichmäßige Ausrichtung und eine gleiche Entfernung zu den Furchen trennenden Erdrücken einzuhalten. Es ist nicht wie bei der Takelage eines Schiffs, die im Wechsel von Spannung und Entspannung die genaue Anordnung der Segel im Hinblick auf die vorherrschenden Winde ermöglicht. Noch ist es wie bei den perfekten geraden Linien, die der Künstler Jaime Refoyo mich freihändig zu zeichnen lehrte, aber nicht bevor er mir zunächst beigebracht hatte, wie man ein gewisses Gleichgewicht der Kräfte und muskulösen Spannungen im eigenen Körper findet, was auch ein erhöhtes Wahrnehmungsbewusstsein für die unmittelbare Umgebung erfordert. Wenn in diesen Linien Strenge waltet, ist sie weder unbeweglich noch unempfindlich. Sie liegt eher in der Präzision perfekter Einstimmung: in der Spannung der Cellosaite, die vibrierend eine festgelegte Tonhöhe ergibt; in des Ackermanns Augenmerk auf das Feld; in des Seemanns Beachtung des Windes; in der Aufmerksamkeit gegenüber meinem Körper und der Beachtung seines Umfelds.

Es scheint, als wenn es zwei Arten von Strenge gäbe, die einander praktisch entgegengesetzt sind: eine, die Genauigkeit bei der Erfassung, Messung und Integration einer unnachgiebigen Welt von objektiven Fakten verlangt, und eine andere, die praktische Sorgfalt und Achtsamkeit in einer fortwährenden Beziehung zwischen bewusster Wahrnehmung und lebendigem Material erfordert. In Letzterer – und nicht in Ersterer – liegt die Strenge der Korrespondenz. Und hier kommt die Präzision ins Spiel. Sie sollte nämlich nicht mit Genauigkeit verwechselt werden. Tänzer und Tänzerinnen zum Beispiel sind in den Beobachtungen, die es ihnen erlauben, ihre Bewegungen aufeinander abzustimmen, eher präzise als genau. Hier beruht die Präzision auf der Fähigkeit, die eigenen Bewegungen als Reaktion auf die Bewegungen anderer auszuführen. Das Gleiche gilt für jede Art von Handwerk, bei dem das fachliche Können der Ausübenden darin besteht, die Bewegungen des fühlenden Körpers so auf Werkzeuge und Materialien einzustellen, dass Beziehungen von Linie, Oberfläche, Maßstab und Proportion hervorgerufen werden. Der Tänzer und die Handwerkerin sind Amateure. Sie sind Amateure, weil ihr Tanz, ihr Handwerk einer Lebensweise folgen. Ihre Praxis ist sorgfältig, aufmerksam, streng, aber ihre Strenge ist von der zweiten Art. Nennen wir es die Strenge des Amateurs, eine flexible und lebensverliebte Strenge, im Gegensatz zur professionellen Strenge, die Starrheit und Lähmung hervorruft.

Der Weg der Kunst

In Korrespondenz mit so viel Strenge und Präzision, wie ich aufbieten kann, habe ich in diesen Essays versucht, dem Kern der Dinge nah zu bleiben. Ich möchte zeigen, dass die Praxis des Denkens, was wir oft ‚Theorie' nennen, nicht bedeutet, in ein stratosphärisches Reich der Hyperabstraktion abheben zu müssen oder sich in unserer Vorstellung mit Begriffen zu vermengen, die so weit vom Boden der Erfahrung, der sie ihren Ursprung verdanken, abgedriftet sind, dass sie jeden Kontakt mit ihr verloren haben. Ganz im Gegenteil, die theoretische Arbeit kann genauso in den Materialien und Kräften der bewohnten Welt verankert sein wie die Ausübung jedes anderen Handwerks. Theorie als Lebensweise zu praktizieren bedeutet, sich in seinem Denken mit den Strukturen der Welt zu vermischen und zu vermengen. Das bedeutet, wenn Sie so wollen, nicht, wörtliche Wahrheiten metaphorisch zu nehmen, sondern *metaphorische Wahrheiten wörtlich zu nehmen.* Die Theoretikerin kann Poetin sein. Inspiriert zum Beispiel durch die Poesie von Seamus Heaney könnte ich mein Graben nach Worten mit dem Graben des Kleinbauern nach Torf vergleichen und meinen Stift mit einem Spaten.[7] Angetrieben würde ich durch eine Intuition, wonach in dem Vergleich eine tiefere Wahrheit lauert, und was mein Theoretisieren angeht, so ist das die Wahrheit, die ich zu finden versuche. Und ich weiß, dass meine Chancen, sie zu finden, größer sind, wenn ich zu Boden gehe, als wenn ich abhebe. Ich sollte einen Spaten in die Hand nehmen und graben! Ich sollte dabei daran denken, was der Spaten mir über die Erde erzählt, oder vielmehr, was die Erde mir durch den Spaten erzählt. Und dann kann ich die Lektionen, die ich gelernt habe, in mein Denken auf der Seite einbringen.

Metaphorische Wahrheiten wörtlich zu nehmen ist nicht bloß der Weg der Poesie; es ist auch – und vielleicht mehr als alles andere – der Weg der Kunst. Die Arbeit von Künstlerinnen besteht darin, solche Wahrheiten zu verkörpern, sie uns instinktiv gegenwärtig zu machen, sodass wir sie in ihrer Unmittelbarkeit erfahren können. Die Mehrzahl der hier gesammelten Aufsätze wurde ursprünglich als Antwort auf künstlerische Provokationen geschrieben. Einige wurden von den Künstlerinnen und Künstlern selbst oder von den Kuratoren ihrer Werke in Auftrag gegeben; andere habe ich aus eigener Initiative verfasst. Es ist nicht meine Absicht, ein ästhetisches oder anderes Urteil über die Kunst selbst abzugeben. Ich biete keine fachkundige Interpretation oder Analyse. Wenn ich antworte, schreibe ich als Amateur, nicht als professioneller Kritiker. Da ich aber mit dem Medium des Wortes arbeite, habe ich mir vorgenommen, meine eigene Stimme zu einem Teil der Korrespondenz zu machen. Und um ehrlich zu sein: Ich habe es sehr genossen. Es war eine Erleichterung, meine akademische Persona abzulegen und mit meiner eigenen Stimme, Herz und Hand, zu schreiben. Vor allem habe ich die Freiheit genossen, mich auf neue Ideen einzulassen und von ihnen aufgerüttelt und beunruhigt zu werden.

Die siebenundzwanzig Essays, aus denen das Buch besteht, sind in sechs Teile gegliedert. Wir beginnen in den Wäldern, unterhalten uns mit Bäumen, spannen dann einen Bogen vom Meer zum Land, vom Land zum Himmel und wieder hinab zur Erde. Wir gehen zu Boden, vermischen uns mit den Elementen, folgen Linien und Handlungsfäden von den Zusammenhängen der Natur hin zu den Seiten des Buches und schließen mit einem Plädoyer für die Restitution der Wörter durch die Hand. Obgleich sich die Reise selbst, die in allmählichen Schritten von der Welt zu den Worten voranschreitet, ohne Unterbrechung entfaltet, setzt sie sich aus Einzelelementen zusammen, deren jedes – für sich genommen – seinen eigenen Charakter und seine eigene Integrität hat. Ungefähr so wie ein Vogelnest ist es aus verschiedenen Fragmenten zusammengesetzt, die nie dafür gedacht waren zusammenzupassen. Die nicht notwendige Kohärenz des Nestes und der Spielraum, den es seinen Bestandteilen gewährt, verleiht ihm eine Widerstandsfähigkeit, dank der es selbst unter den widrigsten Wetterbedingungen zusammenhält. Unregelmäßigkeit hält es fest. So ist es auch bei diesem Buch, das Leserinnen und Lesern die Freiheit gibt, an jeder Stelle einzutauchen, die Essays in beliebiger Reihenfolge zu lesen und vielleicht auch zurückzublättern, um sich einige noch einmal anzuschauen. Wie bei einem Waldspaziergang kann man beliebig viele alternative Wege einschlagen. Sehen Sie in den Seiten des Buches den Boden, auf dem Sie gehen, und in seinen Zeilen die Wege. Viel Spaß beim Wandern!

GESCHICHTEN AUS DEM WALD

Einleitung

Kann es ein besseres Beispiel geben für Geselligkeit, für das Zusammenleben und Zusammenwachsen als die Bäume eines Waldes? Sie sind so viel geselliger als Menschen. Menschen kommen und gehen, besessen von vorübergehenden Problemen. Aber Bäume halten ihre Stellung. Sie erzählen Geschichten, sie kommunizieren, ältere Bäume wachen über junge Schößlinge, die zwischen den Wurzeln ihrer Vorfahren sprießen. Wir Menschen sind nur zwergenhafte Zuhörende bei ihren langen, majestätischen Unterhaltungen. Betreten Sie den Wald also wie eine Bibliothek oder eine Kathedrale, mit einer gewissen Ehrfurcht. Vor Ihnen, wie Reihen von Büchern in den Regalen oder die Säulen des Kirchenschiffs, stehen die dicht gedrängten Reihen der Baumstämme. Jeder Stamm – jeder *Codex*, wie die Alten sowohl Stamm als auch Buch nannten – hält seine Geschichte fest, nicht zwischen Deckeln, wie bei einem Buch, sondern hoch oben, wie im Fächergewölbe des Dachs einer Kathedrale oder dem verzweigten Maßwerk ihrer Fenster. Sie werden Ihren Hals strecken müssen, um sie zu lesen.

Schauen Sie genau in das Blätterdach, lauschen Sie aufmerksam, fühlen Sie die Texturen von Rinde und Moos, als ob sie unter Ihrer Haut oder Ihren Fingernägeln wären. Zweifellos fühlen Sie sich in der Gegenwart von Bäumen lebendiger. Doch für uns scheinen sie in Rätseln zu sprechen. Auch wenn wir uns bemühen, ihre Bedeutungen zu entschlüsseln, spüren wir keinen Fortschritt in Richtung Klarheit. In den Wäldern ist alles so kompliziert! Es ist, im wahrsten Sinne des Wortes, zusammengefaltet – von lateinisch *com*, „zusammen", plus *plicare*, „falten". Oft können wir bei den dort versammelten Bäumen nicht sagen, wo der eine endet und der andere beginnt. Sie grenzen nicht aneinander oder treffen aufeinander wie Teile eines Mosaiks, oder stehen Rücken an Rücken, jeder in sich selbst versunken. Wie gefaltet schieben sie sich gleichzeitig über- und ineinander. Achten Sie auf den Boden, der mit Wurzeln durchsetzt ist, über die Sie zu stolpern drohen, die geriefte und zerfurchte Baumrinde, die vom Wind durcheinandergewirbelte Laubmenge. Jede angesammelte Furche ist eine Falte im Gewebe einer zerknitterten Welt.

Aber Zerknittertem ist unser Wunsch nach Ordnung fremd. Wir bevorzugen eine Welt, die dem Ruf der Vernunft folgt. Wann immer wir bauen oder gestalten, bemühen wir uns, die Dinge zu begradigen, zu vereinfachen. Wir mögen es, wenn Außenflächen glatt und flach und die Winkel scharf sind. Vielleicht beneiden wir die Bäume um ihre komplizierte Geselligkeit. Wir können den Gedanken nicht ertragen, dass sie eine Art des Zusammenlebens in Frieden und Ruhe genießen, die uns unergründlich bleibt. „Entweder sie oder wir", sagen wir, „für beide ist kein Platz mehr." Weil sie Land für Vieh und Plantagen, Holz für Schiffe und Zellstoff für die Papierindustrie brauchten, haben die Menschen im Laufe der Geschichte die Wälder abgeholzt oder sie abgefackelt. Noch während ich diese Zeilen schreibe, stehen Regionen des Planeten in Flammen, die Bewohnerinnen und Bewohner fliehen, um ihr nacktes Leben zu retten. Nach der Feuersbrunst werden sich die Wälder einmal mehr aus der Asche erheben. Aber die menschliche Gesellschaft? Vielleicht; doch vielleicht auch nicht.

Irgendwo in Nordkarelien …

Am Neujahrstag 2016 erhielt ich – zusammen mit dreißig anderen – die Einladung des Schriftstellers und Rundfunkproduzenten Tim Dee, einen Essay über einen Ort zu verfassen, der mich persönlich anspräche. Erschöpft von der betäubenden Kombination aus Fakten und Spiritualität, die so viel zeitgenössische Umweltliteratur prägt, wollte Dee zeigen, wie wertvoll gewöhnliche Orte für uns sind und warum es so wichtig ist, dass wir auch künftig Anteil an ihnen nehmen. Ein Ort, so wurde uns gesagt, könne alles und überall sein. Es könnte ein hohler Baum sein oder die Ecke einer Straße, ein Kinderzimmer oder eine Kläranlage. Er könnte in der zubetonierten Welt der Stadt sein, mit ihren Straßen und Gebäuden, oder in der bewachsenen Welt des ländlichen Raums, mit seinen Feldern und Wäldern. Alles, was zählte, war, dass der Ort uns am Herzen lag. Zu guter Letzt wurden die Aufsätze zu einem Buch zusammengefasst. Es erschien 2018 unter dem Titel Ground Work.[8]

Ich beschloss, meinen Essay auf einen Ort zu konzentrieren, der mir viel bedeutete. In der Tat haben viele der in diesem Buch versammelten Ideen dort zuerst Wurzeln geschlagen. Dieser Essay schien mir daher ein passender Ort zu sein, um mich auf künftige Korrespondenzen einlassen zu können.

* * *

Irgendwo in den Wäldern von Nordkarelien liegt ein riesiger Felsbrocken. Einst ritt er als wandernder Findling auf einem Gletscher, von der Kraft des sich bewegenden Eises aus dem granitenen Grundgestein gerissen. Dann, als das Eis schmolz, wurde er kurzerhand an einem steilen Abhang abgeladen. Seitdem ist er dort geblieben, immer im Begriff, den Hügel hinunterzurollen, aber er hat es nie ganz geschafft, da um ihn herum Erde, Moos, Flechten, Sträucher und Bäume herangewachsen sind. Der Felsbrocken ist zu seiner eigenen Umwelt geworden, bietet auf der Unterseite Schatten und Schutz für Pflanzen, während auf seinen Oberflächen andere Pflanzen gedeihen; es gibt sogar einen Kiefernsprössling, der in einem Spalt nahe dem oberen Ende wurzelt.

Tief im Wald muss man sich einen Weg über Felsen bahnen und durch einen Teppich aus Vegetation waten, um ihn zu finden. Mit einer Höhe von etwa vier Metern und einem entsprechenden Umfang in allen Richtungen ist das, was Ihren Augen begegnet, an die zweihundert Tonnen Fels, der nicht flach auf dem Boden aufliegt, sondern mit Nullgeschwindigkeit den Hang hinunterstürzt. Nur ein prekäres Gleichgewicht der Kräfte hält ihn dort fest. Doch irgendwann in der Vergangenheit – möglicherweise vor Tausenden von Jahren – wurde er entzweigerissen. Wasser muss in einen Riss eingedrungen sein, sich beim Gefrieren ausgedehnt und mit ungeheurer Kraft den Felsblock von oben nach unten gespalten haben, wobei eine massive Platte abbrach, die sich gleichzeitig etwa siebzig Zentimeter zur Seite verschob. Ein kleiner Steinblock ist in den oben offen gebliebenen keilförmigen Riss hineingefallen, wo er eingeklemmt verharrt, bei etwa einem Drittel des Weges nach unten. Ein weiterer Gesteinssplitter ist von der Rissfläche abgerutscht und ruht auf dem Block so, wie er auf ihn hinabgefallen ist, gehalten von dessen scharfer Kante (Abbildung 1). All das muss in einem Sekundenbruchteil passiert sein. Ich versuche mir in der Stille des Waldes das Explosionsgeräusch vorzustellen, das

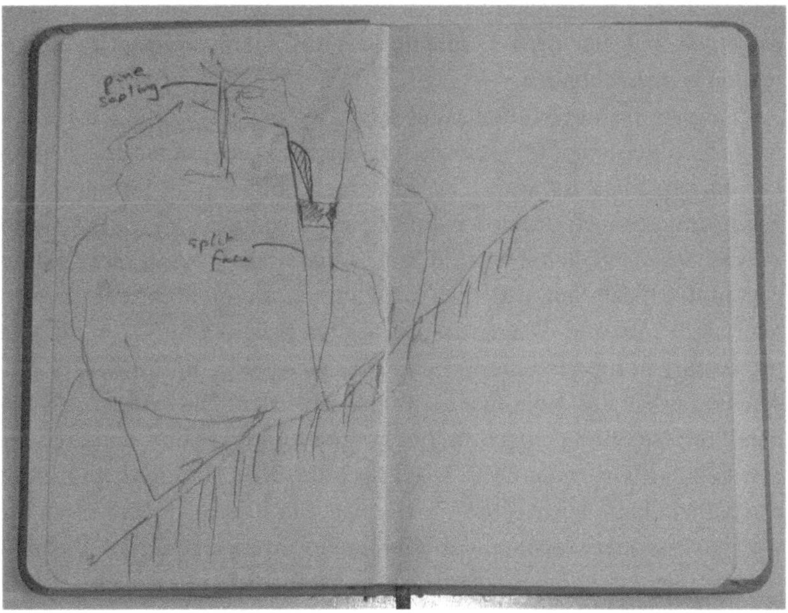

Abbildung 1 Der Felsbrocken: eine Seite aus meinem Skizzenbuch (Foto des Autors)

dabei entstanden sein muss, und das Widerhallen seines Echos in der Landschaft.

Beim Betrachten der prekär ausbalancierten Anordnung – Splitter auf Steinbrocken, Steinbrocken im Riss, Riss im Felsblock, Felsblock in Hanglage – habe ich das Gefühl, die Stille im Innern der Explosion zu bewohnen. In diesem Felsblock, so scheint es, hielte die Natur für immer den Atem an. Eines Tages wird sie nachgeben und der mächtige Felsbrocken wird hinunterstürzen. Wir können nicht wissen, wann das sein wird. Am besten wäre es, sich nicht unter ihm aufzuhalten, wenn es passiert!

Irgendwo in diesen Wäldern steht ein besonderer Baum. Er ist weder von großem Umfang, noch ist er zu besonderer Höhe gewachsen. An seinem Fuß haben sich die Wurzeln fest um einen von einem Gletscher geglätteten Felsen gewickelt und aus dem Ganzen windet sich wie eine Schlange ein kräftiger, knorriger Stamm heraus, der schließlich in senkrechtes Wachstum übergeht, schlanker werdend in jüngeren Jahren, bevor er sich in einem Strauß aus nadelbedeckten Ästen und Zweigen auflöst. Der Baum ist eine Kiefer und dank seines Standorts am Ufer eines großen Sees ist er extreme Wind- und Kälteverhältnisse gewohnt, vor denen seine größeren Binnenlandvettern einigermaßen bewahrt bleiben.

Sein verdrehter Stamm kündet von den frühen Jahren des Kampfes gegen die Elemente, als er nichts weiter als ein junger und schlanker Baumsprössling war. Tief in seinem Inneren ist dieser junge Baum immer noch da, unter Jahrzehnten weiteren Wachstums und Zuwachses. Jetzt gehärtet und knorrig vom Alter, kann mein Baum gegen alles bestehen, was die Natur ihm zumuten könnte. Für mich aber ist die Art und Weise, wie er zwischen Fels und Luft so etwas wie ein Gespräch herzustellen scheint, das Besondere an diesem Baum. Am Boden ist das Holz fast zu Stein geworden. Die Wurzeln folgen den Umrissen und dringen in die Spalten und Risse ein, so halten sie den Fels mit eisernem Griff. Doch hoch darüber vibrieren empfindliche Nadeln beim leichtesten Windhauch. Sie sind Gastgeberinnen für winzige Spannerraupen, die die Zweige in ihrem eigenartigen schleifenförmigen Gang ausmessen. Wie ist es möglich, dass solch zeitlose Festigkeit und kurzlebige Flüchtigkeit in Einklang gebracht werden können? Das ist das Wunder meines Baumes. Durch ihn öffnet sich der Fels zum Himmel, während es sich der jährliche Wechsel der Jahreszeiten in einer scheinbaren Ewigkeit gemütlich macht. Zeit mit diesem Baum zu verbringen, wie ich es getan habe, bedeutet gleichzeitig, den Augenblick zu erleben und in die Tagträumerei der Alterslosigkeit zurückzusinken.

Hier in diesen Wäldern sind Waldameisen tätig, die ihr Nest bauen. Aus einer gewissen Entfernung zeigt sich das Nest als ein perfekt geformter Hügel, kreisrund im Grundriss und glockenförmig im Aufriss. Bei näherer Betrachtung jedoch entpuppt es sich als brodelnde Bewegung, denn Legionen von Ameisen drängeln sich durcheinander und konkurrieren mit den herbeigeschafften Materialien – meist Sandkörnern und Kiefernnadeln. Vom Zentrum aus fächern sich die Ameisenstraßen in alle Richtungen auf. Oft sind sie Tunneln ähnlicher, wenn sie sich ihren Weg durch den dichten Teppich aus Moosen und Flechten, der den Boden bedeckt, bahnen. Hätte man die Größe einer Ameise, dann wären die Herausforderungen der Wegstrecke enorm, da das, was für uns nur Kieselsteine sind, steile Anstiege und senkrechte Abstürze bedeuteten, während Baumwurzeln Bergketten wären. Doch nichts scheint den Verkehr aufzuhalten, denn Tausende und Abertausende von Ameisen marschieren raus und rein, wobei die Ausschwärmenden oft mit den Zurückkehrenden kollidieren, die mit irgendwelchen Materialien beladen sind, um den Haufen zu vergrößern. Wandert man so allein durch den Wald, sind es seltsame Gedanken, die sich auf miniaturgroße Insektenimperien unter den Füßen richten, bevölkert von Millionen und von unvorstellbarer Seltsamkeit und Komplexität.

In den Wäldern weht der Wind. Man hört ihn schon von Weitem kommen, vor allem durch die Espen. Jeder Baum gibt ihn an den nächsten weiter, bis alle ihre Blätter einen Augenblick lang zur gleichen Melodie singen. Jedes Blatt zittert vor Erregung, auch wenn die Stämme nur ein wenig schwanken. Dann ist wieder alles ruhig. Die Böe ist weitergezogen. Die Wasser des Sees sind an der Oberfläche zu Kräuseln aufgewühlt, die das reflektierte Licht zu kleinen Sonnen bündeln, die erst verdoppelt und dann einzeln aufblitzen. Wenn die Kräuselungen das Seeufer erreichen, biegt sich das Schilf einhellig rauschend, bis auch hier wieder Schweigen einkehrt. Erzeugen die Bäume Windböen, indem sie ihre in Blätter gehüllten Gliedmaßen hin- und herbewegen? Lässt Wasser den Wind durch Kräuselung entstehen? Ruft das Schilf den Wind durch sein Rauschen hervor? Natürlich nicht! Und doch braucht der Klarinettist ein Rohrblatt, um seinen Atem in Musik zu verwandeln. Wenn wir also unter Wind seine Musik in unseren Ohren oder seinen Sonnentanz vor unseren Augen meinen, dann ja – dann machen Blätter, Wasserkräusel und Schilfrohr den Wind. Denn wenn ich sage, ich höre den Wind oder sehe ihn auf der Oberfläche des Sees, so werden die Töne, die ich höre, in gleichem Maße von den Blättern verursacht wie das wahrgenommene Licht aus den Wasserkräuseln.

Einmal ließ ich auf einem Feld, wo das Gras frisch gemäht war, einen Drachen steigen. Als ich mit der Leine spielte, schien es mir, als wäre auch mein Drachen – wie die Blätter der Bäume – ein Instrument zur Umwandlung von Windböen in bewegte Musik. Doch war die Leine, die sich bei früheren Flügen oft verheddert hatte, an vielen Stellen geflickt und neu verknüpft worden. Eine ungewöhnlich heftige Böe überforderte einen der Knoten und mein Drachen riss sich los. Weg war er und segelte, vom Wind hochgetrieben, über die Baumwipfel davon. Ich stelle mir vor, wie der Drachen seine neu gewonnene Freiheit ausgekostet hat. „Schau mir zu“, wird er gekräht haben. „Ich bin ein Geschöpf des Himmels. Feld und Wald – für mich sind sie alle gleich!“ Aber seine Träume sollten ein schmähliches Ende nehmen, als er auf den Boden trudelte. Höchstwahrscheinlich hat er sich im Fallen an einem Ast verfangen. Ich habe ihn nicht wiedergefunden. Aber ich bin mir sicher, dass er irgendwo dort in den Wäldern ist, einsam und verlassen von dem Ast herabhängend.

Auch ich, der ich vom Feld in den Wald wanderte, habe riskiert, verloren zu gehen. Ich kenne einen alten Pfad durch die Wälder, bin mir allerdings nicht sicher, wo er beginnt. Er endet mitten im Nirgendwo. Vor langer Zeit jedoch waren es die vielen Füße der Menschen, die hier jahrein, jahraus mit Harken, Sensen und Heugabeln durchkamen, von den Bauernhöfen ringsum den See, um das Gras auf den entlegenen Wiesen zu schneiden. Das Heu wurde in Feldscheunen gelagert und über den Winter mit Pferdeschlitten eingebracht, um das Vieh in den Ställen zu füttern. Aber das war in der Vergangenheit. Zuerst verschwanden die Pferde, da jeder Hof einen Traktor anschaffte. Dann wurden die Außenfelder aufgegeben, weil die Waldwirtschaft einträglicher wurde als die Milchgewinnung. Danach wurden die Kühe verkauft und schließlich zogen die Menschen fort. Wenige Höfe sind das ganze Jahr über bewohnt. Und so wurde auch der Pfad nicht mehr benutzt und verschwindet langsam. An einigen Stellen hat er sich bereits völlig verloren. Bäume sind über den Weg gefallen oder wachsen sogar mitten darauf. Dass der Weg noch da ist, kann ich nur feststellen, indem ich einer Linie subtiler Veränderungen im Laubmulch auf dem Boden folge, einer Lücke im Flechtenbewuchs, einer ausgedünnten Erdschicht auf felsigem Grund. Solange ich auf dem Pfad bin, kann ich ihn erkennen, indem ich meine Augen dieser Linie folgen lasse. Ich weiß aber auch, dass die Linie verschwinden wird, wenn ich mich auf die eine oder die andere Seite bewege. Das ist mir in der Tat bei mehr als einer Gelegenheit widerfahren: Nachdem ich in einer Richtung vom Pfad abgewichen war – meine Aufmerksamkeit war von einem Ameisenhügel geweckt worden, oder um saftige Blaubeeren zu pflücken –, habe ich ihn auf dem Rückweg direkt überquert, ohne es auch nur zu bemerken, und bin zu weit in die entgegengesetzte Richtung geirrt. Was soll man dann von diesem Weg halten, der nur sichtbar ist, wenn man auf ihm dahingeht? Er ist eine aus dem Gehen entstandene Linie; menschliche Aktivität, ins Land eingetragen. Doch während man den Weg vom Boden, in den er eingeschrieben ist, unterscheiden kann – wenn auch nur schwach und mit einem Auge, das bereits auf sein Vorhandensein eingestellt ist –, ist es unmöglich, den Waldboden vom Weg zu unterscheiden. Denn der Boden ist nicht nur eine Unterlage, auf der jedes Merkmal wie ein Bühnenbild angebracht ist; er ist vielmehr eine Oberfläche, die mehrfach gefaltet und zerknittert ist. Der Weg ist wie eine Falte im Boden.

Irgendwo in Nordkarelien gibt es noch Kühe. Aber hier gibt es keine mehr. Die Felder verstummten vor vielen Jahren. Einst fuhren wir mit einer großen Milchkanne über den See, um aus der Molkerei Milch zu holen, warm und frisch. Aber heute lohnt es sich nicht mehr, nach ein paar wenigen Stück Rindvieh Ausschau zu halten, und überhaupt, wer soll das Melken übernehmen, wenn die Alten in den Ruhestand treten? Kein Mädchen will seiner Mutter in den Kuhstall folgen; kein junger Bursche strebt nach etwas, das schon immer als Frauenarbeit gegolten hat. Heutzutage ist das Vieh in großen Produktionsstätten konzentriert, deren Manager und Managerinnen die Felder, die einst als Weideflächen dienten, pachten, um ganzjährig Futter zur Verfügung zu haben. Manchmal stelle ich mir vor, dass die Kühe noch da wären und Geistern gleich auf den Feldern herumliefen. Ich meine dann, ich sähe sie aus ihren traurig schielenden Mondaugen glotzen, hörte sie muhen und wiederkäuend durch das Unterholz brechen. Danach kehrt wieder Stille ein, durchbrochen nur vom wehmütigen Schrei des Großen Brachvogels. Wo vormals die Kühe weilten, kann man hier und da verstreut auf den Wiesen oder aufgereiht an ihren Rändern seltsam weiße, ovale Formen sehen. Die Leute nennen sie „Dinosauriereier". In Wirklichkeit sind es riesige, maschinell geschnittene Heurollen. Die Maschine verarbeitet beim Schneiden das Gras zu Rollen und jede Grasrolle wird automatisch in weiße Plastikfolie eingewickelt und – wie ein großes Ei – auf dem Boden abgelegt. Später werden die „Eier" eingesammelt und weit weggebracht an den Ort, wo all die Kühe jetzt sind.

Inmitten von Feldern, die von Wald und See gesäumt werden, steht eine alte Holzkate. Wir haben als Familie oft unsere Sommer hier verbracht. Das Häuschen hat ein Wohnzimmer, zwei kleine Schlafzimmer, einen Vorbau mit kleiner Veranda. Außen führt eine hölzerne Treppe zur Eingangstür. Jeden Morgen sitze ich auf den Stufen und denke nach. Ich denke an all das Leben, das dort verstrichen ist, von den ersten Schritten unserer Kinder bis jetzt, wo sie ihre eigenen Familien haben. Ich höre den Vögeln zu, beobachte die Bienen, während sie die Blumen bestäuben, folge der Sonne, wie sie durch die Bäume streicht, und trinke eine Tasse Tee. Und ich denke darüber nach, was ich heute schreiben werde. Bei schönem Wetter schreibe ich draußen an einem kleinen Holztisch; dabei sitze ich auf einer Bank, die aus einem Holzstamm herausgehauen wurde, und blicke über den Hof hinüber zu den Bäumen auf der anderen Seite. Der Tisch ist von einem kunststoffbeschichteten Tuch bedeckt und leer, bis auf eine Blechdose, an der ich ein spiralförmiges Insektenschutzmittel anbringe. Ich entzünde das eine Ende; es brennt sehr langsam, wobei es einen süßlich-aromatischen Rauch erzeugt, der angeblich die Mücken vertreibt, die sonst bis zu meinem Schreibplatz vordringen würden. Es wird kaum gebraucht, da es heutzutage weniger Stechmücken gibt – vielleicht eine Auswirkung des Klimawandels –, und ich bin mir nicht einmal sicher, ob sie dem Rauch viel Beachtung schenken. Aber ich verbrenne das Zeug dennoch, da ich den Geruch ganz gerne mag. Es ist ein Zeichen dafür, dass ich denke. Während sich die Spirale des Schutzmittels langsam aufbraucht, scheint es mir, als würden sich meine Gedanken wie der Rauch zusammenkräuseln und in der Luft verwehen.

Das restliche Jahr über, wenn ich nicht hier bin, träume ich von meiner Bank und meinem Tisch und den Stufen zum Haus. Nirgendwo gibt es einen ruhigeren Aufenthaltsort. Nirgendwo ist es intensivem Nachdenken förderlicher, denn mein Geist kann den Stress aufwühlender Gedanken nur aushalten, wenn er ansonsten Ruhe hat. Und nirgends haben sich die vielfachen Rhythmen der Welt, vom Glazialen zum Atmosphärischen, perfekter eingenistet. Der Felsen mit dem Riss, der verdrehte Baum, das Reich der Ameisen, der seufzende Wind und die Sonnen, die von den Kräuselungen auf dem See zurückstrahlen, die Erinnerung an einen verlorenen Drachen, der dahinschwindende Pfad und die fehlenden Kühe, die Dinosauriereier, die Stufen, auf denen ich sitze, und der Tisch, an dem ich diese Zeilen schreibe: Dies sind nur einige der vielen Geschichten, die in das Gewebe meines Lieblingsortes eingewoben sind. Ich werde Ihnen nicht genau sagen, wo das ist, weil damit mein Geheimnis verraten wäre. Aber es ist irgendwo in Nordkarelien.

Pechschwarz und Feuerschein

David Nash ist ein Bildhauer, der mit großen Formaten arbeitet, mit dem Holz ganzer Bäume. In letzter Zeit fand er Gefallen daran, das Holz anzuzünden. In einer Arbeit (Black Trunk, *2010) hat er den Stamm eines Mammutbaumes in Bretter gehüllt und angezündet. Eine Zeit lang beleuchtete die anwachsende Feuersbrunst den Himmel, aber als es vorbei war, stand der Stamm nach wie vor. Er steht immer noch, hager und schwarz wie Holzkohle. Aber seine Schwärze bezeichnet keineswegs Tod und Zerstörung. Ganz im Gegenteil, es ist, als ob der verkohlte Stamm, wie ein Schwarzes Loch, die gesamte Energie des Aufloderns in sich selbst hineingesaugt hätte. Er überdauert als eine Konzentration von Stärke, Kraft und Vitalität, jederzeit bereit, in neues Leben auszubrechen.*

Nashs Arbeit brachte mich zum Nachdenken darüber, wie Holz, die Mutter allen Materials, mit Licht verwandt ist, dem Geber allen Lebens. Mir fiel ein, dass eine verbrannte Kiefer neben solider Holzkohle auch flüssige Rückstände freisetzt, die zu Pech gerinnen. Was ist das für eine Substanz, schwärzer noch als Holzkohle? Und wie vergleicht sich ihre Schwärze mit der einer stockdunklen Nacht?[9]

* * *

Am Anfang war eine Kiefer. Da stand sie, ihre Wurzeln in den harten Untergrund eingebettet, ihr aufrechter Stamm gefestigt, sich zur Spitze hin jedoch verdünnend, ihre Äste und Zweige sich im Wind wiegend, alle mit feinen grünen Nadeln geschmückt, die in der Sonne zitterten.

Dann begann die Marine große Schiffe zu bauen, für die sie Mengen von Holz benötigte. Unser Baum wurde, zusammen mit zahllosen Nachbarn, gefällt. Ins Sägewerk gebracht, wurde der Stamm in kantige Bretter und Balken geschnitten. Doch blieben der Stumpf und die Wurzeln wenigstens für eine Weile im Boden. Allerdings bedurfte es für die Schiffe mehr als Holz. Sie brauchten Teer, das Segel, Seile und die Takelage beschichtete, um sie zu imprägnieren und vor Fäulnis zu bewahren. Und sie brauchten Pech, um das Gebälk zu kalfatern, um sicherzugehen, dass an den Fugen kein Wasser durchsickerte. Zu diesem Zweck wurde der verbliebene Stumpf entwurzelt, in Stücke gehackt und in einer Feuerstätte verfeuert. Das Holz wurde zu Holzkohle, aber vom Boden der Feuerstätte floss eine dunkelbraune, klebrige Flüssigkeit aus einer Röhre, an deren Ende sie in einem Eimer gesammelt wurde. Das war Teer. Um Pech herzustellen, wurde der Teer in einem Kessel gekocht, wobei der Wasseranteil als Dampf abgelassen wurde. Das Ergebnis war eine dicke, hochviskose Flüssigkeit, die zu einem harten Klumpen trocknete. Aber wie fest es auch erscheint, wenn es getrocknet ist, Pech bleibt flüssig. Es fließt nur sehr, sehr langsam. Farblich ist es vollkommen schwarz.

Was in der Geschichte des Baums mit dem weißen Licht der Sonne begann, das sich in seinem Nadelbaldachin fing, endete mit dem schwarzen Pech, das Stumpf und Wurzelwerk im Feuerbrand entzogen wurde. Was mit dem Holz geschah, als es zu Pech reduziert wurde, geschah auch mit dem Licht, als es erlosch. Die Geschichte erzählt von Holz und Licht und ihr Thema ruht in beider Verbundenheit, in ihrer Wesensverwandtschaft.

Um dieses Thema weiterzuverfolgen, wollen wir zu dem Sägewerk zurückkehren, wo aus dem Baumstamm Balken *(beams)* wurden. Heutigentags spricht man im Englischen auch von *beams of light* (Lichtstrahlen). Und wenn die Strahlen der niedrig stehenden Sonne durch aufgerissene Wolken blitzen, sagen wir, wir sähen *sunbeams* (Sonnenstrahlen). Im Lateinischen waren sie als *radii solis*, „Speichen der Sonne“ [Dahinter steht die Vorstellung eines Sonnenrads; *d. Übs.*] bekannt. Aber warum sollten diese *spokes* (Speichen) als *beams* (Balken) in die englische Umgangssprache eingegangen sein? Was haben *sunbeams* (Sonnenstrahlen) und *beams of wood* (Holzbalken) miteinander zu tun, dass wir in der Umgangssprache ein Wort für beide Bedeutungen verwenden? Könnte es an ihrer offensichtlichen Geradlinigkeit liegen? Der *wooden beam* (Holzbalken) ist ein gerades Stück Holz von dickem, rechteckigem Zuschnitt, dazu ausersehen, eine schwere Baulast zu tragen. Der *light beam* (Lichtstrahl) ist ein Strahl oder ein Bündel von parallelen Strahlen wie von der Sonne oder einer Kerze abgegeben. Was sie gemeinsam haben, so scheint es, ist eindeutig die Geradlinigkeit.

Doch in jedem Holzbalken, in seiner Maserung, seinen Knoten und Ringen, schlummern die Reste des lebenden Baums, aus dem er einstmals geschnitten wurde. Und so beherbergt das Wort auch selbst Spuren seines einstigen Gebrauchs. Im Altenglischen meinte „beam“ einfach jeden Baum: noch nicht gefällt, sondern lebendig und im Erdboden wachsend. Obwohl sonst veraltet, hat der Gebrauch in den Bezeichnungen gewöhnlicher Baumarten überlebt, wie *hornbeam* (Hainbuche), *whitebeam* (Mehlbeerbaum) und *quickbeam* (auch bekannt als *rowan* oder *mountain ash*, Eberesche). Im ursprünglichen Sinn ist der Baum ein *beam*, nicht weil er besonders gerade ist, sondern weil er wie eine Säule aus der Erde aufsteigt. *Beaming* bedeutet Wachstum nach oben.

Bemerkenswerterweise ist dies auch der Sinn, wenn wir erstmals vom *beam of light* (Lichtstrahl) hören. Es war das Licht, das von einem Feuer ausgeht. *Beam* war die nach oben, in die Luft schießende Flamme, so wie der Baumstamm vom Boden nach oben strebt, nicht schnurstracks, sondern sich wendend und drehend und damit auf die Witterung reagierend. Es entsprach der biblischen *columna lucis*, der „Lichtsäule", die, laut dem Buch Exodus, die Israeliten auf ihrem Weg durch die nächtliche Wüste führte. Beda Venerabilis, der im 8. Jahrhundert schrieb, benutzte das Wort *beam* genau in diesem Sinne, um die Licht- oder Feuersäule zu beschreiben, die vom Körper eines Heiligen aufstieg. So wie der Baumstamm aus der Erde in die Höhe wächst, steigt für Beda Licht vom Heiligenkörper auf.[10]

Nach dieser Vorstellung ist ein *beam of light* etwas ganz anderes als ein *ray* (Lichtstrahl). Mit *ray* bezeichnet man eine Emissionslinie, die von einer Energiequelle ausgeht, wie eine Speiche vom Zentrum eines Rades. Wenn wir die Sonne oder eine Kerzenflamme zeichnen, gibt man üblicherweise Lichtstrahlen als gerade Linien wieder, die sich in alle Richtungen auffächern. Diese Konvention liefert uns auch die vertraute Zackenform eines Sterns. Im Gegensatz dazu ist ein *beam* weder vollständig gerade, noch zeigt er in jede Richtung. Statt von einer Quelle auszugehen, beschreibt die *beam-line* (der Strahlungsgang) das Anwachsen oder die Bewegung – wörtlich das Strahlen – der Quelle selbst. Es ist eine Verbrennungslinie. Sie kann flackern wie die Flamme einer Kerze, im Zickzack verlaufen wie ein verästelter Blitz, einen Streifen über den Himmel ziehen wie eine Sternschnuppe. In frühmittelalterlichen Quellen sind sogar Sonnenstrahlen abgebildet wie die wirbelnden Flammen eines großen Feuerballs (Abbildung 2).

Ray und *beam*, schlage ich vor, ermöglichen uns, auf alternative Weisen nachzudenken: was es ist, wie es sich bewegt und wie es wahrgenommen wird. Auf der einen Seite (als *ray*) haben wir es mit einem energetischen Impuls zu tun, der eine Punktquelle mit dem Auge eines

Empfängers oder einer Empfängerin verbindet – über etwas hinweg, das ein immenser leerer Raum sein könnte; andererseits (als *beam*) ist es eine Beeinflussung des visuellen Gewahrwerdens – eine Explosion, die ebenso im Auge der Betrachterin wie in der Welt zündet, der sie verbunden ist. Denn im Augenblick des Erfassens werden Auge und Kosmos eins. Wenn ein Baum sehen könnte, wären seine Blätter kleine Augen und der Funke in jedem einzelnen von ihnen – während es sich anstrengt, seinen Platz in der Sonne zu finden – würde durch Zweige und Äste zu einem großen Balken oder Strahl *(beam)* hinabgezogen werden.

Abbildung 2 Die Sonne und der Mond. Detail aus einem Deckengemälde der Stabkirche von Ål in Mittelnorwegen, aus dem 13. Jahrhundert (Dank an das Museum für Kulturgeschichte, Universität Oslo)

Wo wir Zaungäste einen festen Stamm sähen, würde der Stamm sich in seiner Vision für eine Welt in Flammen öffnen. Er wäre eine Schöpfung des Lichts. Aber er könnte ebenso eine Schöpfung des Dunkels sein. Wenn es zwei Wege gibt, über Licht nachzusinnen, dann kann auch die Dunkelheit verschiedene Dinge bedeuten. Sie kann das Dunkle des Schattens bedeuten, wie wenn die Strahlen der Sonne, wo sie auf einen festen und undurchsichtigen Körper treffen, einen Schatten auf den Boden werfen oder wenn des Nachts die Erde ihren eigenen Schatten produziert. Oder sie kann die Finsternis bedeuten, die entsteht, wenn man das Feuer löscht. Das heißt nicht, das Licht zu blockieren, sondern es erlöschen zu lassen. Der „Schatten" des Lichtstrahls, wenn man so sagen kann, ist der materielle Rückstand, den eine Feuersbrunst hinterlässt. Der gleiche Baum, der sich einmal in den Strahlen der Sonne gewärmt und einen Schatten auf die Erde geworfen hatte, *wird zu Licht* in den Flammen des Feuers – eher *beam* als *ray* – und hinterlässt seinen Schatten in den materiellen Resten wie Asche, Holzkohle und letztlich auch Pech. Wie antike und mittelalterliche Denkerinnen und Denker glaubten, ist Pech aus dem Element des Feuers geboren.[11]

Von der schwärzesten der schwarzen Nächte sagen wir, sie sei pechschwarz. Aber pechschwarze Dunkelheit ist eine Sache – das Dunkle des Pechs etwas anderes. Das eine ist negativ definiert, durch die Abwesenheit strahlenden Lichts, das andere positiv, durch das Vorhandensein stofflicher Substanz. Strahlendes Licht – das Licht der Sonne –, sagt man, sei weiß. Es ist das, was wir erhalten, wenn wir jeden Farbton des sichtbaren Spektrums mischen, zum Beispiel durch das Drehen eines Kreisels, der mit einem Farbrad ausgestattet ist. Wenn der Kreisel ruht, können wir die Farbtöne unterscheiden, wenn er sich dreht, verschmelzen sie zu Weiß. Diese Farbtöne, die mit Wellenlängen übereinstimmen, geben uns die Farben des Regenbogens. Die gesamte Farbe ist im Licht. Kein Licht; keine Farbe. Schwarz entbehrt also so sehr der Farbe wie des Lichts. Die Herstellung von Pech erzählt jedoch eine andere Geschichte.

Kehren wir am Schluss zu dem Baum zurück, mit dem wir begonnen haben. Der Stamm ist wegen seines fürs Sägewerk vorgesehenen Holzes gefällt worden; dann werden die Wurzeln und der Stumpf angezündet. Was rinnt aus dem Licht des Feuers? Brauner Teer. Wie Johann Wolfgang von Goethe in seiner *Farbenlehre* von 1810 bekanntermaßen behauptete, ist Schwarz nicht die Abwesenheit von Farbe, sondern Farbe in ihrer höchsten Konzentration.[12] Und so wie Pech ein Extrakt von Teer ist, ist Schwarz ein Extrakt von Licht: die Substanz, die zurückbleibt, nachdem das Licht gelöscht ist. Umgekehrt ist das Anzünden von Materialien mit einer Verflüssigung ihrer Farbe verbunden. Solange das Feuer brennt – wie das Rotholz von Nashs *Black Trunk* –, geben Flammen und Glut Tönungen von Gelb und Rot ab. Wenn aber das Feuer erst einmal erloschen ist, gehen alle Farbnuancen in Schwarz über. Die Schwärze von Pech ist daher kein Index für nichts, sondern für unbestimmte Dichte, aus der heraus Farben beim Zünden unseres visuellen Bewusstseins explodieren. Alle Farbe entströmt dem Pech; und alle Farbe kehrt letztendlich dahin zurück.

Im Schatten des Baumwesens

Stellen Sie sich eine verkehrte Welt vor, wo sich Atemluft verfestigt, die Lungen hingegen verdampfen; wo der Schatten ein Körper ist und der Körper sein Schatten; wo ganze Landschaften sich in Augäpfeln unsichtbarer Augen widerspiegeln oder unter ihren Lidern versammelt sind; wo Bäume von der Spitze zu den Wurzeln wachsen und von außen nach innen; wo die gleichen Bäume uns anblicken, ansprechen, bei der Hand nehmen und uns sogar Briefe schicken; wo der Wald uns mit seinen Fingerspitzen anfasst oder unter seinen Fingernägeln hat; wo die Atmung das Rascheln von Blättern ist und das Nervensystem ein Dornbusch.

Dies ist die Welt des Bildhauers Giuseppe Penone, einer der Gründerfiguren der Bewegung, die in der italienischen Kunst als Arte povera *bekannt ist, die in den späten 1960er- und frühen 1970er-Jahren aufkam. Ich schreibe in diesem Essay nicht über Penone oder über seine Kunst, ich nehme keinerlei Bezug darauf. Der Weg, dem ich folge, ist mein eigener und doch windet er sich wie seiner durch Wälder, durch die Natur und durchs Leben. So wie wir jeweils unsere Wege gehen, er seinen und ich meinen, berühren sie sich doch an vielen Stellen. Mich interessieren diese Tangenten. Was folgt, ist mithin eine Übung im Denken, die den gleichen Linien folgt, aber eher in Worten als in Werken. Es ist eine Art zu denken, die sich fortschreitend der Analogie und der Inversion bedient, in der alles und jeder – uns selbst eingeschlossen – sein Double hat und durch seine Erneuerung ganz gemacht wird.*

Aber es ist auch eine Art, zu der Worte in vielerlei Hinsicht nicht recht passen.

Dieser Essay – ursprünglich vom Gagosian in New York für eine retrospektive Übersicht der vierzigjährigen künstlerischen Karriere Penones in Auftrag gegeben und hier in gekürzter Fassung wiedergegeben – war nicht leicht zu schreiben.[13] *In der Tat, meine Bemühungen scheinen fadenscheinig im Vergleich zu den Arbeiten, zu denen sie sich als ein Gegenstück erwiesen. Der verbale Erklärungsdrang der Gelehrten droht immer wieder das dichte Gewebe der Erfahrung zu entwirren. Aber das ist natürlich genau der Punkt. Deshalb kann es keinen Ersatz für Kunst geben. Man erwarte demnach weder eine Erklärung noch eine Interpretation oder dass ich die Kunst in ihren kulturellen oder historischen Kontext stellen müsste. Davon will ich nichts wissen. Mein Ziel ist es, damit zu denken.*

* * *

Körper

Jeder Körper hat zwei Hälften. Die eine Hälfte ist aus Fleisch und in Haut gehüllt. Das ist die Hälfte, die wir sehen können. Die andere Hälfte, normalerweise für uns nicht sichtbar, besteht aus Luft. Schon wenn wir atmen, fließen die beiden Hälften in- und auseinander. Das ist möglich, weil die Haut keine einfache Bedeckung ist, die die innere Körpersubstanz vom äußerlichen Luftmedium trennt, sondern eine Oberfläche von außerordentlicher topologischer Komplexität, die sich an den verschiedenen Öffnungen, die den Stoffwechselaustausch mit der Umwelt ermöglichen, einfaltet, um im Inneren einem wahren Labyrinth aus verzweigten Kanälen, Röhren und Kapillaren zu weichen. Obwohl die luftige Hälfte des Körpers immer bei uns ist – wir könnten ohne sie gar nicht existieren –, neigen wir dazu, sie zu ignorieren, glauben wir doch, Geschöpfe zu sein, die ganz und gar Fleisch sind.

Desgleichen tendieren wir auch in den Wäldern dazu, von jedem Baum nur eine Hälfte zu sehen. Wir vergessen den Wind. Der Wind ist des Baumes Double. Einen lebenden Baum ohne Wind kann es ebenso wenig geben wie einen lebenden Körper ohne Atemluft. Den Atem der Bäume können wir nicht sehen, aber wir können ihn hören – im Rauschen der Blätter, wenn der Wind sich hüllend um sie legt. Die Oberfläche des Blattes mit seinen Adern und Korpuskeln ist keine äußerliche Hülle, sondern eine Einfaltung, in der der sichtbare Teil des Baumes in Kontakt mit seinem unsichtbaren Double gebracht wird.

Alle Oberflächen sind Falten im Gewebe der Welt. Wie bei dem Blatt ist auch die Haut eine Einfaltung am Körper, wo das Fleisch mit der Luft in Berührung kommt. Stellen Sie sich einen Körper vor, der von innen nach außen gewendet ist, sodass sein Atem von der Erde ist und sein Fleisch von der Luft. Wie würde das aussehen? Wir wollen einen solchen Körper aus dem irdenen Material Lehm gestalten. Der nach den Konturen der Mundhöhle geformte Mund würde als ein sonderbar aussehender Klumpen erscheinen und jede Ausatmung wäre wie eine riesige Urne gebildet, die, zu einer abgerundeten Basis verbreitert, sich in die umgebende Atmosphäre ergießt und an den

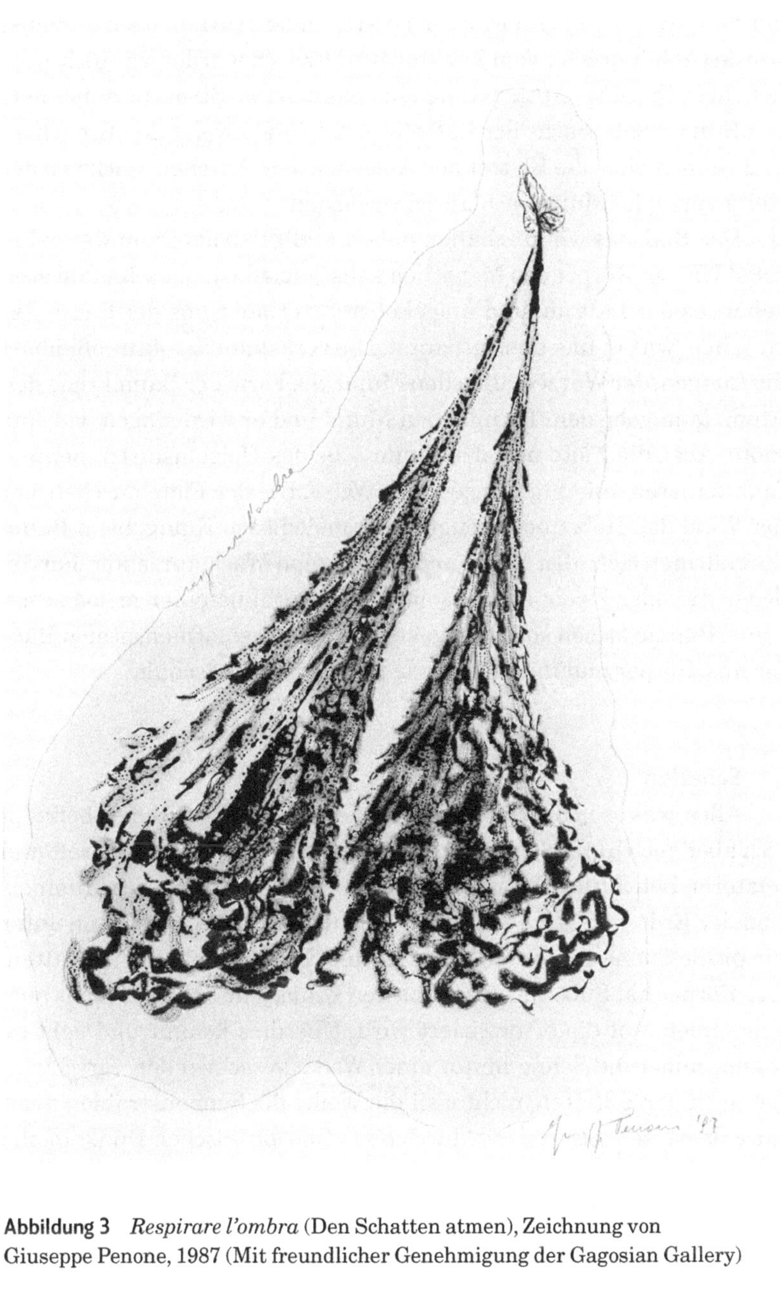

Abbildung 3 *Respirare l'ombra* (Den Schatten atmen), Zeichnung von Giuseppe Penone, 1987 (Mit freundlicher Genehmigung der Gagosian Gallery)

Seiten durch die im Kielwasser entstehenden Turbulenzen zerzaust würde (Abbildung 3). Vom jetzt luftigen Fleisch würden wir nichts sehen, aber in seiner Mitte würde eine baumartige Struktur entstehen: Der Stamm entspräche der Luftröhre, Äste und Zweige den Bronchien und Bronchiolen, die Blätter den Alveolen, dem Anschein nach von der Keimwurzel im Mund nach unten wachsend.

Das Bild, das wir geschaffen haben, stellt sich als Baumwesen heraus! Was im Körper des Menschen substanziell ist, beim Baumwesen gehört es der Luft an; und umgekehrt. So erlaubt uns der Baum das zu sehen, was in uns unsichtbar ist: Die verästelte Struktur offenbart die Lungen, der Wurzelballen den Mund, die Form der Baumkrone den Atem. Man gebe dem Baum einen Mund und er wird singen wie eine Flöte. Aber die Flöte und der Baum – beides Holzblasinstrumente – funktionieren auf entgegengesetzte Weise. Bei der Flöte durchströmt der Wind das Holz und erzeugt einen melodiösen Klang; beim Baum durchdringt Holz den Wind und bringt eine Wachstumslinie hervor. Jeder Ast oder Zweig ist die solide Entsprechung einer melodischen Linie. Bäume atmen sogar umgekehrt: was wir einatmen, atmen Bäume aus. Körper und Baum sind wie Hand und Handschuh.

Schatten

Alles, was es in dieser Welt gibt, ist an die Erde gebunden, befindet sich aber auch unter der Sonne, unterworfen ersterer Schwerkraft und letzterer Belichtung. Das Baumwesen ist ein Geschöpf des Himmels und der Erde, von Wind und Lehm, Licht und Schall. Ein fester, unter die pralle Sonne auf die Erde platzierter Körper wirft einen Schatten. Der Körper hat Substanz, der Schatten keine, jene des Erdbodens ausgenommen, auf die er projiziert wird. Überdies kommt und geht er. Wann immer die Sonne hinter einer Wolke verschwindet, verschwindet auch der Schatten, nicht weil die Wolke die Sonnenstrahlen nicht durchlässt, sondern weil sie durch den atmosphärischen Dunst in alle Richtungen zerstreut werden. Was erzählt uns dieser vergängliche, fantastische Schatten? Er erzählt uns, dass das Dasein eine zeitlich bedingte Angelegenheit ist und dass unsere zerbrechlichen Leben für immer zwischen Himmel und Erde schweben, empfindlich in jedem Augenblick für die Tageszeit, die abwechselnden Jahreszeiten und die Capricen des Wetters. Schatten erinnern uns, dass wir Geschöpfe voller Launen sind, mit Gestalt versehen in der elementaren Mixtur von Licht und Luft.

Ein Schatten jedoch ist ein anderes Ding: Wenn wir das Licht mit einem lebenden Baum vergleichen, so denken wir dabei eher an einen Lichtbalken *(beam)* als einen Strahl *(ray)*. Wo wir es mit Strahlen zu tun haben, sind die Schatten Projektionen, die Umrisse von Objekten auf den Boden werfen, auf den sie fallen, und die je nach Lichteinfallswinkel und Lage des Landes verlängert und verzerrt sind. Aber der Schatten des *beam* ist sein Negativ, ein Eindruck, der einem Fuß- oder Handabdruck oder den Markierungen auf einer fotografischen Platte ähnlicher ist. Wenn der Lichtbalken wie eine Säule von der Erde aufragt, dann fällt der Schatten als Ablagerung in den toten Raum. Asche ist der Schatten eines Holzbrandes, ein in sich zusammengefallener Wachshügel der Schatten einer Kerze, Pech der Schatten einer Kiefer. Fett ist der Schatten von Fingern und verschwitzten Handflächen auf den von uns benutzten Werkzeugen, auf den Griffen zum Öffnen von Türen und auf den gewendeten Seiten abgegriffener Bücher. Asche, Wachs, Pech und Fett: Diese Schatten haben Substanz. Sie sind keine Projektionen rigider Formen, sondern die Reste von Materialflüssen, Beimischungen und Mutationen.

Alles hinterlässt eine Schattenspur von der einen oder anderen Art. Aber der Körper des Dings kann ebenso wenig von seinem Schatten gelöst werden, wie er von der Welt, in der er existiert, entfernt werden kann. Wir wissen von der Existenz eines Menschen aufgrund seiner Fußabdrücke im Boden. In anatomischer Hinsicht vielleicht, als eine Konstruktion aus Fleisch und Knochen, ist der Fuß Teil des Körpers, aber unsere Lauf- und Geherfahrung sagt uns, dass das nur ein Fuß ist, wenn er sich im Kontakt mit der Erde befindet; und die Erde, auf der wir gehen, existiert für uns nur aufgrund des speziellen Gefühls, das wir in unseren Füßen verspüren. Folglich können wir nicht sagen, dass der Fuß zum Menschen gehört und sein Abdruck zur Erde. Vielmehr sind Fuß und Fußabdruck komplementäre Aspekte des einen Wesens, Erde-Mensch. Ist es mit Bäumen irgendwie anders? Jeden Herbst verlieren die Laubbäume ihre Blätter, die ringsum einen dichten Teppich auf dem Boden bilden. Der Teppich, so ließe sich sagen, ist der materielle Schatten des Strahlenbaums. Doch selbst von ihren Ästen und Zweigen getrennt, auf denen sie einst wuchsen, verlieren Blätter nie ihre vitale Verbindung mit dem Baumwesen. Wie die Abdrücke vieler Füße vermengen sich die Blätter zahlloser Bäume und bilden ein Schattenpalimpsest auf der Erdoberfläche.

Berührung

Geh in die Wälder, finde einen schlanken Baum von solchem Umfang, dass du den Stamm bequem zwischen Daumen und Fingern deiner Hand greifen kannst. Fasse ihn fest, so fest, dass du die Zacken der Rinde spüren kannst, wie sie sich in dein Fleisch graben. Es kann kein Zweifel bestehen, dass du den Baum berührst. Aber berührt der Baum dich? Was passiert an jenem unsichtbaren Ort des Oberflächenkontakts, wo Haut auf Rinde trifft? Und überdies, wie kannst du so zuversichtlich sein, dass du den Baum berührst, wenn unter deiner Hand nur eine kleine Fläche zu liegen kommt?

Offensichtlich sind Baum und Mensch Wesen von sehr unterschiedlicher Art. Der Mensch hat ein Nervensystem, das es ihm ermöglicht, jedwede taktile Empfindung nicht nur zu registrieren, sondern auch zu positionieren. Eine an einem beliebigen Punkt des Systems ausgelöste Empfindung wirkt sich auf das System als Ganzes aus. Deshalb bist du sicher, wenn du den Baum anfasst, dass du ihn spürst. Überdies ist das ein Gefühl, das vom Kontaktbereich in den ganzen Körper ausstrahlt. Du spürst den Baum mit deinem totalen Sein. Müsstest du deine Hand durch eine metallene Nachbildung ersetzen, gäbe es eine solche Berührung und ein solches Gefühl nicht. Aber was ist mit dem Baum? Würde er den Unterschied zwischen einer menschlichen Hand und ihrer metallenen Nachbildung wahrnehmen? Würde er überhaupt etwas bemerken?

Der Baum hat kein Nervensystem und kann daher nicht wie ein Mensch fühlen. Aber er ist gleichwohl ein Lebewesen. Er atmet; in seinem Saft entzieht er der Erde Nährstoffe; die Oberflächen – seiner Wurzeln, Rinde und Blätter – sind porös und gewähren einen durchgängigen Stoffwechsel mit der Luft oben und dem Boden unten. Aus diesem Grund wird der Baum vom Zugriff der eisernen Hand beeinflusst. Er reagiert auf die Art und Weise, wie die Stoffe, die ihn durchströmen und dabei transformiert werden, mit den vorhandenen Eindringlingen zurechtkommen. Während der Baum unter dem Druck des Eindringenden anschwillt, wird die Hand allmählich angesaugt

– bis zu dem Punkt, wo sie unbeweglich wird. Über viele Jahre hin zusammengewachsen, werden Baum und Hand eins.

Berührung ist demnach anders, je nachdem, ob es sich um bloßen Körperkontakt handelt, eine organische Reaktion oder Stimulierung der Nerven. Die menschliche Haut ist die empfindlichste Oberfläche überhaupt, so übersät mit Nervenenden, dass sie in der Vergrößerung jede Oberfläche, mit der sie in Kontakt käme, in ein Bett aus Dornen verwandeln würde. Wenn du einen Dornbusch berührst, so bist du es und nicht der Dornbusch, der den Stachel spürt. Obgleich rau, macht Baumrinde mit der Haut nicht das Gleiche. Sie verformt sich jedoch unter Druck wie ein feuchter Schwamm, der sich um die Finger wickelt, sobald sie zudrücken. Ob nun durch Stechen oder Quetschen, das Paradox der Berührung liegt darin, dass es zwar keine intimere Form des Kontakts gibt, aber auch keine, die Trennung von Fühlendem und Gefühltem eindringlicher bestätigt. Diese Trennung etabliert sich an der Oberfläche. Denn wenn sich die Oberfläche auflöste, würden Berührende und Berührter ineinander verlaufen, wie Wassertropfen, die sich treffen und miteinander verschmelzen, sodass sie buchstäblich ununterscheidbar würden.

Zeit

Archäologinnen und Archäologen gehen gerne in der Zeit zurück. Bei ihren Ausgrabungspraktiken entfernen sie Materialschicht um Materialschicht, wobei sie die jeweiligen Fundstücke in einem sogenannten „Fundprotokoll" der entsprechenden Fundlage zuordnen. Auf dieser Zeitlinie hat alles ein Datum. Dieses Steinwerkzeug stammt aus der Zeit vor hunderttausend Jahren; diese Elfenbeinschnitzerei ist zehntausend Jahre alt; dieses Keramikfragment gerade einmal tausend Jahre. Aber was bedeutet es, von diesen Dingen zu sagen, sie hätten ein bestimmtes Alter? Ist es überhaupt sinnvoll, danach zu fragen, wie alt sie sind? Schließlich existierte der Stein schon seit Äonen, bevor er gebrochen und in ein Werkzeug verwandelt wurde, und er ist immer noch da. Das Elfenbein wuchs einst als Stoßzahn eines Mammuts, das die Steppentundra durchstreifte; der Lehm entstand als Erdablagerung, lange bevor Töpferin oder Töpfer ihn ausgrub, um ihn als Rohmaterial zu benutzen. Die Daten, die wir Artefakten zum Zeitpunkt ihrer Fabrikation zuschreiben, sind weiter nichts als vorüber-

Abbildung 4 *Gli alberi dei travi* [Der Baum der Balken], Zeichnung von Giuseppe Penone, 1970 (Mit freundlicher Genehmigung der Gagosian Gallery)

gehende Momente im endlosen Dasein der Materialien, aus denen sie gefertigt sind.

Oder man betrachte ein gewöhnliches Möbelstück, einen Tisch zum Beispiel. Wir kennen das Jahr, in dem er gefertigt wurde: als sich ein Zimmermann mit gleichmäßigen Balken und Brettern, aus abgelagertem Holz geschnitten und gehobelt, an die Arbeit des Zusammenbaus machte. Und doch verrät jeder Balken oder jede Planke noch den Baum, aus dem sie einst gehauen wurden (Abbildung 4). Der Baum ist älter als der Tisch. Aber wie alt ist er dann? Es muss natürlich den Moment gegeben haben, als er aus einem Elternsamen auskeimte. Aber zu diesem Zeitpunkt war er noch kein Holz, noch nicht einmal ein

Sprössling, sondern ein weicher, grüner Trieb. Der Baum ist nicht bloß älter als der Tisch; er ist älter als sein Holz! Und es gibt auch keinen Grund, damit aufzuhören. Denn der Samen bewahrt seine lebenswichtige Verbindung mit dem Baum, auf dem er vormals wuchs; sowohl der elterliche Baum als auch der Sämling sind Teil des gleichen Lebenszyklus. Kurzum, der Baum hat keinen Ursprungsort, da er ständig neu entsteht. Und fortgesetzte Entstehung ist lediglich ein anderes Wort für Wachstum.

Sobald wir uns erst einmal um das Material kümmern, erscheint unser Holztisch nicht mehr als Objekt im Aufzeichnungsprotokoll. Eher schon ist die Aufzeichnung im Objekt, eingebettet in eine materielle Geschichte von Keimung und Wachstum. In einer Art umgekehrter Archäologie graben wir nicht aus, um dokumentierte Objekte zu entdecken, sondern um die Dokumentierung in den Objekten zu finden. Wir können unseren Tisch nehmen oder einen großen Holzbalken, geleitet von den jährlichen Wachstumsringen, um darin eingenistet eine Serie von zunehmend schlankeren Bäumen zu finden, geradewegs zurück bis zum anfänglichen Sprössling. In jedem Baum verbergen sich immer jünger werdende Versionen seiner selbst. Aber je jünger die Versionen, desto älter sind sie – in dem Sinne, dass sie schon länger da sind. Umgekehrt heißt das, je älter die Baumversionen, desto jünger sind sie. Sich in den Baum zu vergraben bedeutet deshalb, die Arbeit der Zeit zunichtezumachen. Es ist, als zeigte man einen Film über das Wachstum des Baumes, der über Jahrzehnte, wenn nicht Jahrhunderte hinweg gedreht wurde, im Schnellrücklauf.

Kunst

Der Körper ist eine feste Form, begrenzt durch die Haut. Der Atem kommt von der Luft, das Fleisch von der Erde. Licht wirft einen Schatten, wenn von einem undurchsichtigen Objekt blockiert. Wir fassen einen Baumstamm mit der Hand an, aber er fühlt nichts. Wachstum ist unumkehrbar. Die Oberfläche der Haut, besonders an den Fingern und den Lippen, ist empfindlich, was Berührungen angeht. Blätter wehen im Wind. Dornen stechen. Dies sind einige der vielen Dinge, die wir geneigt sind für selbstverständlich halten, während wir unser tägliches Leben angehen. Sie sind nicht zwangsläufig falsch. Aber wenn sie selbstverständlich sind, was im Allgemeinen der Fall ist, entgehen uns vielleicht die wesentlicheren Gegebenheiten, von denen ihre Wahrheit abhängt. Es sind dies die eigentlichen Bedingungen für unsere Existenz in der Welt. Und es liegt auf der Hand, dass unsere Erfahrung nur bereichert werden kann, wenn man ihnen Aufmerksamkeit schenkt.

Eine Möglichkeit, dies zu erreichen, ist die Durchführung von Experimenten, die alle unsere Annahmen ins Gegenteil verkehren. Was, wenn der Atem fest wäre und alles, was wir dem Körper zuführen, Luft? Was, wenn das Licht am Himmel herumwirbelte wie der Wind und Schatten aus angehäuften Schichten gefallenen Laubs bestünde? Was, wenn, anstatt den Baum zu greifen, der Baum unsere Hand in seinem Griff hätte? Was, wenn wir den Fluss der Zeit umkehren und Bäume schrumpfen lassen könnten? Was, wenn der Wind der Odem des Blattwerks wäre und die Haut ein Bett aus Dornen? Was erzählen uns diese Experimente und andere von gleicher Art über Körper, über Sinne, über Erinnerung und Zeit, über uns selbst und die Welt, in der wir leben?

Sie sind gewiss nicht wissenschaftlich, diese Experimente. Keine Daten werden erhoben; keine Hypothesen einer Prüfung unterzogen. Es ist ein Prinzip wissenschaftlicher Objektivität, dass die Natur in gebührendem Abstand gehalten wird; dass die Forscherin oder der Forscher vom Zustand der untersuchten Phänomene unberührt und unbeeindruckt bleiben sollte. Das Streben nach Objektivität sollte jedoch nicht mit der Suche nach Wahrheit verwechselt werden. Denn während Ersteres erfordert, dass wir alle Verbindungen mit der Welt abreißen lassen, verlangt Letztere unsere ganze uneingeschränkte Teilnahme. Sie treibt uns an, die Welt für unsere Wahrnehmung zu öffnen, für das, was dort vor sich geht, damit wir unsererseits darauf antworten können. Auf diese Weise übernehmen wir für unsere eigenen Arbeitsweisen eine Wahrnehmungsschärfe, die auf das Material abgestimmt ist, das unsere Aufmerksamkeit erregt hat. So wie diese Materialien variieren, so ändert sich auch die Erfahrung, die man macht, wenn man mit ihnen arbeitet. Oder in einem Wort: Materialien und Erfahrungen korrespondieren miteinander. In seiner Kunst korrespondiert Giuseppe Penone mit Bäumen, Körpern, dem Wind und vielem mehr; in diesem Aufsatz habe ich etwas Ähnliches versucht. Ich hoffe, auf diese Weise meine eigene, verbale Korrespondenz in Korrespondenz mit seiner künstlerischen gebracht zu haben.

Ta, Da, Ça!

Ich habe diese Zeilen als Reaktion auf eine Intervention des Künstlers Émile Kirsch geschrieben. Ihr Titel, Ta, Da, Ça!, *ist den Schriften des Semiotiker-Philosophen Roland Barthes entnommen, der den Ausdruck seinerseits von dem Sanskrit-Wort* tathata *herleitet, das in wörtlicher Übersetzung „jenes, dort ist es, sieh da!" bedeutet.*[14] *Barthes stellt sich das kleine Kind vor, das auf etwas zeigt und ruft: „Schau da!" Die Intervention selbst erfordert lediglich ein Minimum an Apparatur: einen Satz kleiner Röhren aus magnetisiertem Stahl, jede nicht mehr als einen Zentimeter lang und einen halben Zentimeter im Durchmesser, an einem Ende offen, am anderen geschlossen durch einen kreisförmigen Flansch. Dieses kleine Objekt haftet aufgrund der flachen Oberfläche des Flansches spontan an allen Gegenständen, die für magnetische Anziehung empfänglich sind, ohne die geringsten Spuren zu hinterlassen. Das offene Ende des Röhrchens bietet jedoch einen festen Sitz für Zweige, die ungefähr den richtigen Durchmesser haben. Für* Ta, Da, Ça! *sammelte Kirsch in den Wäldern Zweige, um sie in seine Röhrchen zu stecken, die er im Weiteren an Metallgegenständen überall im Haus und in der Stadt befestigte. Urplötzlich sprossen drinnen und draußen Zweige aus Heizkörpern, Küchengeräten, Metallmöbeln, Geländern, Abflussrohren und Straßenschildern.* Ta, Da, Ça! *lenkt nicht nur unsere Aufmerksamkeit auf Gegenstände und Produkte unserer Umgebung, die wir so oft für selbstverständlich halten, es stellt auch spielerisch unser konventionelles Verständnis von der Ordnung der Dinge auf den Kopf. Objekte, von denen wir dachten, sie seien vollständig, in sich begrenzt und domestiziert, scheinen zu keimen, zu wachsen und sich zu vermehren. Eine gewisse Wildheit stellt sich ein. Hier einige Gedanken, die durch meine eigenen Experimente mit* Ta, Da, Ça! *angeregt wurden. Was passiert, wenn wir Zweige aus ihrem natürlichen Lebensraum im Wald entnehmen und sie in die artefaktische Lebenswelt der Stadt verpflanzen?*

* * *

Zweig: ‚ein schlanker Trieb, der von einem Ast oder Stamm ausgeht'. Die Wälder sind voller Zweige, und diese prägnante Definition, dem *Oxford English Dictionary* entnommen, sagt uns alles, was wir wissen müssen. Drei Dinge stechen besonders hervor. Erstens, ein Zweig ist das dünnste Material aus Holz, das es gibt. Bei einem wachsenden Baum ist er die letzte Stufe der Unterteilung, bevor er schließlich einer Knospe oder einem Blatt weicht. Zweitens, Zweige treiben auf einer Wachstumslinie ohne festen Endpunkt aus, sie improvisieren einen Weg mit nur einem Ziel, nämlich einen Weg ins Licht zu finden. Und drittens, sie weichen ab. Welche Richtung der elterliche Ast auch einschlagen mag, der Zweig besteht darauf, eine andere zu nehmen. Der Ast hat ja seinen Platz an der Sonne bereits gebucht, also macht sich ein Zweig auf die Suche nach einer anderen Stelle. Doch trägt jeder Zweig das Potenzial einer weiteren Abweichung in sich und wird im Verhältnis zu seinen weiteren Ablegern selbst zum Ast. Das ergibt die charakteristische, unregelmäßig gegabelte Struktur von Zweigen, die sich seriell teilen. Wenn wir sie auf dem Waldboden verstreut finden, sind viele Gabeln bereits abgebrochen, so wie die Zweige selbst von den Ästen, die sie einst getragen haben. Aus einer Gabelung wird dann eine scharfe Knickstelle. Zweige sind weder gerade noch anmutig gebogen. Sie sind immer krumm.

Tiere, die im Wald leben, wissen mit der Unregelmäßigkeit der Zweige umzugehen und können sie sogar zu ihrem Vorteil nutzen. So sind beispielsweise Zweige für viele Vögel ideal zum Nesterbauen. Sie lassen sich zu einer Struktur zusammenfügen, die zwar an den Rändern struppig sein mag, aber noch in ihrer Auflösung zusammenhält, eben weil sich jeder Zweig mit seinen Astlöchern, Gabelungen und Krümmungen im anderen verfängt. Gerade die lose Struktur ermöglicht es, dem heftigsten Wind zu widerstehen, der die Äste, auf denen das Nest sitzt, zum Schwanken bringt. Menschen haben ihrerseits aus den Beobachtungen tierischer Leistungen gelernt und sie in der Kunst des Flechtens auf eine neue Ebene gehoben, wenn sie aus Zweigen Gehege, Fallen, Körbe, Wiegen und eine Vielzahl anderer Strukturen des täglichen Gebrauchs geflochten haben. Zudem lassen sich im Haushalt aus Zweigen, die an einem Ende zusammengebunden oder an einen Stab befestigt sind, Bürsten und Besen herstellen, die sich hervorragend zum Zusammenkehren von verstreutem Material auf rauen, unebenen Flächen eignen. In jedem Fall halten die fraglichen Utensilien dank der Elastizität und Reibung ihrer verflochtenen Materialien zusammen. Zweige sind von Natur aus nicht prädisponiert, sich zu größeren Strukturen zusammenzufügen – sie sind in diesem

Sinne keine Teile eines Ganzen. In seinem genauen Aufbau ist jeder Zweig einzigartig. Doch zusammen können sie zu einer Art Ausgleich neigen.

Wir Menschen sind jedoch in den Wäldern nicht mehr zu Hause, wie wir es einst waren. Wir haben uns vielmehr dafür entschieden, uns mit Objekten zu umgeben, die wir selbst entworfen haben und aus denen wir durch das Schneiden, Formen und Gestalten bestimmter Materialien geometrisch reguläre Körper gefertigt haben. Dies sind unsere Artefakte; und obgleich das Artefakt im Prinzip alles sein kann, was von Menschenhand hergestellt wurde, sind es in der Praxis die formalen Eigenschaften der Dinge und ihre Zurechnung zum Design, die sie als künstlich herausstellen. Als ein konzipiertes Objekt ist das Artefakt alles, was der Zweig nicht ist. Denn seine Solidität wächst nicht schrittweise einer Wachstumslinie folgend, sondern ist bereits in den glatten und gleichmäßigen Facetten einer Form eingeschlossen. Während der Zweig unkontrolliert in alle Richtungen austreibt, ist das Artefakt zerstückt, sein Inneres von seiner äußeren Umgebung abgeschottet. Das eine verkörpert Prinzipien von Wachstum und Abweichung, das andere die entgegengesetzten Prinzipien von Vorherbestimmtheit und Eingrenzung. Für Ersteres ist das lose Ende ein Zeichen zukünftigen Wachstums und Gedeihens, für Letzteres signalisiert es entweder unvollendete Arbeit oder Zerfall. Vielleicht hat niemand den Gegensatz besser ausgedrückt als der Sophist Antiphon, der im 5. Jahrhundert vor Christus schrieb. Wenn man ein Holzbett in den Boden pflanzt, so Antiphon, kann es Wurzeln schlagen und neue Triebe hervorbringen. Aber was dabei herauskommt, ist frisches Holz, kein neues Bett![15]

Was wir somit haben, sind zwei verschiedene und in der Tat unvereinbare Ordnungen: die vegetative und die artefaktische. Die vegetative Ordnung – die Ordnung des Zweiges – wird durch die Kraft des Wachstums konstituiert. Die artefaktische Ordnung wird durch die Kraft des Intellekts konstituiert, der der materiellen Welt seine eigenen Entwürfe aufzwingt. Dazu gehören diverse hergestellte Objekte. Im Wald herrscht die vegetative Ordnung vor. Alles sprießt. Falls sich da überhaupt Artefakte finden, gingen sie verloren oder wurden weggeworfen, vielleicht von Vorbeigekommenen zufällig fallen gelassen. Aber in der Stadt sind es die sich verzweigenden Dinge, die jetzt auf dem Rückzug sind. Selbst Flechtwerk ist zum Anachronismus geworden. Der Reisigbesen, der auf den glatten Oberflächen der Artefakte keinen Halt findet, ist durch den Staubsauger ersetzt worden. Alles ist eingeschlossen, nichts sprießt. Können diese beiden Ordnungen in Geselligkeit vereint werden? Auf den ersten Blick erscheint dies unwahrscheinlich. Denn wenn die sich verzweigenden Dinge durch die Abweichung und Verflechtung ihrer einzelnen Elemente verknüpft sind, hängt die Integrität der Artefakte von einem Ineinandergreifen ab, bei dem jedes Teil seinen Platz als Teil eines größeren Ganzen findet. Ein Zweig kann in der Ordnung der Artefakte nichts finden, mit dem er sich verbinden könnte; umgekehrt hat ein Artefakt keine Triebe, um sich der Vegetation anzuschließen. Aber vielleicht ist die Trennung gar nicht so krass. Könnten die verschiedensten Dinge nicht einerseits zu festen Objekten erstarrt und andererseits an den Rändern ausgefranst sein?

Die Frage ist, wie die Dinge miteinander verknüpft sind. Selbst in der Welt der Artefakte passt nichts perfekt zusammen. Dinge müssen mithilfe von Klebern, Klammern, Federn, Stiften, Schrauben und Dübeln verschiedener Art befestigt werden. Allen gemeinsam ist, dass sie die Unversehrheit der Begrenzungsflächen der Objekte infrage stellen. Beispielsweise bestehen die meisten Klebstoffe aus langen Eiweißmolekülen, die in die Oberflächen, auf die sie aufgetragen werden, eindringen können und sie effektiv miteinander verbinden. Denn eine Oberfläche, die für das bloße Auge wie ein Ganzes aussieht, ist auf der molekularen Ebene eher wie ein Sieb. Sie ist voller Löcher. Klammern und Federn funktionieren dank der Elastizität der Materialien, aus denen sie bestehen, also dank ihrer Fähigkeit, sich verbiegen zu lassen und in die Ausgangsform zurückzukehren. Stifte dringen durch Oberflächen, aber Schrauben tun mehr, da das Gewinde der Schraube sich unmittelbar im Fleisch des Materials verbeißt und es fest anzieht. Und Dübel, obzwar genau auf ihre Fassung zugeschnitten, werden durch Reibungskräfte an ihrem Platz gehalten, die der Kraft entsprechen, die erforderlich ist, um sie hineinzudrücken. Schließlich besteht noch die Möglichkeit des Magnetismus, durch den sich ein Metallgegenstand an einem anderen festsetzen kann, ohne dessen Oberfläche zu durchstoßen. Denn wie bei der Schwerkraft wirkt die Anziehungskraft des Magneten von einer inneren Masse auf eine andere, unabhängig von den äußeren Formen, die dabei angenommen werden (Abbildung 5). Es braucht nur eine Kleinigkeit, um an der Oberfläche der

Abbildung 5 *Ta, Da, Ça!* (Zweig, Magnet, Radiator), Foto von Émile Kirsch, 2017

Artefaktenwelt zu kratzen und damit die vegetative Kraft der Materialien aus ihrer artefaktischen Hülle zu befreien und die Stadt dem Wald zurückzugeben. Man vergrabe die Objekte, so beginnt die Stadt – wie Antiphons Bett – zu sprießen. Man kann beobachten, wie zarte und schlanke Wachstumslinien aus den Oberflächen heraustreten, die zaghaft einen Weg ins Licht suchen und sich dabei aufspalten. Die Bewohner bleiben stehen, um sie zu bestaunen. Sie sind verwundert. Was kann das bedeuten? „Wir sind es gewohnt, dass in unserer Stadt ständig gebaut wird", sagen sie, „aber nicht, dass aus Rohren und Heizkörpern, Straßenschildern und Geländern Zweige sprießen. Ist das eine Stadt oder ein Wald?" Das ist die Frage von *Ta, Da, Ça!*

SPUCKEN, KLETTERN, FLIEGEN, FALLEN

Einleitung

In einer Geschichte aus dem mittelalterlichen Irland, die der Bischof Patrick von Dublin im 11. Jahrhundert erzählte und die von Seamus Heaney im 20. Jahrhundert wiedererzählt wurde, erspähten Gläubige beim Gebet ein Schiff am Himmel schweben, von dem ein Ankertau herabgelassen wurde. Durch den Anker, der sich an einem Geländer des Altars verfangen hatte, war das Schiff ratternd zum Halten gekommen. Ein Mannschaftsmitglied kletterte am Seil herab und versuchte, es wieder freizubekommen, was ihm aber nicht gelang. Der Abt, der merkte, dass der Mann nahe am Ertrinken war, wies seine Gemeinde an, Hilfe zu leisten. Der Anker wurde schließlich befreit und – in letzter Sekunde – gelang es dem Matrosen, das Seil wieder hinaufzuklettern und zu seinem Schiff zurückzukehren, das weitersegelte, bis es außer Sicht war.[16]

Das Medium Luft, das wir Sterblichen atmen, um am Leben zu bleiben, war für den himmlischen Seefahrer eine tödliche Falle. Es hätte ihn getötet, hätte der Abt nicht rechtzeitig eingegriffen. Würde die salzige See nicht auch uns töten, müssten wir zu lange Zeit unter Wasser verbringen? An Land wie auf See brauchen wir Menschen Luft zum Atmen. Wir leben zwangsläufig unter dem Himmel, auf oder an den Oberflächen, die sich bildeten, wo Erde, Luft und Wasser sich begegnen und vermischen. Es gibt Oberflächen, wo Wasser auf Luft trifft; wie die von Wind und Meeresströmungen aufgepeitschten Wellen. Aber es gibt auch Oberflächen des Landes, wo Luft auf Erde trifft, und des Meeresbodens, wo Erde und Wasser sich begegnen. Luft ist über dem Wasser; Wasser über der Erde. Leben demnach Menschen von der Erde unter Wasser? So muss es den geisterhaften Seeleuten in Patricks Geschichte vorgekommen sein. Aber für die Gemeinde unten schien ihr Schiff über die Himmelskuppel selbst zu segeln. Es war ein Himmelsschiff. Denn aus der Sicht von Gottes Himmel gehört unser Himmel, wie der heilige Augustinus feststellte, zur materiellen Erde seiner Schöpfung, einer Erde, die auch ihre Länder und Meere umfasst.[17]

Doch dürften auch unsere Schiffe den Bewohnerinnen und Bewohnern der Tiefe als himmlisch erscheinen und viele müssen sich über die seltsamen Dinge gewundert haben, die aus dem Himmelsraum herabfielen: Kisten voller Gold, Kanonenkugeln, Ankerketten und selbstverständlich Menschen, die am Ertrinken sind, wenn schon nicht tot. Heute mehr als je zuvor füllen sich die Ozeane mit den Resten menschlichen Lebens an Land, ob sie nun über Bord eines Schiffes geworfen, von der Flut angeschwemmt oder als Staub von ablandigen Winden mitgebracht wurden. Doch was die See empfängt, speit sie auch wieder aus und von hier aus – am Rand des Wassers, wo die Wellen gegen die Küste schlagen – beginnen wir unsere Reise in den vier nachstehenden Essays. Wir wagen uns ins Landesinnere, wo wir zu klettern beginnen, immer höher hinaufsteigen, in die Hügel und Berge, in dem letztlich vergeblichen Versuch, Gottes Sicht der Dinge zu erlangen. Mit den Vögeln fliegen wir in den Himmel, segeln über Berggipfel wie ein Ballon. Aber da wir sterblich sind, ist es uns vom Schicksal bestimmt, schließlich wieder auf die Erde zu fallen, so wie Wasserdampf, der bei wachsender Höhe zwangsläufig aufsteigt, im Endeffekt kondensieren und als Regen oder Schnee fallen muss.

Der schaumige Speichel eines Pferdes

Der Neujahrstag 2016 fand mich den Strand entlanggehen, dort wo die Stadt Aberdeen, in der ich lebe, an die Nordsee grenzt. Zehn Tage unablässigen Regens und östlicher Stürme hatten Unheil über viele gebracht, deren Häuser zu nahe an den tobenden Flüssen Dee und Don lagen, deren Mündungen die Stadt im Süden und im Norden begrenzen. Wohnungen wurden überflutet, Straßen waren unter Wasser, Brücken zerstört. Ein ganzer Wohnwagenpark war weggeschwemmt worden; mit ihm verschwanden nicht nur das Hab und Gut der Menschen, sondern auch die Erinnerungen an zahllose Urlaube; alles brauste tosend die Flüsse hinab ins Meer. Die Stadt selbst hatte das Ganze relativ unbeschadet überstanden. Am Strand jedoch bot sich mir ein Anblick, wie ich ihn noch nie zuvor erlebt hatte. Es war nicht nur das Meer, das schäumte, als wäre es aufgrund irgendeiner kosmischen Beleidigung mächtig verärgert. Der Sandstrand selbst war unter einer fußtiefen Schicht aus schmutzig weißer Gischt begraben, die gespenstisch lebendig wirkte, wie sie sich im Wind hin und her bewegte und ihre luftgetragenen Schaumflocken ins Landesinnere schickte. Es war merkwürdig und auf eigentümliche Art beunruhigend, in diesem luftig leichten Material zu laufen: Es bot keinen Widerstand und umspielte gleichwohl wie Modder, der einen jeden Moment zu verschlingen drohte, die Füße. Als ich mir meinen Weg durch die Gischt bahnte, wurde ich an eine Ausstellung erinnert, die ich einige Jahre zuvor in der Common Guild Gallery in Glasgow gesehen hatte. Sie zeigte die Arbeiten der Künstlerin und Bildhauerin Carol Bove. Die Ausstellung trug den Titel The Foamy Saliva of a Horse.

* * *

Was mochte Bove mit diesem rätselhaften Titel gemeint haben? Es gab keine Erklärung dafür. Kein Pferd war in der Show und kein Speichel. Nach weiterem Nachforschen stieß ich auf eine Legende, wonach Apelles, Hofmaler von Alexander dem Großen im vierten vorchristlichen Jahrhundert, dereinst von seinem Versagen, den schaumigen Speichel eines schnaufenden Pferdes zu malen, so aufgebracht war, dass er den Schwamm, mit dem er seinen Pinsel reinigte, nach dem Bild warf. Augenblicklich wurde das erwünschte Ergebnis erzielt. An die fünf Jahrhunderte später tauchte die Geschichte erneut auf, nämlich in den Texten des griechisch-römischen Arztes Sextus Empiricus. Er benutzte sie, um damit das Dilemma des skeptischen Philosophen zu veranschaulichen, der gleichermaßen von seiner Unfähigkeit gequält wird, zwischen Objekten der Sinne (des Fühlens) einerseits und Objekten des Denkens andererseits zu entscheiden. Laut Sextus sollte die Antwort des Skeptikers einfach sein, das Urteil auszusetzen – den Schwamm zu werfen, könnte man sagen – und den Zufall entscheiden zu lassen. In diesem Zustand der Aufhebung findet der Philosoph Erleichterung von seinen Qualen und einen gewissen Seelenfrieden. War dies mithin der Schlüssel für das, was Bove in ihrer Kunst machte? Was geschieht, wenn das schön geordnete, kristalline Gitter unserer Vorstellungen auf die Überschwänglichkeit und den Exzess einer Welt des Lebens und des Todes, des Wachstums und der Verwesung trifft? Können sie in einer Art Gleichgewicht gehalten werden? Und kann dieses Gleichgewicht ein Gefühl der Ruhe inmitten des Aufruhrs der Elemente wiederherstellen?

Die Ausstellung war auf zwei Stockwerke verteilt. Eine der Arbeiten im oberen Stockwerk bestand aus einem vertikalen Metallständer, der auf einem rechteckigen Sockel aufsaß, mit Verzweigungen und Haken, die eine Vielzahl von Meeresmuscheln trugen. An und für sich sind die Muscheln Objekte großer Schönheit. Aber sie sind nicht hergestellt worden; sie sind keine Artefakte. Wie Seifenblasen, die in der Luft schweben, bedeuten ihre runden Formen dem menschlichen Geist nichts, alles jedoch für die Mathematik des Wachstums. Im Gegensatz dazu verdankt der lineare Ständer dem Denken alles. Mit seinen Verzweigungen und Haken bildet er ein dreidimensionales Diagramm, das die Muscheln als Teil eines – vielleicht taxonomischen, vielleicht morphologischen – Schemas in Beziehung zueinander setzt. In dem Diagramm sind die Sinnesobjekte (die Muscheln) gleichzeitig in der Schwebe und werden von einem Geistesobjekt (dem Ständer) getragen. Das ist im Obergeschoss, über Meereshöhe sozusagen. Unten, auf einem Kaminsims, fand ich einen ähnlichen Ständer und ähnliche Muscheln. Aber alle bis auf eine waren die Muscheln offensichtlich vom Ständer gefallen und lagen verstreut auf dem Kaminsims. Unterhalb des Meeresspiegels, so scheint es, siegt die Turbulenz der Welt über unsere Bemühungen, sie einzudämmen, und die Dinge werden sich nicht an unsere begrifflichen Abgrenzungen halten. Es stellte sich heraus, dass dieser Kontrast zwischen oben und unten, zwischen über dem Meer und unter dem Meer, einen Rahmen für die gesamte Ausstellung bildete. Aber er gab auch einen weiteren Hinweis auf den Titel der Ausstellung. Der schaumige Speichel eines Pferdes? Es ist natürlich ein Meeresrätsel.

Jedes Pferd ist eine schaumbedeckte Welle und die Ausstellung handelte von den Dingen, welche die weißen Pferde des Meeres auf den Strand spucken. In unzähligen Jahrhunderten hat der Ozean Produkte menschlicher Fertigung verschlungen und – nach unterschiedlich langen Zeiträumen – wieder ausgespien. Aufgewühlt von der Gischt eines tobenden Meeres haben sich die Überreste von Tanks, Fässern, Netzen und verrottenden Hölzern vor unseren Augen ausgebreitet. Durch den bloßen Prozess der Korrosion und die Schlagkraft der Elemente können die einst sauberen Artefakte seltsame und wunderbare Formen annehmen und ihre Oberflächen, die ursprünglich einen spiegelnden Glanz aufwiesen, hinter dem sich eingelagerte schädliche Substanzen verbargen, werden wie die Oberfläche der Erde selbst: unendlich vielfältig, vielschichtig, zusammengesetzt und rückwirkend. Derlei geschah mit einem rostigen Ölfass, das Bove gefunden und ausgestellt hatte. Im Neuzustand hatte es die Form eines perfekten Zylinders, in der Höhe gerade und im Querschnitt rund. Seine glänzende, lackierte Oberfläche ließ nichts von dem darin enthaltenen Ölschlick erahnen. Das sichtbare Äußere und das unsichtbare Innere waren vollständig voneinander getrennt. Nun aber, da das Fass seinen Inhalt längst losgeworden ist, umfasst seine deformierte Oberfläche die Außenseite wie die Falten eines Stoffes, während Rostpartikel, die sich gerade lösen oder bereits gelöst und verstreut haben, von der allmählichen Auflösung der Grenze zwischen Oberfläche und Farbträger zeugen.

Ein weiteres Ausstellungsstück, gleichfalls vom unteren Stockwerk, kündet von einem ungeheuerlichen Kampf zwischen Natur und künstlicher Vorrichtung. Ein massiver, leicht schief hochkant stehender Treibholzblock könnte einst ein Pfeiler für eine Buhne gewesen sein. Auf einer Seite ragt ein übrig gebliebener Bolzen heraus, an dem die Verkleidungsabsicherung befestigt gewesen wäre. Dieses Holz hätte dem Meer standgehalten, die Wucht der Brandung gebrochen und die Sand- und Kieselablagerungen darunter festgehalten. Aber es vermochte nicht für immer zu widerstehen und vielleicht war es der Gewalt eines Sturms nicht mehr gewachsen und wurde von den Wellen mitgerissen. Danach verkehrte sich sein Schicksal, denn jetzt ist der Block, der einst dem Meer die Stirn bot, diesem ausgeliefert, wird von weißen Pferden umhergeworfen und in seinem schäumenden Speichel an Land gespuckt. Im Meer wäre dieser massive Block, für einen Menschen viel zu schwer, um ihn zu heben, von schwebender Leichtigkeit gewesen. Zurück auf der Erde, erneut schwer und lethargisch, erzählt er von seinen Reisen, sichtbar geworden in den Knorren, Knoten und Abschürfungen seines Fleisches, in denen die Holzfasern sehr deutlich zu erkennen sind. Und nicht nur das: Geruch und geschwärzte Oberflächen verraten, dass er einst mit Bitumen überzogen war. Und es war die Erinnerung an dieses Ausstellungsstück, die mich mit einem Ruck zurück an den Ort brachte, an dem ich stand, am Strand von Aberdeen. Denn da stand ich und war von allen Seiten von dem schaumigen Speichel eines Pferdes umgeben.

Der gesamte Strand ist von Buhnen gesäumt. Zwar hatten sie den Sturm intakt überstanden, doch hatten die Buhnen alles an sich gerissen, was das Meer ausgeworfen hatte, und verhinderten, dass es wieder zurückgeschwemmt wurde. Ganze entwurzelte Bäume, massive Holztrümmer und mit Gras geschmückte Äste lagen über den Strand verstreut, manche darunter, die sich in gefährlicher Weise auf den Buhnen niedergelassen hatten, als hätte man sie wie Zündhölzer durcheinandergeworfen (Abbildung 6). Und dann waren da noch die Einkaufswägen.

Gemeinsam mit weggeworfenen Schuhen und dem allgegenwärtigen Plastikkram, Metalltrommeln und Autoreifen, waren die Einkaufswägen die häufigsten Abfallprodukte menschlicher Machart. Die meisten sahen aus, als hätten sie jahrelang unter Wasser gelegen. Obwohl viel von dem Ausgeworfenen, Haufen verwelkten Grases eingeschlossen, eindeutig mit den Flüssen ins Meer gelangt war und dann durch die Wucht der Wellen zurück an die Küste geworfen wurde, war doch klar, dass für den Grundbestand an Trommeln, Reifen und Einkaufswägen die nasse Umgebung nichts Neues war. Sie hatten womöglich mehr Zeit unter Wasser als darüber verbracht. Aber oben am Strand schienen die Relikte menschlicher Denkmodelle und ihre artefaktischen Verkörperungen eine gewisse Ruhe zu finden und sogar eine Art von Schönheit anzunehmen, halb im Sand begraben oder ins Geäst angeschwemmter Bäume geschmiegt.

Abbildung 6 Buhnen am Strand von Aberdeen. Ein Baumstamm, der vom Neujahrssturm 2016 an Land geworfen wurde, ist vier Jahre später noch immer zwischen den Stützen eingeklemmt. (Foto des Autors)

Beim Betrachten der Szene war ich nicht allein. Viele Bürger waren von der gleichen Neugier wie ich an den Strand gelockt worden und stöberten in einem tranceartigen Zustand des Erstaunens durch die Trümmer, begleitet von ihren ausgesprochen neugierigen Hunden, während Seevögel herumschwirrten, als hätten sie es noch nie so gut gehabt. Während ich über den Strand schlenderte, fragte ich mich, ob ich in die Stadt der Zukunft blickte, eine Stadt, in der der Gegensatz zwischen der *Polis* und dem Meer, der so alt ist wie Plato, endlich der Unausweichlichkeit steigender Meeresspiegel erlegen ist. Für mehr als zwei Jahrtausende haben wir uns bemüht, die beiden auseinanderzuhalten und die vernunftgeleitete urbane Ordnung vor dem Aufruhr des Meeres zu bewahren, der ihre Auflösung bedroht. Heute schon gibt es Städte, in denen der Kampf verloren geht – Venedig ist das berühmteste Beispiel –, während der Sieg, so scheint es, nur vorläufig sein kann und nach immer gewaltigeren und unwahrscheinlicheren technischen Kraftakten verlangt. Irgendwann werden wir wie der Skeptiker Sextus Empiricus die weiße Fahne hissen und eine Versöhnung zwischen der Herrschaft der abstrakten Vernunft und dem materiellen Tumult der Wetterwelt, in der wir zu leben verurteilt sind, suchen müssen. Kann die Stadt jemals ihren Frieden mit dem Meer machen? Oder treten wir gar in eine Ära ein, in der Städte zu Ozeanen werden, auf denen die Gebäude wie Schiffe schwimmen?

Des Bergsteigers Klage

Im November 2014 veranstaltete Deveron Arts – eine Kunstorganisation mit Sitz in Huntly, einer Stadt im ländlichen Aberdeenshire – ein zweitägiges Symposium in der kleinen Stadt Tomintoul, die hoch droben in den Cairngorm Hills sitzt.[18] *Das Symposium wurde von Einheimischen, Bergwandernden, einer Anzahl von Künstlerinnen und Künstlern, einem Anthropologen (mir selbst) und einem weltberühmten Bergsteiger besucht, der eigens für die Gelegenheit eingeladen wurde. Bergwanderinnen und Künstlerinnen sprachen voll Enthusiasmus über ihre Erkundung der Highlands, wobei sie auf bekannten Spuren und Pfaden wandelten. Eingetaucht, wie sie in die Landschaft waren, fanden sie in ihr eine Quelle fortwährenden Erstaunens: die sich ständig verändernden Himmel, das Spiel von Licht, Schatten und Farbe, das Kommen und Gehen von Tieren, das Sprießen und Blühen von Pflanzen, verblüffende Steine und Felsformationen, sogar den archäologischen Zufallsfund, der Zeugnis ablegte für die lange Geschichte menschlicher Besiedlung in der Region.*

Aber als der Bergsteiger mit seinem Vortrag an der Reihe war, schlug die Stimmung abrupt um, von frohgemuter Feier in Niedergeschlagenheit. Hier war ein Mann, der unter den ersten war, die einige der höchsten und herausforderndsten Gipfel der Erde bezwungen hatten. Sein Publikum lauschte gebannt, als er sie mit Erzählungen von atemberaubenden Heldentaten unterhielt, Geschichten über Forschungstaten und Entdeckungen, die er mit Dias bebilderte, die überwiegend Panorama-Aufnahmen von beeindruckenden Landschaftsformen oder Großaufnahmen von Männern in Ausrüstung und Schutzbrille zeigten. Aber er sprach nicht im Triumph, sondern in Trauer. Denn jetzt, da jeder Berggipfel bezwungen war, viele durch den Mann selbst, und man kurz davorstand, auf einem anderen Planeten ganz von vorne anzufangen, lag die einzige Zukunft der Forschung, so dachte er, unter der Erde – in einer Art auf den Kopf gestellten Bergsteigens, das die Fackel der Menschheit in immer größere Tiefen hinabtragen würde, anstatt mit ihr zu den erhabensten Höhen hinaufzusteigen. „Es gibt keine Forscherinnen und Forscher mehr“, klagte er, „nur noch Höhlenkrabbler!“

Für mich brachte des großen Mannes Bemerkung so viele dishar-

monische Glocken zum Klingen, dass ich dem Rest von dem, was er zu sagen hatte, kaum Beachtung schenkte. Wie konnte es sein, fragte ich mich, dass die Bergwanderer und Künstler ihre Erkundungen ohne Ende fortsetzen konnten, der Bergsteiger aber davon überzeugt war, dass alles vorbei war? Was bringt ihn – und uns – dazu, zu glauben, dass ein einmal bestiegener Berg für immer bestiegen ist? Was sagt das über unser Verständnis von Wahrnehmung, Vorstellungskraft und Gedächtnis? Fürwahr, diese eine Bemerkung schien in sich einen ganzen Denkkatalog darüber zu enthalten, was Berge wirklich sind, warum sie faszinieren oder abstoßen, wie sie mit unseren Vorstellungen vom Menschsein spielen und was es heißt, am Leben zu sein, wie wir die Erde, den Himmel und den Grund dazwischen erleben und wie wir entfernungs- und höhenbezogen den menschlichen Siedlungsraum einschätzen.

* * *

Wir alle kommen als Säuglinge auf die Welt, fangen wir also damit an. Für jeden Säugling ist die Welt, die sich allmählich ihrer Wahrnehmung erschließt, eine Quelle fortgesetzter Wunder. Die Verlockung von allem und jedem um sie herum motiviert sie, sich zu bewegen – mit allen verfügbaren Mitteln – um mehr zu entdecken. Säuglinge und kleine Kinder sind zwanghafte Forscherinnen und Forscher und machen die ganze Zeit Entdeckungen. Auch müssen sie sich nicht weit von zu Hause weg wagen, um dergleichen zu tun. Tatsächlich ist es wahrscheinlicher, dass sie Dinge unweit ihres Zuhauses entdecken, wo Ortsvertrautheit die Freiheit gewährt, in relativer Sicherheit und befreit von Riemen, Gurtgeschirren und anderer Schutzausrüstung herumzuwandern. Als Erwachsene jedoch sind wir davon überzeugt, dass alles im Umkreis des Vertrauten schon bekannt ist und dass wir zu Forschungszwecken weiter gehen, unseren Horizont erweitern und uns selbst – geistig wie physisch – für die Herausforderung wappnen müssten. Der Forschungssinn von Erwachsenen ist, so scheint es, das genaue Gegenteil von dem eines Kindes. Einerseits ist der des Kindes zentripetal; andererseits ist der von Erwachsenen zentrifugal.

Für kleine Kinder sind Wahrnehmung und Vorstellung eins, nicht weil ihre Welt eher eine fantastische als faktische ist, sondern weil sie sich selbst in den Prozess der Dinge vertieft haben, um das zu werden, was sie sind. Alles und jede hat – oder besser gesagt, *ist* – ihre

Geschichte, ihr eigener Werdegang und die kindliche Forscherin, die ihren Weg geht, verbindet die eigene Geschichte mit der ihren in einer Korrespondenz, die so lange dauern kann, wie das Leben dauert. Die vertraute Welt ist für das Kind ein unerschöpflicher Quell der Offenbarung. Erwachsene hingegen verstehen ihre Welt als fertig und vollständig ausgeformt. Um Vorstellung in Realität zu verwandeln oder Fantasie in Fakten, müssen sie daher über die Grenzen des bereits Bekannten hinausgehen. Das ist es, was die erwachsene Möchtegernforscherin immer weiter in die Ferne treibt.

Gibt es dann einen Punkt im Lebenszyklus eines Menschen, an dem die kindliche Erforschung endet und die erwachsene beginnt? Oder ist es nicht eher so, dass, während wir älter werden, ein bestimmter Diskurs, durchdrungen von Idiomen der Territorialität, Eroberung und menschlichen Naturbeherrschung zunehmend Einfluss auf unseren Geist ausübt? In diesem Diskurs haben wir zwei Arten der Erkundung und zwei Arten von Entdeckung: Erstere stellt einen Lehrplan in Form einer zusammenfassenden Rekapitulation vergangener menschlicher Leistungen auf und man erwartet, dass alle Kinder dem im Laufe ihrer Erziehung folgen werden. Nach dieser von Erwachsenen ausgedachten Lernidee versuchen Kinder lediglich, ihre Vorgänger einzuholen, und entdecken ihrerseits, was ältere Generationen bereits wissen. Sie klettern auf Berge, auf die jene schon geklettert waren. An zweiter Stelle findet sich die Art der Erforschung und Entdeckung, von der wir vorgeben, dass dergleichen nie zuvor in der gesamten Menschheitsgeschichte vorgekommen oder durchgeführt worden sei. Hier macht der Forscher-Entdecker – gemeinhin als männlich aufgefasst – den ersten Schritt, wobei er den Rest der Menschheit in seinem Sog mitreißt. Aus diesen kleinen Schritten, heißt es, sei die Geschichte der Menschheit gemacht. Diese Vorstellung von Geschichte, glaube ich, lag hinter dem Lamento des Bergsteigers, das voll des Bedauerns war. Falls Geschichte machen bedeutet, seinen Fuß dorthin zu setzen, wo noch niemand gewesen war, wie kann dann die menschliche Geschichte fortbestehen, wenn es keine Gipfel mehr gibt, auf denen man ein erstes Mal stehen kann? Es schien, als ob der große Mann sich fast dafür entschuldigen wollte, dass er selbst so viele Berge eingesackt hatte und keinen für künftige Generationen übrig ließ. Sind wir jetzt zu der endlosen Rekapitulation einer einst glorreichen Vergangenheit verdammt? Ist die umgekehrte Bergsteigerei des Höhlenkletterers die letzte verbleibende Option oder täten wir besser daran, unsere Ambitionen auf andere Planeten zu richten? Könnte es auf dem Mars Berge zum Erklimmen geben?

In der Schilderung territorialer Eroberung werden Gipfel der Imagination nach und nach in Gipfel der Erinnerung umgewandelt; der Augenzeugenbericht malt den Berg als eine *wahre Geschichte*, als Tatsache und nicht als Fiktion. Aber ihn so zu malen bedeutet auch, dem Berg eine eigene Geschichte zu verweigern. Zu sagen, dass, einmal bestiegen, jede weitere Besteigung eine Wiederholung der Aufführung ist, heißt anzunehmen, dass der Berg selbst genauso bleibt, wie er war – dass der Berg, während die Geschichte voranschreitet, aufseiten einer sich nie verändernden Natur steht. Aber die Natur ist nicht beständig. Wie der Philosoph Alfred North Whitehead einst bemerkte: „Man kann die Natur nicht festhalten, um sie zu betrachten."[19]

Berge haben ihre Geschichte so wie wir. Ein Gipfel, der noch nie einen Menschen gesehen hatte, bevor unser Bergsteiger ankam, hat seither viele weitere Menschen gesehen. Sie haben Stufen in seine Kluften geschlagen, Klettereisen in seine Felswände gehämmert, ihren Abfall überall hinterlassen. Aber für einen Berg, der in Äonen Zeit durch Erdbeben und Eruptionen, immense Kräfte herabschiebenden Eises und Wassers und durch extremes Wetter geformt worden ist, müssen die menschlichen Spuren von geringer Bedeutung erschienen sein. Für den großmächtigen schlummernden Riesen ist der siegreiche Held nicht viel mehr als ein unbedeutendes Ärgernis, wie eine Fliege auf seiner Nasenspitze. Der Berg fühlt sich nicht erobert oder gezähmt, in Berührung mit der Zivilisation oder in die menschliche Gemeinschaft aufgenommen. Er vergisst prompt – falls er je Notiz genommen hatte –, dass da irgendwer oben war, der ekstatisch mit seinen Armen auf dem Gipfel wedelte. Er macht einfach weiter mit seinem Da-Sein und erledigt sein eigenes Ding. Indigene Menschen, denen Berge eine alltägliche vertraute Präsenz sind, wissen sie mit Respekt zu behandeln. Sie haben ihre Berge oftmals bestiegen, lange bevor Forscherinnen und Forscher vorbeikamen, um sie „zum ersten Mal" zu besteigen, nicht um sie für sich zu beanspruchen, sondern um sie um Schutz und wirtschaftliches Wohlergehen zu bitten, für mildes Wetter und gute Ernten.

Im 6. Jahrhundert v. Chr. soll der griechische Philosoph Heraklit erklärt haben, dass man nicht zweimal in dasselbe Wasser eines

Flusses treten könne. Gilt das nicht auch für die Berge? Ist nicht jeder Aufstieg der erste? Das hängt davon ab, wie man den Berg definiert. Vielleicht identifiziert man ihn als von Weitem sichtbare Landform, mit seinem charakteristischen Profil. „Hier ist ein Bild vom Everest", sagen sie; „Der Everest ist ein Berg." Er sieht wie ein Berg aus, denn sie sind weit davon entfernt. Jedes Profil ist natürlich eins von vielen, die, aus verschiedenen Ansichtspunkten aufgenommen, sich häufig deutlich voneinander unterscheiden. Aber sie summieren sich alle zu einer monumentalen Präsenz, die alle Anzeichen von Dauerhaftigkeit vermittelt. Einmal zum ersten Mal erklettert, ist jede nachfolgende Besteigung desselben Berges eine Leistungswiederholung. Die einzige Möglichkeit, Abwechslung zu schaffen, ist eine Änderung der Route, indem man diese Felswand statt jener in Angriff nimmt. Aber für die Kletterin oder den Kletterer an den Hängen oder auf dem Gipfel präsentiert der Berg sich nicht im Profil, noch nicht einmal als Route. Er sieht eigentlich gar nicht wie ein Berg aus. Schon eher fühlt er sich wie einer an. Und dieses Gefühl ist das des Eintauchens in ein Ganzes, das den Fels und die Erde unter den Füßen, den Himmel oben und dazwischen den Vegetationsteppich, das Wasser sprudelnder Bäche und stagnierender Sümpfe umfasst, sowie Vögel und Tiere, Regen und Schnee, Wolken und wirbelnde Nebelschwaden. Hier klettert man, das ist klar, aber man klettert nicht auf den Berg. Eher klettert man *im* Berg. Mehr noch, man klettert nie zweimal im selben Berg. Denn wenn der Berg ganz und gar im Fließen ist, wie Heraklit es auf den Fluss bezogen bemerkt hat, dann ist die Idee, ein einmal bestiegener Berg sei für immer bestiegen, einfach absurd.

Wenn also der sein Bedauern äußernde Bergsteiger uns erzählte, dass alle Berge bestiegen worden seien und keine übrig blieben, noch bezwungen zu werden, so kann es nur sein, weil er den Berg aus der Perspektive eines, der nicht *im* Berg ist, verstand. Er bewohnt den Berg nicht, sondern geht ihn an, wie ein Soldat vielleicht zu einem Feldzug aufbricht, der sich gegen einen vermeintlichen Gegner rüstet und hofft, die Oberhand durch Waffengewalt zu behalten. Und dann entfernt er sich wieder, nachdem er den Gipfel und seinen Platz in der Geschichte erreicht hat. Dies erklärt, warum seine Fotos entweder menschenleere Distanzaufnahmen oder Großaufnahmen mit bis an die Zähne bewaffneten und mit Ausrüstung beladenen Personen sind. Für Einheimische sind Berge Teil einer vertrauten, aber sich ständig weiterentwickelnden Welt, wo nichts gleich bleibt von einem Augenblick zum anderen. Einheimische Bewohnerinnen und Bewohner lernen diese Welt kennen, indem sie sie mit Pfaden durchziehen. Leben wird in Schritten ausgemessen und auf dem Boden verfolgt. Der Bergsteiger ist jedoch kein Bewohner, vielmehr ein Okkupant. Seine Linien werden nicht im Gehen verfolgt, sondern zuerst projiziert – als eine Lösung des Rätsels, wie man vom Basislager zum Gipfel kommt durch eine miteinander verbundene Abfolge von Punkten, was dann vor Ort mithilfe von Seilen und Steigeisen umgesetzt wird. Paradoxerweise werden dadurch die entferntesten Gipfel näher an die Großstadtzentren herangerückt, von denen jede Expedition normalerweise ausgeht, als an die bewohnten ländlichen Gebiete der Vorberge. Der Fernrohrblick des Bergsteigers springt über die Vorberge hinweg, um die Gipfel zu erreichen, deren Randwinkel in der Fernansicht wie gerahmt erscheinen. Dazwischen liegen Landstriche, die nur durchquert zu werden brauchen; ihre Bewohner können als Träger für das Expeditionsgepäck in Dienst gestellt werden. Selbst heute noch erzählen Bergsteiger von ihren Heldentaten, als wäre die gelegentliche Sichtung von Einheimischen, die ihren Geschäften nachgehen, vielleicht dem Hüten von Tierherden oder dem Mähen von Gras auf steilen Hängen, belanglos.

Menschen, die mit ihrem Lebensunterhalt befasst sind, gehen einher. Aber der Bergsteiger hat nur ein Ziel, nach oben zu kommen. Sein Ehrgeiz ist durch Vertikalität gerahmt. Für ihn zählt der Gipfel, nicht die große, sich erhebende Masse Gestein, wovon der Gipfel lediglich zufällig der höchste Punkt ist. Wenn man eine Bäuerin oder ein Hirte oder selbst wenn man eine Reisende ist und wenn man stärker daran interessiert ist, den Weg durch eine Landschaft zu finden, als den Gipfelpunkt zu erreichen, dann sollte man nicht von einem Berg sprechen. Nennt es einen Hügel! Wo Berge zum Klettern sind, sind Hügel zum Wandern. Obwohl Kletterer dazu neigen, von Hügeln eher herablassend zu reden – als Landformen unzureichenden Kalibers, um von richtigen Bergen sprechen zu können –, so läuft der wahre Unterschied auf die Frage hinaus, wie die Beziehung zwischen Land und Form oder zwischen Grund *(ground)* und Eigenschaft verstanden wird. Wanderer, gehen sie nun bergauf, bergab oder zu ebener Erde, bleiben mittels der Füße in fortwährendem Kontakt mit dem Boden. Deshalb erscheint der Boden selbst gewellt und gerippt und die Hügel und Täler sind seine Falten. Diese Riffelungen spürt man in den Muskeln, ob man sich mit oder gegen die Schwerkraft anstrengt. Nicht so hingegen für den Bergsteiger. Aus seiner teleskopischen Perspektive fungiert der Erdboden als isotrope Fläche, zum Horizont hin offen und in gleicher Ebene mit dem Meer, auf der Formen und Merkmale wie auf einem Sockel platziert sind. Die Erde selbst erscheint eingerichtet und unter ihrer Einrichtung sind Berge bei Weitem die größten und eindrucksvollsten Merkmale. So wahrgenommen ist der Berg nicht Untergrund, sondern eine Struktur, die sich daraus erhebt – mit Grundfläche, Flanken und Gipfel. So wie Kletterer die Berghänge erklimmen, zieht er sich selbst immer weiter hinauf. Während das Bergwandern eine Art ist, die Welt zu bewohnen, oder eine Praxis der Immanenz, bietet der Berg besitzergreifenden Kletterern Transzendenz. Und dafür sind sie bereit, Leib und Leben zu riskieren.

Im Flug

In den Anden, im südwestlichen Bolivien, liegt die ausgedehnteste Salzebene der Welt, Salar de Uyuni. Von einer dünnen Schicht Wasser bedeckt, wird die Salzfläche zu einem Spiegel, der den Himmel perfekt reflektiert. Wie der Künstler Tomás Saraceno herausfand, fühlt sich unter diesen Bedingungen das Wandern über die Salzebene an, als würde man in den Tageslichtstunden zwischen den Wolken oder des Nachts zwischen den Sternen schweben. Das Gefühl regte ihn dazu an, sich eine Epoche vorzustellen, in der die Luft und nicht die Erde das primäre Medium des Wohnens wäre. Er nannte es das Aerozän. Nur von Sonnenlicht gespeist, von warmen Luftströmungen nach oben getragen oder an Fäden fein wie Spinnweben aufgehängt, wäre das Leben im Aerozän leicht und delikat. Windgetragen würde es vollständige Bewegungsfreiheit erlauben und wäre durch keine Grenzen behindert. In Verfolgung seiner Vision und mit einer wachsenden Gemeinschaft von weltweiten Unterstützerinnen und Unterstützern hat Saraceno Plastiktüten gesammelt und sie zu enormen Ballons zusammengefügt, die bereits Rekorde für solarzellenbetriebene Flüge gebrochen haben. Der folgende Essay wurde für einen Band in Auftrag gegeben, der die kommende Epoche feiern sollte. Er wurde 2017 veröffentlicht.[20]

* * *

Es ist vielleicht angemessen, dass ich diesen Essay an Bord eines Flugzeugs schreibe. Es ist ein Passagierflugzeug, auf einem planmäßigen Flug von London nach Chicago. Ich fliege, so heißt es im *High Way Magazine*, das ich in der Sitztasche finde, mit freundlicher Genehmigung der Fluggesellschaft, die das Flugzeug betreibt. Aber nichts fühlt sich für mich weniger als Fliegen an. Ich bin in einer Maschine, die Hunderte von Tonnen wiegt, wie in einem Kokon eingesponnen an einen Sitz geschnallt, der meine Bewegungen auf ein Wackeln der Zehen beschränkt, und atme Luft, die den Atem meiner Mitreisenden umwälzt, wobei sie hermetisch von der Außenatmosphäre abgeschlossen ist. Ich stelle fest, dass ich ein wildes Tier mit Territorialverhalten geworden bin, das jeden Zentimeter meiner Armlehne und meines Ablagetisches gegen die Übergriffe meines mürrischen Nachbarn und seiner sich immer weiter auffächernden Zeitung verteidigt. Wenigstens habe ich einen Fensterplatz, der es mir gestattet, einen Blick auf die Erde unter mir zu werfen. Wir fliegen über Nordwest-England, und da unten, nehme ich an, leben Menschen, die ein Leben führen dem nicht unähnlich, das ich bis vor gerade mal ein oder zwei Stunden, als ich an Bord des Flugzeugs ging, noch selbst geführt hatte. Und doch kann ich keine Verbindung zu ihnen herstellen, nicht einmal eine so flüchtige wie ein Zuwinken, das man von einem vorbeifahrenden Zug für Schaulustige riskieren könnte. Die Verblüffung wird zweifellos erwidert: Wie oft habe ich von meinem Heim aus ein Flugzeug beobachtet, das hoch über mir vorbeiflog, dessen Rumpf in der Sonne glitzerte und das den Himmel mit seinem Kondensstreifen markierte, und mich gewundert, dass in einem so weit entfernten Objekt – so fern, so geheimnisvoll – Menschen wie ich saßen, die vielleicht ihr Abendessen genossen oder, was wahrscheinlicher schien, ihre kleinen Sitzplätze verteidigten? Wie kam es zu der seltsamen Idee, dass Leben auf diese Weise verpackt, eingekapselt und zu Punkten auf der Erdoberfläche verschickt werden könnte?

Missversteht mich nicht! Ein Flugzeug ist ein wunderbares Ding, ein Triumph der technisch-wissenschaftlichen Vorstellungskraft und ein Zeugnis für die außerordentliche Geschichte der Luftfahrt im 20. Jahrhundert – eine Geschichte, die Erfindungsreichtum, Ausdauer und Mut mit staatsgefährdender Gewalt in einem bisher unvorstellbaren Ausmaß verknüpft hat. Ich bin dankbar, dass mich das Flugzeug, in dem ich sitze, binnen Stunden sicher an mein Ziel bringen wird (ansonsten werden Sie das hier nicht lesen), wo ich in alten Zeiten Wochen auf See hätte ertragen müssen, gefolgt von einer tückischen Reise über Land. Mein Argument richtet sich nicht gegen Flugzeuge. Eher steht es gegen die Idee, dass Flugzeuge fliegen können oder dass Menschen darin fliegen können. Ja: Sie heben vom Boden ab. Und ja doch: Sie werden durch die Luft vorangetrieben. Aber das könnte man auch von vielen anderen Dingen sagen, von Cricketbällen bis zu Kanonenschüssen, von denen die meisten unter die allgemeine Kategorie Geschoss fallen. Und nach 9/11 brauchen wir wohl kaum daran erinnert zu werden, dass auch das Passagierflugzeug eine Rakete sein kann. Die Flugbahn des Geschosses wird durch eine Kombination aus Schwerkraft, Schubkraft und Antriebsrichtung bestimmt. Sie kann durch die Rückmeldung eines Ziels gelenkt werden. Aber Fliegen bedeutet nicht, sich solchen mechanischen Bestimmungen zu unterwerfen, es bedeutet nicht, einen Bogen von einem Ausgangspunkt zu einem Ziel zu ziehen. Es bedeutet vielmehr, seinen Weg und seine Wesenheit inmitten der Strömungen und Zirkulationen der atmosphärischen Luft zu finden. Fliegen, kurzum, ist nicht mechanisch; es ist existenziell. Vögel fliegen, weil ein Vogel zu *sein* zugleich bedeutet, ein Vogel-der-Luft zu sein. Das Gleiche gilt für andere geflügelte Kreaturen, von fliegenden Insekten hin zu Fledermäusen. Und zweifellos galt es einst auch für die Pterodaktylen. Es wird oft behauptet, dass der Mensch nicht ohne Hilfe fliegen kann, einfach weil ihm bzw. ihr – wie die weise, aber hochmütige Eule „Pu den Bären“ (*Winnie the Pooh*) in A. A. Milnes unsterblicher Fabel erinnert – die notwendigen Rückenmuskeln fehlen. Pu, wie wir uns erinnern, hatte einen Ballon, mit dem er sich in die Lüfte erheben und mit den Bienen verhandeln wollte, in der Hoffnung, etwas von ihrem Honig zu ergattern. Er glaubte, er könne tatsächlich zu einem fliegenden Wesen werden, einer Wolke ähnlich, obwohl die Bienen – sehr zu seinem Missfallen – anderer Meinung waren. Die meisten von uns kommen dem Fliegen vielleicht am nächsten, wenn wir träumen, dass wir *zum Vogel würden*, nicht als ein Geschöpf aus Fleisch und Federn, sondern als eine Komposition aus Luft und Bewegung, wobei die Träumerin in die Luft getragen und mitgenommen wird.[21] Fliegen ist ungebundenes Leben in der Luft. Doch ich frage mich, ob wir nicht trotzdem fliegen könnten, auch ohne die irdische Orientierung zu verlieren, im alltäglichen Leben gleichermaßen wie im Traum. Manchmal, wenn wir bei starkem Wind unterwegs sind, und besonders in höheren Lagen, fühlen wir uns, als ob wir flögen. Vielleicht tun wir es auch. Es ist eine beglückende Erfahrung. Zweifellos fühle ich mich den Vögeln und der Erfahrung des Fliegens viel näher, wenn ich in den Hügeln spazieren gehe, als wenn ich im Flugzeug sitze. Warum sollten wir also sagen – wie wir es bei solchen Gelegenheiten üblicherweise tun –, dass wir spazieren gehen und *nicht* fliegen? Warum können wir nicht beides zugleich tun? Stehen unsere sich hebenden und senkenden Lungen nicht genauso in Verbindung mit der wirbelnden Luft wie unsere tapsenden Füße mit der Erde? Folgt nicht Atemzug auf Atemzug, wie Schritt auf Schritt folgt?

Vielleicht sollten wir das Spazierengehen, das Wandern als zweibeiniges Fliegen ansehen: eine Art des Fliegens, das erst noch abheben muss. In der Tat ist das Fliegen in diesem Sinne mit dem Segeln vergleichbar. Während der Schiffsrumpf über die Wellen gleitet, fangen seine Segel den Wind ein; es wird ebenso vom Wind wie vom Wasser getragen. Dementsprechend konnte Segeln auch des Seemanns Art zu fliegen sein. Und obgleich die Analogie weit hergeholt scheinen mag, könnte das Gleiche auch vom Schreiben gesagt werden, zumindest so, wie man es in Zeiten vor dem Aufkommen des gedruckten Wortes praktizierte. Mittelalterliche Schreiber zogen oft Parallelen zwischen ihrem Schreiben und dem Weg von Wandernden durchs Gelände und zwischen der von der Feder gezogenen Zeile von Schriftzeichen und dem von den Füßen markierten Pfad. Könnte das Schreiben die Flugweise von Schreibenden gewesen sein, so wie das Wandern die Methode von Leuten war, die zu Fuß gingen? Vergessen wir nicht, dass, wer schrieb, damals einen Federkiel benutzt hätte, hergestellt aus einer Feder, die einst einen Vogelflügel zierte. Dank dieser Feder ist es jetzt die Hand der Schreibenden, die fliegt, um ihre gewundene Spur auf dem Blatt Papier zu hinterlassen. Vielleicht ist die Parallele zwischen Schreiben und Fliegen in den östlichen Traditionen der Pinselkalligrafie sogar noch augenscheinlicher, die sich oft vom Vogelflug und gespinstartigen Wolkenformen inspirieren ließ. Hier gleitet der fliegende Pinsel über das Papier und hinterlässt seine Spuren wie vorüberziehende Windwirbel im Staub des trockenen Erdreichs. Die Linien, die, sagen wir mal, Wandernde, Seefahrer und Schreibende hinterlassen, sind allesamt *Linien des Flugs* und charakteristisch für solche Linien ist nicht nur, dass sie zur Luft und zum Fliegen gehören, sondern auch dass sie sich den Festlegungen von Ursprung und Ziel entziehen. Sie gehen nicht von A nach B, sondern durch die Mitte der Dinge. Es ist kein Zufall, dass *flee* („fliehen") und *fly* („fliegen") etymologisch eng verwandt sind und dass beide in *flight* („Flucht" und „Flug") zusammenfallen.

Natürlich ist, wer heute schreibt, normalerweise kein Schreiber mehr oder Kalligraf, sondern ein Wortschmied, dessen verbale Kompositionen mittels eines Mechanismus auf eine Seite oder einen Bildschirm übertragen werden. Und doch nennen wir das getippte oder gedruckte Dokument ein „Manuskript", *als ob* seine Zeilen im Flug der Hand entstanden wären. Der gleiche sehnsuchtsvolle Anachronismus ist am Werk, wenn wir vom Flug des Flugzeugs oder dem Segeln seines hochseetüchtigen Gegenstücks sprechen. Geradeso, wie es unmöglich ist, mit einer Tastatur zu schreiben – im ursprünglichen Sinne von Schreiben können oder eine Linie verfolgen –, so ist es streng genommen unmöglich, mit dem Flugzeug zu fliegen oder dem motorisierten Schiff zu segeln. Die Linie des Flugzeugs zieht sich in der Tat von A nach B. Das Schiff bohrt sich mit seinen Schrauben durch den Ozean, als würde es ein Loch machen, durch das es hindurchfahren kann, so wie sich das Passagierflugzeug – früher mit Propellern, heute mit Düsentriebwerken ausgestattet – sich seinen Weg durch den Himmel bohrt. In dem einen Fall Wasser, in dem anderen Luft, ist in beiden ein Medium und ein Widerstand zu überwinden; dies geschieht mithilfe einer externen Energiequelle, die eine Turbulenz erzeugt, die ihrer Natur fremd ist. Aber der Fisch im Wasser und der Vogel in der Luft funktionieren ganz anders. Ihre mit Flossen bzw. Flügeln ausgestatteten Körper sind so konstruiert, dass sie sich nicht *gegen*, sondern *mit* dem Medium bewegen und ihre eigenen Energien mit dessen Strömungsdynamik koppeln. Das Wasser für den Fisch und die Luft für den Vogel sind keine homogene Masse, durch die es gilt, sich unermüdlich hindurchzubohren, wie der Tunnelbauer durch festen Fels, sondern eine hochdifferenzierte Textur, die von den in Bewegung befindlichen Materialien gewoben wird, um Wirbel und eine Thermik zu erzeugen, die die Bewohner des Ozeans und des Himmels zu ihrem Vorteil zu nutzen verstehen und zu beeinflussen vermögen.

Wenn ich aus meinem Passagierfenster hinausblicke, kann ich in den Wolkenbildungen, die derzeit die Erde bedecken, etwas von dieser Textur sehen. Sonst ist sie für uns unsichtbar. Doch Vögel können sie spüren und desgleichen, so nehme ich an, Segelfliegerinnen und Ballonfahrer. Ich bedaure es, dass ich jemals weder in einem Segelflugzeug noch in einem Ballon geflogen bin. Auch bin ich noch nie mit einem Fallschirm auf die Erde gefallen oder habe ein Leichtmetallflugzeug geflogen oder gar dem Sport des Fallschirmspringens aus großer Höhe gefrönt. Ich habe deshalb wenig Autorität, über diese Dinge zu schreiben, und muss mich auf die Zeugnisse anderer verlassen. Ein Bericht stammt von dem Künstler Peter Lanyon, der 1959 mit dem Segelfliegen als einer Methode der Erweiterung seiner Landschaftsmalerei begann. Lanyon hatte das Folgende von einem seiner außergewöhnlichsten Werke, *Thermal*, zu sagen, das er ein Jahr später malte: „Die Luft ist eine ganz bestimmte Welt der Aktivität, so komplex und anspruchsvoll wie das Meer. Die Thermik selbst ist ein Strom heißer Luft, der aufsteigt und sich schließlich zu einer Wolke verdichtet. Sie ist unsichtbar und kann nur mit einem Instrument wie einem Gleitsegler erfasst werden. Die Thermik ist die Grundvoraussetzung für jeden Segelflug."[22] Aber das Gemälde bezieht sich nicht nur auf den Segelflug. Es betrifft auch den Flug von Seevögeln, wenn sie die Klippen bewältigen. Auch sie müssen auf den komplexen Strömungen reiten, die der Wind erzeugt, wenn er über die Felswände streicht. Oder es könnte sich um den Raubfalken handeln, der, nachdem er mit der Aufwärtsströmung gestiegen ist, Muskeln und Sehnen anspannen muss, um seine Position direkt über jenem Ort am Boden zu halten, wo er sich auf die ahnungslose Beute stürzen will. Endlich entspannt er sich und gleitet auf dem Wind davon. Was für uns wie Stillstand aussieht, ist für den Falken Bewegung, und umgekehrt ist das, was wir als Bewegung sehen, die Art des Falken, still zu stehen.

Die Ballonfahrer, die, einmal oben in der Luft, von einem überwältigenden Gefühl der Stille berichten, machen die gleiche Erfahrung. Gerade weil sich das Flugzeug *mit* und nicht gegen den Wind bewegt, ist es, als ob man auf dem Meer treiben würde. Unten versuchen die Leute sich an ihren Hüten festzuhalten, aber oben ist alles ruhig. Unten will dich der Wind umreißen; oben schwebt man darin. Stille ist, kurz gesagt, der perfekte Zustand der Bewegung, wenn alle ihre Elemente in Harmonie sind. Wir stoßen hier auf eine tiefe Wahrheit, die erstmals von dem gräko-sizilianischen Philosophen Empedokles im fünften Jahrhundert v. Chr. formuliert wurde. Nach Empedokles wird der Kosmos durch den ständigen Dialog zweier gegensätzlicher Prinzipien gebildet, die er Liebe und Streit nannte. Liebe in ihrer reinsten Form ist kugelförmig. Im Innern der Kugel sind alle Elemente miteinander im Einklang; nur an der sie umgebenden Oberfläche kommt Unruhe ins Spiel. Aber es ist ein Streit, der – indem er die Elemente auseinanderreißt, sie vermischt und neue Kombinationen daraus bildet –, alle materiellen Phänomene entstehen lässt, die wir um uns herum beobachten. Zu seiner Zeit griff Empedokles auf die Mythologie zurück, um seine Prinzipien in den Gestalten von Aphrodite und Ares, den Gottheiten der Liebe bzw. des Kampfes, zu konkretisieren. Hätte er jedoch in den Pioniertagen des Ballonflugs im 18. und 19. Jahrhundert gelebt, könnte er im Ballon sehr wohl die perfekte Verkörperung der Liebe gesehen haben und in der Macht des Windes, der ihn gern aus seiner Verankerung reißen würde, den Inbegriff des Streits. Aber in einem kleineren Maßstab muss man sich nur eine bescheidene Seifenblase anschauen, in der alles still und harmonisch ist, die aber durch die Oberflächenspannung des flüssigen Mediums begrenzt wird.

Schließlich und unweigerlich obsiegt der Streit, die Seifenblase platzt: Die Flüssigkeit fällt zu Boden und ihr innerer Atem löst sich in Luft auf.

Hier bin ich, an Bord eines Passagierflugzeugs, und denke über Stille nach! Es ist paradox. Ich mag vollkommen still sitzen, mit meinem Sicherheitsgurt richtig befestigt für den Fall unerwarteter Turbulenzen – jene beunruhigenden Augenblicke, wenn mächtige atmosphärische Kräfte unser Vertrauen in die Homogenität des Mediums erschüttern –, aber ich bin chronisch unruhig. Ich habe den Drang, meine Glieder zu bewegen, kann es aber nicht und empfinde die Stille als Hemmnis. Das ist Streit, nicht Liebe. Ich will so schnell wie möglich von London nach Chicago gelangen, und die Zeit, die es braucht, ist das Maß meiner Ungeduld. Idealerweise sollte es überhaupt keine Zeit dauern. Aber dann beruhige ich meinen unruhigen Geist mit Gedanken an schwebende Seifenblasen, an Pusteblumen, die an einem Sommertag verwehen, an verstreute Staubpartikel, die von Sonnenstrahlen beleuchtet werden. Bilder von all diesen Dingen und mehr kann man auf den Werbeseiten des *High-Life*-Magazins finden, die am Ende der Reise eine Utopie der Ruhe und Entspannung versprechen – natürlich nur gegen Zahlung hoher Geldbeträge. Diese Bilder verstärken nur das Gefühl der Unerreichbarkeit, aber sie wirken gerade deshalb so anziehend, weil sie mit realen Erfahrungen und angenehmen Erinnerungen verbunden sind. Ja, auch meine Aufmerksamkeit ist gelegentlich mit Seifenblasen und Pusteblumen gewandert und in diesen Momenten habe ich jenes Gefühl der Stille und Harmonie gespürt, das Empedokles als Liebe bezeichnet hat. Aber diese Stille ist nicht die Abwesenheit von Bewegung. Absolute Unbeweglichkeit wäre gleichbedeutend mit dem Tod. Ein lebendiger Körper muss atmen, sein Herz muss schlagen, das Blut muss in seinen Adern zirkulieren. Wir erleben Stille, wenn diese Körperrhythmen mit den Bewegungen um uns herum im Einklang sind. Deshalb steht der Falke still, während er in der Thermik aufsteigt, deshalb stehen die Fische still, wenn sie im Wasser herumflitzen, deshalb steht der Ballon still, wenn er treibt, wohin der Wind ihn trägt, und deshalb stehe ich still, wenn meine Aufmerksamkeit in der schwebenden Seifenblase verharrt – bis sie zerplatzt.

Dies sind die Stillstände des Lebendigseins, des harmonischen Klangs und nicht der erzwungenen Stille. Es sind Stillstände, die in Bewegung gehalten werden, anstatt um Reglosigkeit zu kämpfen. In seiner Prosadichtung *De rerum natura* (Über die Natur der Dinge), die etwa um 50 v. Chr. entstand, hat der römische Philosoph Titus Lucretius Carus dies auf den Punkt gebracht:

> Wundre dich übrigens nicht,
> dass bei dem beständigen Umtrieb
> Aller Urelemente das Ganze doch scheine
> zu ruhen.[23]

Lukrez war ein großer Bewunderer von Empedokles und benutzte dessen Gedicht „Über die Natur" sogar als Vorlage für seine eigene Exposition. Aber für Lukrez war der Kosmos in seiner reinsten oder ursprünglichsten Form nicht sphärisch rund, sondern geradlinig. Er war aus unzähligen Atomen zusammengesetzt, die fortwährend durch die Unendlichkeit des Raums in Parallelen herniederregnen. Und doch müssen sie nur ein wenig von ihrem Kurs abweichen, um miteinander zu kollidieren, und in der Kaskade dieser Kollisionen entsteht eine Welt, die aus endlosen Materie-Permutationen und -Kombinationen besteht. Aber wir sehen die Formen und nicht den Fluss, argumentierte Lukrez: Die Welt erscheint uns still, obwohl sie völlig in der Bewegung aufgehoben ist. Und nun hört dem Philosophen Henri Bergson zu, der ein paar Jahrtausende später, zu Beginn des 20. Jahrhunderts, schrieb:

> Wie vom Wind aufgejagte Staubwirbel, drehen sich die Lebewesen um sich selbst, in der Schwebe gehalten vom großen Odem des Lebens. So also sind sie verhältnismäßig starr, ja ahmen das Unbewegliche so vortrefflich nach, dass wir sie eher als Dinge denn als Fortschritte behandeln; ganz vergessend, dass diese ihre beharrende Form selbst nichts anderes als die Nachzeichnung einer Bewegung ist.[24]

Bergson stimmt mit Lukrez überein, wenn er meint, dass das Leben im Allgemeinen in der Bewegung existiert, und darüber hinaus in seiner Überzeugung, dass es für das Vorhandensein besonderer Lebewesen notwendig ist, dass diese Bewegungen von einem ansonsten absolut geraden Weg abweichen. Aber im Gegensatz zu Lukrez sah er die Bewegung als immerwährend aufwärts, nicht abwärts, gerichtet an.

Bergson schrieb zu einer Zeit, als der Ballonflug in seiner Blütezeit war, und es ist durchaus möglich, dass er, als er von der „großen Explosion des Lebens“ schrieb, den Heißluftballon vor Augen hatte. Aber was ist mit mir selbst, an Bord dieses Flugzeugs? Ich werde zwar nach oben getragen, aber nicht von der Explosion des Lebens, sondern von der Explosion der Düsentriebwerke, die fossile Brennstoffe verbrennen. Und meine Unbeweglichkeit ist nicht so sehr der Abriss einer Bewegung als vielmehr das Produkt ihrer Beengtheit. Ich bin in einen Pesthauch des Todes eingesponnen, der mich in einer Lenkrakete auf mein Ziel zusteuert, während ich von Seifenblasen und Pusteblumen träume ... bis ich durch den dumpfen Aufprall der Räder auf dem Asphalt unsanft geweckt werde. Mein Flugzeug ist gelandet. Ich taumle los, um mich in die Warteschlange der Einwanderungsbehörde einzureihen. Vielleicht kann ich, sobald ich das Terminal verlassen habe und wieder an der frischen Luft bin, anfangen zu fliegen!

Schneegeräusche

Jetzt, da der Klimawandel droht, früher alltägliche Kaltwetterphänomene zu einer Seltenheit werden zu lassen, laufen wir da nicht Gefahr, das Vokabular zu verlieren, das sie beschreibt? Diese Frage brachte den Künstler Mikel Nieto, gebürtig aus dem Baskenland, im Winter nach Finnland, um die Geräusche des Schnees aufzuzeichnen und sie mit den vielen verschiedenen Wörtern der finnischen Sprache für die verschiedenen Zustände und Eigenschaften zu verbinden. Nieto lud mich ein, als Begleitung des Projekts einen Essay für ein Buch mit dem Titel A Soft Hiss of This World (Ein sachtes Zischen dieser Welt) *beizutragen, und ich stimmte bereitwillig zu.*[25] *Das Buch wurde in weißen Buchstaben auf weißem Untergrund gedruckt, als ob seine Buchstaben und Wörter wie Schneeflocken schweigend auf die Papierseite gefallen wären. Lesen konnte man sie nur unter bestimmten Lichtverhältnissen. In diesem Essay denke ich über die Geräusche des Schnees nach und darüber, welche Rolle sie in anderen Sprachen spielen, sowohl in der finnischen als auch in der schottischen.*

* * *

Haben Sie jemals eine Schneeflocke gehört? Ist jede Schneeflocke ein Geräusch? Es ist nicht wie bei Regentropfen. Der Tropfen verändert seine Form, wenn er auf dem Boden aufschlägt, und das ist es, was wir hören. Fällt er in eine Pfütze oder in einen See, macht er ein wenig „plopp“, eigentlich ist das Plopp das eines anderen Tropfens, der sich beim Aufprall bildet. Fällt er auf Gras oder Blätter, zerrieselt und verläuft er. Fällt er auf gepflasterten Untergrund, spritzt es auf. Bei stetigem, sanftem Regen kann man die Augen schließen und eine ganze Landschaft sehen, deren diverse Oberflächenstrukturen sich im Klangmuster abzeichnen.[26] So wie aber der Regen sich in Schnee verwandelt, verschwindet die Landschaft aus dem Hörbaren. Es ist, als ob jemand den Ton abgeschaltet hätte. Stimmt, der erste Schnee im Winter kann wie Regen prasseln, vor allem, wenn er graupenähnlich ist. Wenn er auf den Boden trifft, schmilzt er sofort, wenn er nicht schon geschmolzen ist. Aber wenn der Boden selbst gefriert, hört das Schmelzen auf. Die Flocke, die auf der kalten, nackten Oberfläche landet, bleibt dort liegen, wo sie gefallen ist, in ihrer federleichten Form unversehrt und zitternd in Erwartung. In jedem Augenblick könnte sie vom Wind erfasst und an einen anderen Ort getragen werden, in eine jener geschützten Ecken – wie eine Türöffnung oder den Windschatten eines Baumstumpfs, wo sich die Flocken gerne sammeln.

Jede Schneeflocke ist anders. Obgleich die grundlegende sechseckige Geometrie konstant ist, formt sich die Flocke, während sie fällt, und keine zwei Flugbahnen sind exakt gleich. In ihrer präzisen Form erzählt die Flocke eine Geschichte ihrer Reise zur Erde. Viel kann unterwegs geschehen; sie kann durch Zunahme von außen wachsen, schmelzen und wieder gefrieren oder sich an andere Flocken kleben, um große multikristallene Verbindungen zu bilden, die wie Schmutzflecken am Himmel aussehen. Bei Windstille kann man sie mit bloßem Auge verfolgen. Ihre Flugbahn, die auf die kleinste Luftbewegung reagiert, ist langsam und unregelmäßig, oft steigen die Schneeflocken nach oben und fallen dann wieder, wobei sie von unsichtbaren Strömungen hin und her geschleudert werden. Im Gegensatz zu Regentropfen, die so schnell fallen, dass man sie nicht erkennen kann, es sei denn, sie landen in schräger Position, wie auf einer Fensterscheibe, wollen die Flocken nicht landen. Der Wind, der über die Erdoberfläche fegt, nimmt die Schneeflocken mit sich, sodass sie, wenn sie schließlich landen, nicht auf dem Erdboden aufschlagen, sondern im spitzen Winkel gleitend herunterkommen. Wenn mehr Flocken fallen, landet jede nahezu lautlos auf anderen ihresgleichen und schmiegt sich an ihre Vorgängerinnen. Nach und nach, so gut wie unmerklich bildet sich ein weißer Mantel auf der Erde. Und dabei fällt die Erde – so scheint es – in einen tiefen Schlaf. Alle Geräusche sind gedämpft. Die Stille ist ohrenbetäubend. Nur der Wind seufzt, wenn er die Bäume schüttelt oder den liegenden Schnee zu Verwehungen bläst.

Gewöhnlich ist, solange Schnee fällt, die Luft nicht besonders kalt, obwohl es einen bis ins Mark frösteln kann, wenn Wind aufkommt. Denn es ist die Vermischung von kalter und warmer Luft, die zu Niederschlag führt. Erst wenn der Schneefall schwächer wird, der Himmel aufklart und der Wind nachlässt, setzt die wahre Kälte ein. Knochentrocken und mit hohem Luftdruck liegt die Luft schwer auf der gefrorenen Erde. Aus den Kaminen der Häuser und den Schornsteinen der Fabriken steigt der Rauch senkrecht zum Himmel auf. Wieder einmal ist die Stille überwältigend. Aber es ist keine dumpfe Stille, wie sie bei Neuschnee herrscht. Ganz im Gegenteil: Es ist, als ob das kleinste

Geräusch – das knackende Eis, das Brechen von Zweigen, Hundegebell oder eine menschliche Stimme – kilometerweit zu hören ist und die Stille wie ein Nadelstich unterbricht. Es gibt eine natürliche Erklärung dafür, denn in warmer Luft bewegt sich der Schall schneller als in kalter. Wenn sich oben wärmere und unten kältere Luft befindet, werden die Schallwellen nach unten gebrochen, sodass weit entfernte Geräusche an unser Ohr dringen. Wir hören sie als eine Streuung von Punkten, nicht unähnlich der Art, wie wir die Sterne am Nachthimmel sehen.

Das heißt, bis der Wind auffrischt und beißende Kälte einem alles verschlingenden Tumult Platz macht. Der Schnee, der von dort, wo er lag, aufgewirbelt wurde, gerät wieder in Bewegung und landet in Verwehungen. Der schottische Dialekt vergleicht dieses aufsteigende Schneegestöber, das schon bald wieder auf dem Boden ankommt, als *erd-drift* (oder *yowden drift*) [Schneeverwehung, Hagelsturm] und letztlich als *doon-come* [heftige Abwärtsbewegung, heftiger Schneefall, Hagelschauer].[27] Im Whiteout eines Schneesturms sind Himmel und Erde nicht mehr zu unterscheiden und Reisende befinden sich inmitten einer grundlosen Leere ohne Horizont. Aber Wind allein erzeugt kein Geräusch. Es muss etwas geben, das die Bewegung der Luft trichtert, unterbricht oder ablenkt, um sie in Schwingung zu versetzen. Diejenigen von uns, die in Städten leben, assoziieren die heulenden Stürme des Winters oft mit den ächzenden Geräuschen, die entstehen, wenn der Wind an Oberleitungen und Dachantennen spielt oder sich durch die Ritzen und Spalten von Gebäuden zwängt. Aber in Wäldern, Sümpfen und Bergen, weit weg von menschlichen Behausungen, sind andere Geräusche zu hören. Bäume wirken wie Holzblasinstrumente, Sümpfe wie Trommeln, Berge wie Blech. Der Wind, so wie er bläst, ist der Spieler. Er singt sich durch die Bäume wie eine Flöte, rüttelt an den Schilfgürteln der gefrorenen Sümpfe wie eine Trommel, bläst durch die Schluchten der Berge wie eine Posaune.

Es ist der Wind, der den Schnee durch sein erstes Leben befördert, sein Leben in der Luft als aufgehende Schneeflocken. Wenn er sich aber festsetzt, beginnt ein zweites Leben, sein Leben am Boden als immer dichter werdender Mantel. Dieses Leben kann stunden-, tage-, wochenlang dauern, sich über Monate, Jahreszeiten, Jahre, Jahrhunderte oder gar Jahrtausende erstrecken. Unter diesem Mantel können die Zeugnisse vergangener Zeitalter begraben sein, die erst jetzt wieder ans Licht kommen, da sich die Welt erwärmt und die Schmelze beschleunigt. Im Inneren erstarren die Flocken zu einer eisigen Masse, die mit Luftblasen und Schmutzpartikeln durchsetzt ist und deren Konsistenz sich dennoch ständig verändert, unter anderem in Abhängigkeit von der Umgebungstemperatur, dem Wärmeaustausch in der Erde, auf der sie liegt, und der Kompression durch weitere Niederschläge. Auch die Reflexionseigenschaften der Oberfläche ändern sich und erliegen vielen Stimmungen, wenn nicht gar Schattierungen von Weiß, von matt und dumpf bis hell und funkelnd. Und so auch die Geräusche, vom fast unhörbaren Knacken, Knistern und Knallen des Eises und platzenden Luftblasen bis zum Tosen der Lawine oder, in geringerem Ausmaß, dem Aufprall von Schnee, der von einem schrägen Dach fällt.

Tiere, deren Leben mit der Schneedecke zusammenhängt, nehmen die Geräusche wahr, vor allem, wenn sie sich an ihren eigenen Aktivitäten reibt – oft beim Graben, Scharren und generellem Pfoteneinsatz, zum Erreichen unter dem Schnee liegender Nahrungsquellen. Zyklen des Auftauens und Wiedergefrierens, die die Kruste eisenhart machen, können Hunger oder sogar Hungertod bedeuten. Für diejenigen, die dazu in der Lage sind, ist der Winterschlaf eine bessere Lösung. Im Winterschlaf hören sie nichts, bis sie von den Geräuschen des Frühlings geweckt werden, aber für den Menschen sind die Geräusche liegenden Schnees zumeist unter ihren Füßen zu hören, wenn sie unterwegs sind. Frostiger Schnee quietscht, wenn man auf ihn tritt, weil die winzigen kristallinen Plättchen sich aneinanderreiben. Nasser Schnee knirscht, wenn er komprimiert wird, und hinterlässt tiefe Abdrücke, die als Letzte schmelzen und sich noch klar von der Bodenoberfläche absetzen, wenn der Rest schon verschwunden ist. Eine harte Kruste knirscht unter Skiern und Schlittenkufen. Heute jedoch sind die lautesten Geräusche wahrscheinlich das Dröhnen der Schneemobilmotoren, die alles andere übertönen. Aus der Ferne klingen und sehen diese röhrenden Maschinen eher wie Mücken aus, die außerhalb der Saison herumschwirren. Die Geräusche des Schnees finden ihren Widerhall in unseren Worten. In fast jeder Sprache sind die Vokabeln für das Wetter mit einer Vielzahl von Lautmalereien durchsetzt und die Wörter für Schnee bilden da keine Ausnahme. Man muss zum Beispiel kein Schotte sein, um die Bedeutung von *glushie* („Schneematsch") zu verstehen, und man muss kein Finne sein, um zu erraten, welches der beiden Wörter *lumi* und *räntä* für Schneeregen und welches für Schnee steht. Wie bei den englischen Wörtern kontrastieren auch im Finnischen harte Konsonanten mit weichen, spitze Vokale mit runden. Sie beschwören den Unterschied zwischen rasselnden Graupeltropfen und leise flüsternden Schneeflocken herauf. Es gibt jedoch einen Unterschied zwischen den beiden Sprachen, der von weitreichenderer Bedeutung ist. Im Englischen beinhaltet das Wort *snow* („Schnee") bereits die Vorstellung, dass er vom Himmel fällt, ebenso wie der Regen *(rain)*. Wasser oder Feuchtigkeit kann *nur dann* Regen sein, wenn er fällt; ergo, Wasser, das steht, läuft oder unbeweglich daliegt, egal ob ober- oder unterirdisch, kann kein Regen sein. Aber im Finnischen ist die Idee des Fallens streng von dem getrennt, *was* fällt. Es gibt nur ein Verb, *sataa*, „vom Himmel fallen", und alles, was vom Himmel fällt, ist *sade*.

Das Verb selbst, zusammen mit seinem reflexiven Gegenpart, *sattua* („geschehen, widerfahren, zustoßen") ist alt, seine Ursprünge verloren in den Nebeln der Zeit. Von Ersterem ist das Wort für Ernte, *sato*, abgeleitet; von Letzterem das Wort für eine Erzählung oder Geschichte, *satu*. Bei der Ernte fallen die Getreidekörner, wenn auch nicht vom Himmel; gleichwohl sei jedoch dem Wetter gedankt und dem himmlischen Glück, das es uns beschert hat. Die Erzählung ist eine Chronik von Ereignissen, von Geschehnissen. Es kann also im Finnischen nicht wörtlich regnen oder schneien, aber sowohl Wasser als auch Schnee können zufällig fallen. Nach dem Verb *sataa* muss immer angegeben werden, was genau fällt, ob es sich um Wasser, Schnee, Graupel, Hagel, Getreide oder metaphorische Katzen und Hunde handelt. Während Regen *vesisade* heißt und Schnee *lumisade*, enthalten weder das Wort für Wasser *(vesi)* noch das Wort für Schnee *(lumi)* auch nur den geringsten Hinweis darauf, dass sie vom Himmel gefallen sind. Der primäre Zustand von Schnee ist das Liegen, so wie der primäre Zustand von Wasser ist, dass es rinnt.

In einem Land wie Finnland, gehört Schnee – wie Wasser – zuvorderst zur Erde, nicht zum Himmel. Das ist vielleicht keine Überraschung in einem Land, das von Seen übersät ist und in dem es normal ist, dass Schnee über das Jahr zwischen vier und sechs Monaten liegen bleibt. Aber im Frühling, wenn der Schnee einsackt und schmilzt, in sich zusammenfällt wie eine durchnässte Decke, ist das Land plötzlich überflutet, wenn die Flüsse über ihre Ufer treten und Felder oft unter Wasser stehen. Das Wasser läuft überallhin. Wie überall im hohen Norden verschieben sich jedoch die Wettermuster. Die Jahreszeiten sind weniger scharf abgegrenzt als früher einmal. Regen im Hochwinter und Schneefall im Hochsommer sind nicht mehr außergewöhnlich. Vögel und Insekten kommen zu irregulären Zeitpunkten. Die Vorstellung, dass Winter in der Zukunft von den Geräuschen des Regens und laufenden Wassers widerhallen und dass dem Sommer die Laute von Vögeln und Insekten fehlen werden, ist zutiefst verstörend. Der Himmel, so scheint es, bringt auf der Erde alles durcheinander. Im Finnischen sagt man, *semmosta sattuu*, «das ist es, was passiert», was auf uns zukommt oder *doon-come*, wie die Schotten es aussprechen würden. Lärmende Winter und schweigende Sommer: Vielleicht müssen wir uns nur daran gewöhnen.

SICH VERSTECKEN

Einleitung

Was ist der beste Weg, unsichtbar zu werden, zu verschwinden? Wären Sie kriminell oder übten Sie den Beruf des Spions, Zauberers oder gar Naturfotografen aus, so hätte dies einige praktische Konsequenzen. Dann wäre es ratsam, wenn Sie Ihre Spuren verwischen, sich unauffällig verhalten oder verstecken würden. Was immer Sie täten, Sie müssten vermeiden aufzufallen. Aber Sie bleiben ratlos und Sie fragen sich, was es denn heißt, Dinge zu verdecken, sich mit weniger Ansprüchen zufriedenzugeben, anstatt sich wichtigzumachen, was es heißt, auf dem Erdboden zu leben? Antworten sind nicht leicht zu finden, aber in den folgenden Essays werde ich ein paar Möglichkeiten ausprobieren. Einleitend möchte ich drei Schlüsselbegriffe nennen, um die sich diese Experimente drehen: Deckung, Niedrigkeit und Boden.

Eine Möglichkeit, sich zu verstecken, besteht darin, eine Verkleidung anzulegen, etwa eine Maske, um das Gesicht zu bedecken, oder eine Hülle, um den Körper zu verkleiden. Maske oder Umhang verbergen, aber das wirkliche Du ist immer dahinter. Was versteckt ist, kann auch aufgedeckt werden. Aber was ist dann mit Ihrem Gesicht oder Ihrem Körper? Haben sie nicht eine Hülle aus Haut? Solange wir die Haut nicht auch als Verkleidung betrachten, die ein inneres Selbst maskiert, müssen wir zulassen, dass eine Bedeckung ebenso enthüllen wie verbergen kann. Ein Gesicht kann genauso einen Ausdruck wie eine Maske tragen, ein Körper seine Mühsal nicht weniger als einen Umhang. Eine Art der Bedeckung kann einfach abgestreift, die andere kann nur sauber gewischt oder gelöscht werden. Eine verdeckte Ermittlerin kann die Zweideutigkeit selbst als Täuschungsmittel nutzen, indem sie die eine Form der Tarnung so präsentiert, als wäre sie die andere. Das ist der Trick der Camouflage.

Aber auch der Boden kann täuschen. Was für Menschen in erhöhter Position wie eine solide Plattform erscheint, die Baumöglichkeiten eröffnet, kann sich für die Untenstehenden, ob menschlich oder nicht, als ein ganzes Wohnmilieu erweisen – ein Boden, auf dem man nicht baut, sondern in dem man wohnt. Höhe und Tiefe werden hier unterschiedlich wahrgenommen: nicht als eine dritte Dimension, die für den Erdboden bewohnende Lebewesen so unbekannt wäre wie für die in Edward Abbotts klassischer Fabel[28] unsterblich gemachten Flachländer, deren Welt auf die zwei Dimensionen einer geometrischen Ebene begrenzt war, sondern als die Erfahrung des Steigens und Fallens.

Schere, Stein, Papier

Was, in aller Welt, ist der Boden? Es ist eine Oberfläche, sagt das Lexikon, auf der Dinge oder Personen stehen oder sich bewegen. Aber das lässt viele Fragen unbeantwortet. Welche Art von Oberfläche ist dies? Hat sie eine oder zwei Seiten? Bedeckt sie die Erde oder deckt sie sie auf? Was liegt oben und was unten? Je mehr dieser Fragen sich anhäufen, desto mehr wird die Bodenoberfläche – die wir als Grundlage für alles Sonstige so oft für selbstverständlich halten – zu einem Rätsel. Wie könnten wir mit seiner Lösung beginnen?

Die Idee zu diesem Essay kam mir im Januar 2019 während einer Reise von meiner Heimatstadt Aberdeen nach Utrecht in den Niederlanden. Ich war unterwegs, um bei einem Seminar über das Thema „Gedächtnisstudien und Materialität" zu sprechen. Ich hatte versprochen, darüber nachzudenken, wie Erinnerungen sich in den Boden einschrieben, und suchte nach Eingebung. Wie Sie sehen werden, kam sie aus einer unwahrscheinlichen Ecke. Der Essay basiert auf meinem Vortrag bei dem Seminar.

* * *

I

Wo immer es Boden gibt, gehören drei Dinge dazu: erstens, Erde; zweitens, Luft oder Atmosphäre; und drittens, lebende, wachsende und sich umherbewegende Wesen. Der Boden ist also ein Zusammentreffen dieser drei Dinge: Erde, Atmosphäre und Bewohner. Die Frage nach dem Boden dreht sich offensichtlich darum, wie sie aufeinander einwirken oder untereinander leiden. Als ich darüber nachdachte, erinnerte ich mich an ein altes Kinderspiel. Entstanden in China, ist es mindestens zweitausend Jahre alt, heute aber so weit verbreitet, dass ich mir sicher bin, dass es den Leserinnen und Lesern überall bekannt ist. Das Spiel heißt „Schere, Stein, Papier".

Zwei Spielerinnen und Spieler, einander Auge in Auge gegenübersitzend oder -stehend, strecken gleichzeitig ihre Hand in einer von drei möglichen Formen aus. Die erste, mit ausgestrecktem Zeige- und Mittelfinger ein V-Zeichen bildend, bedeutet Schere. Die zweite, mit flachem Handteller und ausgestreckten Fingern, bedeutet Papier. Und die dritte, eine geballte Faust, bedeutet Stein. Wenn beide Spieler die gleiche Form zeigen, ist die Runde unentschieden, ansonsten aber lautet die Regel: Schere besiegt Papier, Papier besiegt Stein und Stein besiegt Schere. Die Schönheit des Spiels liegt in der Tatsache, dass kein einziges seiner Zeichen allmächtig ist. Die Schere kann das Papier schneiden, wird aber vom Stein stumpf gemacht; Papier kann den Stein einwickeln, wird aber von der Schere zerschnitten; Stein kann die Schere stumpf werden lassen, wird aber vom Papier eingewickelt. Jedes kann sowohl Täter sein als auch Opfer – es kann diejenige Seite sein, die handelt, oder diejenige, die leidet. Handeln und Dulden sind in den Kreislauf eingewoben.

Könnte es mit den drei Dingen, die zusammenkommen, um den Boden auszumachen, das Gleiche sein? Angenommen, wir ersetzen Bewohnerin durch Schere, Erde durch Papier und Atmosphäre durch Stein. Was geschieht? Erstens: Die *Bewohnerinnen* hinterlassen, wenn sie sich fortbewegen oder wachsen, Spuren oder Pfade in der Struktur der Erde. Zweitens: Die *Erde*, die von massiven geomorphologischen Kräften erschüttert wird, bricht in Biegungen, Beulen, Falten und Risse aus. Und drittens erodiert *die Atmosphäre* mit ihrem Wetter – ihren Winden, Stürmen und Niederschlägen – die Erdoberfläche und vernichtet die Spuren und Fährten der Bewohnerinnen. Oder kurz gesagt: Die Bewohnerinnen übertrumpfen die Erde, wenn es um *Einschreibungen* geht; die Erde übertrumpft die Atmosphäre, wenn es um *Eruptionen* geht; und die Atmosphäre übertrumpft die linearen Spuren der Bewohnerinnen durch die Prozesse der *Erosion*. Anstelle des Schneidens, Einwickelns und Abstumpfens im Schere-Stein-Papier-Spiel haben wir also einen Zyklus von Einschreibung, Eruption und Erosion. Jeder Vorgang ist anders, keiner ist allmächtig, aber alle sind an der fortlaufenden Gestaltung des Bodens beteiligt. Betrachten wir sie der Reihe nach.

Einschreibung geht so mither. Die Linie „geht raus, einen Spaziergang machen“, wie der Künstler Paul Klee bekanntlich seine Zeichenpraxis beschrieb, „um des Spaziergangs willen“.[29] Versuchen Sie doch, auf einem Blatt Papier freihändig eine Linie zu zeichnen. Sie werden entdecken, dass die Handbewegung, die den Bleistift hält, in dem Moment, in dem die Bleistiftspitze auf die Papieroberfläche trifft, bereits in Bewegung ist und sich fortsetzt, nachdem sie diese verlassen hat.

Was auf der Oberfläche bleibt, ist die Spur einer Bewegung. Obwohl die Spur sich nur so lange hält, wie die Spitze das Papier berührt, ist die Bewegung selbst ohne Anfang und Ende. So ist es mit den Spuren der Bewohner. Wie das Leben und die Zeit setzen sie sich einfach fort.

Eruption entspricht dem, was passiert, wenn man das Blatt Papier nimmt, auf das man seine Linie gezeichnet hat, und es gleichzeitig auf beiden Seiten einknickt, sodass es sich nach oben faltet. Wäre die Oberfläche aus einem steiferen oder spröderen Material, könnte sie eine Knickfalte bilden oder schließlich entlang einer Risslinie brechen. Falten, Risse und Knicke sind Unterbrechungen der Oberfläche, die durch Spannungen und Dehnungen verursacht werden, die dem Grundmaterial selbst innewohnen. Sie nehmen nicht nur keine Rücksicht auf bereits eingetragene Linien, sondern werden zugleich auch auf ihrer gesamten Länge wiedergegeben. Bräuchte es dafür irgendeinen Beweis, so müssen wir nur an die durch schwerere Erdbeben verursachten Risse und Verwerfungslinien denken.

Erosion ist etwas ganz anderes als Einschreibung und Eruption. Kehren wir zu dem Blatt Papier mit der Bleistiftlinie zurück. Nehmen Sie einen Radierer und versuchen Sie, sie auszuradieren. Dies erfordert eine hin- und hergehende, oszillierende Geste, die sich am besten als Wischbewegung beschreiben lässt. Im Gegensatz zur Einschreibung, bei der sich die gesamte Bewegung auf einen Punkt konzentriert, wird sie beim Wischen über die Fläche verteilt. Das Wischen überschreitet immer die Grenzen, die es auszulöschen versucht. Das gilt auch für Regen und Wind, von denen die Erde gereinigt und gewaschen wird und die über Fährten und Spuren der Bewohner hinwegwischen. „Spuren sind nicht dauerhaft", schreibt Tom Brown, ein von Apachen geschulter Fährtenleser aus New Jersey. „Sie schwinden, und wenn sie trocknen, fegt der unerbittliche Wind alles gleichmäßig plan, um sich seinen Weg über den Boden zu bahnen."[30]

II

Fügen wir nun diese drei Bewegungen zusammen. Ich beginne mit Einschreibung und Erosion, bevor ich zur Eruption übergehe. Das Schicksal der Zeilen auf einer Seite liefert uns wieder einmal eine gute Analogie für das, was mit den Einschreibungen in die Erde geschieht. Diesmal stammt das Beispiel jedoch nicht vom Zeichnen mit Bleistift

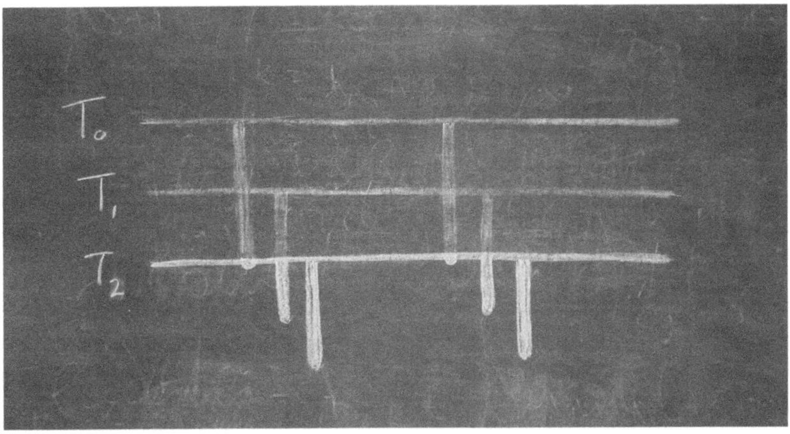

Abbildung 7 Übertriebener Querschnitt eines Palimpsests (Foto des Autors)

auf Papier, sondern von der mittelalterlichen Schreibpraxis mit Federn auf Pergament. Als Schreibmaterial ist Pergament sehr saugfähig. Die Tinte dringt ein. Verglichen mit dem heutigen Massenpapier war Pergament zudem recht teuer. Aus diesem Grund war es üblich, ein und dasselbe Stück immer wieder zu verwenden. Dazu wurde die Oberfläche mit einem Messer abgeschabt – das gleiche Messer, das benutzt wurde, um den Federkiel zu schärfen und die Zeilen einzuritzen –, bis die Spuren vormaliger Beschriftung verschwunden waren. Es war jedoch unmöglich, sie gänzlich zu beseitigen. Reste früherer Beschriftung blieben immer bestehen. Wiederbeschriftungen auf Pergament, die die teilweise entfernten Eintragungen vorhergehender Benutzung tragen, ergeben, was Paläografen ein *Palimpsest* nennen. Das Bemerkenswerte an einem Palimpsest ist, dass es entsteht, nicht indem man Schicht auf Schicht legt, jede mit eigener Beschriftung, sondern indem man sie entfernt. Als Ergebnis treten ältere Spuren an die Oberfläche, selbst wenn neuere versinken. Man kann diesen Vorgang am besten mithilfe eines Diagramms erkennen (Abbildung 7). Dieses zeigt den übertriebenen Querschnitt eines Pergaments derart, dass ein Tintenstrich als senkrechte Markierung erscheint, so breit, wie der Strich dick ist, und so tief, wie die Tinte in die Struktur des Pergaments eindringt. In dem Diagramm habe ich zwei Linien angezeigt, die zum Zeitpunkt T0 gezogen wurden. Später, zum Zeitpunkt T1, ist die Oberfläche abgeschabt und zwei neue Striche erscheinen nah bei den alten. Das Gleiche geschieht erneut zum Zeitpunkt T2. Man beobachte nun, wenn man bei T2 auf die Oberfläche schaut, was mit den Spuren geschehen ist. Die ursprünglichen Spuren von T0 sind an der Oberfläche nur gerade mal sichtbar und werden bestimmt verschwinden, falls das Pergament ein weiteres Mal benutzt wird. Die Spuren von T1 sind weniger sichtbar, aber noch deutlich zu sehen. Am tiefsten eingegraben von allen erscheinen die jüngsten Spuren von T2.

Archäologen und Landschaftshistoriker haben das Konzept des Palimpsests übernommen, um sich auf einen Boden zu beziehen, der über die Jahre wiederholt bearbeitet, abgetragen und erneut genutzt wurde. Geradeso wie die ältesten Pergamentschriften sind auch die ältesten Fußabdrücke, in vergangenen Jahrhunderten hinterlassen, jetzt kaum noch sichtbare Spuren an der Oberfläche und im Verschwinden begriffen.

Es bedarf womöglich der Augen von Spezialisten, um sie zu sehen. Solange sie nicht künstlich erhalten werden, wird das Wetter sie bald ganz und gar vertilgen. Im Gegensatz dazu sind die jüngsten Einschnitte, die gerade erst in einer Landschaft gemacht wurden und noch keiner nennenswerten Erosion ausgesetzt waren, stark ausgeprägt. Dazwischen finden sich historische Spuren, die zwar deutlich verwittert und manchmal unkenntlich, aber immer noch leicht zu erkennen sind. Wie auf dem Pergament ist die Vergangenheit also nicht unter der Gegenwart begraben, sondern liegt nahe an der Oberfläche, während die Gegenwart die Vergangenheit unterhöhlt und damit am tiefsten gräbt. Die Vergangenheit steigt an die Oberfläche empor, während die Gegenwart absinkt. Das ist weniger eine Überlagerung als ein *Umwälzen*. Zuerst jedoch müssen wir das Bild komplettieren, indem wir die Bewegung der Eruption wieder ins Spiel bringen.

III

Es geht nicht um die Linien in der Erde, sondern um die Erde selbst, die sich zum Himmel erhebt. Im Laufe der geologischen Zeit hat sich der Dialog zwischen Erde und Atmosphäre immer zwischen der Eruptionskraft der Erde und der Erosionskraft der Atmosphäre abgespielt. Zwischen beiden – Erde und Atmosphäre – liegt der Boden. Aber dieser Boden ist keine Schnittstelle. Eine Schnittstelle ist, *per de-*

finitionem, eine Oberfläche von messbarer Dicke, die das voneinander trennt, was sich jeweils auf beiden Seiten von ihr befindet, zugleich aber auch für Kommunikationskanäle zwischen der einen und der anderen Seite sorgt. In Abbildung 8 habe ich gezeichnet, wie der Boden im Querschnitt aussehen würde, wenn es sich dabei um eine Schnittstelle handelte. Man beachte, dass das Diagramm nur schematisch ist und dass die Bögen von Erde und Atmosphäre eher Gefühlshorizonte als tatsächliche physische Grenzen bezeichnen, die es natürlich nicht gibt.

In Wirklichkeit jedoch hat der Boden keine Ober- oder Unterseite. Er hält Erde und Atmosphäre nicht auseinander. Er ist im Gegenteil die Zone ihrer gegenseitigen Durchdringung. Hier ist es, wo die Erde mit ihren Bestandteilen und die Atmosphäre mit ihrem Wetter sich begegnen und ihr ewiges Gespräch fortsetzen. Hier trifft der Regen auf den Ackerboden und verwandelt ihn in Schlamm, hier begegnen sich

Abbildung 8 Erde, Atmosphäre und Boden als Schnittstelle (Foto des Autors)

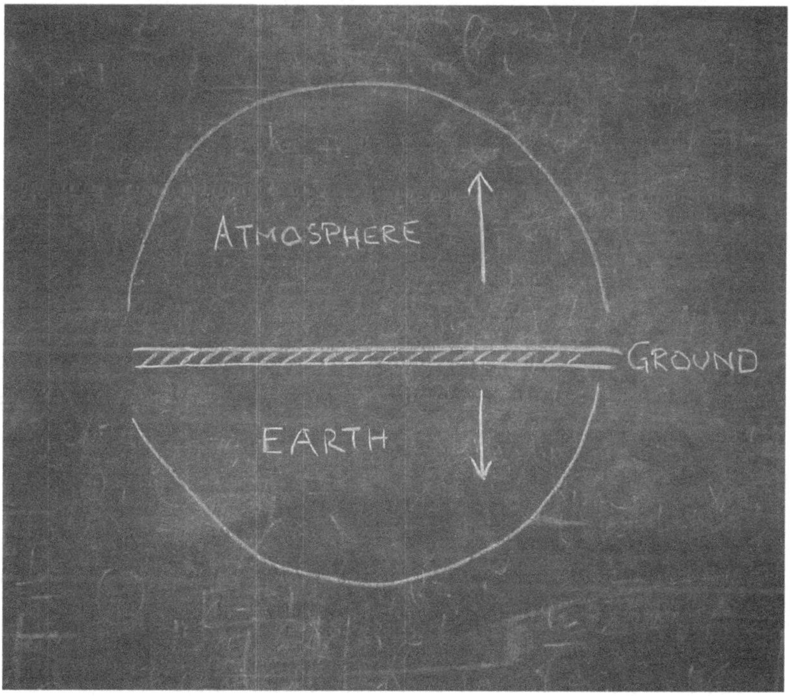

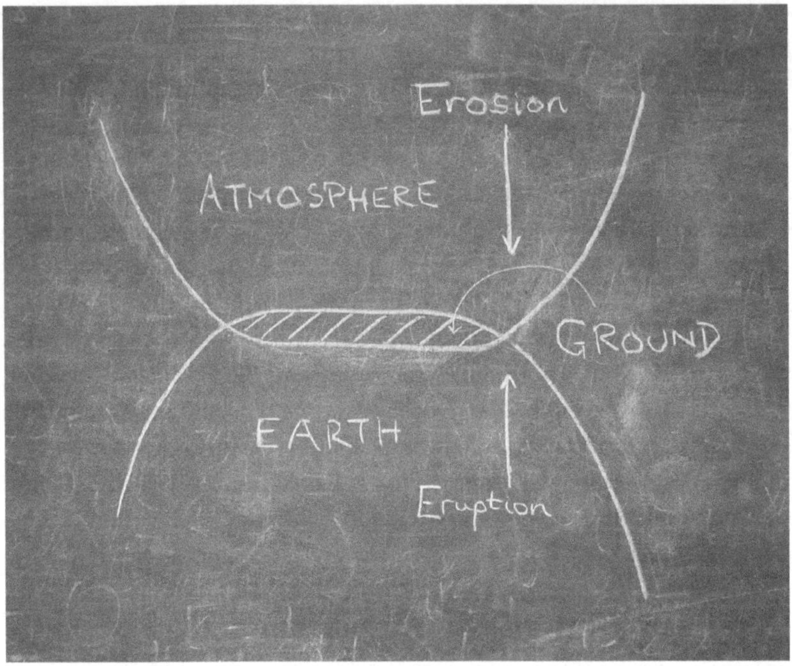

Abbildung 9 Der Boden, wo sich Erde und Atmosphäre treffen (Foto des Autors)

Wind und Sand, der zu Dünen angehäuft wird, wo Schnee auf Eis trifft und die Erdoberfläche mit einer weißen Decke überzieht. Die Eruption der Erde stößt den Boden von unten nach oben; atmosphärische Erosion zermahlt ihn von oben her. Die Erdbodenoberfläche besitzt jedoch Tiefe, nicht Dicke. Sollten wir versuchen, sie zu vermessen, würden wir feststellen, dass wir vom unteren, atmosphärischen Horizont aus unbegrenzt weit nach oben gehen können und dass wir umgekehrt vom oberen, irdischen Horizont aus, immer weiter nach unten gehen können, ohne jemals den Boden zu erreichen. Abbildung 9 zeigt – wiederum schematisch und im Querschnitt –, wie dies aussehen würde.

Beim Betrachten einer Landschaft aus Wiesen und Wäldern, Hochmooren und Bergen hielt John Ruskin – viktorianischer Kunstkritiker und Ausnahmedenker, was die „Soziale Frage" betraf – die Erde vom „Schleier eines seltsamen Zwischendaseins"[31] bedeckt. Tief unten, so meinte Ruskin, ist die Erde tot und kalt, aber an der Oberfläche dient die Erde ihren Bewohnern durch diesen Schleier hindurch; „der atmet, aber keine Stimme hat; der sich bewegt, aber seinen festgelegten Platz nicht verlassen kann; der ohne Bewusstsein durchs Leben zieht …“ Es ist ein Schleier, der *be*deckt, aber nicht *ver*deckt, ein Dazwischen, das bewohnt werden kann, aber nicht durchquert. Steigt ihr auf, hebt auch der Schleier sich; sinkt ihr nieder, so fällt auch er. So ist es mit dem Boden: steigen oder fallen, ein Hindurchgehen gibt es nicht.

IV

Damit können wir endlich zu dem Gedanken des Umwälzens zurückkehren und zum „Schere-Stein-Papier“-Spiel, von dem ich ausging. Wir haben gesehen, wie Bewohnerinnen ihre Linien in den Erdboden geschnitten haben, wie die Schere das Papier schneidet; wie die Erde anschwillt, sich in die Atmosphäre erhebt und sie einhüllt wie Papier den Stein umwickelt; und wie das Wetter der Atmosphäre die Linien der Bewohnerinnen abschleift, wie Stein eine Schere stumpf macht. Zusammengenommen bildete sich ein Zyklus, der sich im Laufe der Zeit fortwährend gedreht hat und immer weiterdreht. Der Boden wird innerhalb des Zyklus geformt. Er existiert nur in der Umwälzung: in der Bewegung der Einschreibungen, Eruptionen und Erosionen, in deren Auswirkungen aufeinander. Er ähnelt weder Schere noch Stein noch Papier. Vielmehr entspricht er dem Spiel selbst.

Was bedeutet das alles für die Art und Weise, wie wir über das Gedächtnis, die Erinnerung denken? Unsere moderne Sensibilität ist zutiefst von der Idee geprägt, dass alles in Schichten aufgebaut ist: dass der Boden, die Bäume, Gebäude, Bücher und selbst der menschliche Verstand sich Schicht um Schicht überlagern, wobei jede Ebene bereits mit ihren eigenen Annotationen versehen ist, seien sie numerisch, grafisch oder in Form von Diagrammen. Die Vergangenheit ist mithin nur durch die Transluzenz der Gegenwart sichtbar. Aber die Logik des Palimpsests lehrt uns etwas anderes. Sie erzählt uns, dass im Lauf der Zeit Schichten nicht hinzugefügt, sondern abgenutzt werden; sie zu markieren bedeutet einen tiefen Schnitt. Wie in einem Palimpsest sind unsere ältesten Erinnerungen nicht die tiefsten, noch sind die jüngsten die flachsten. Im Gegenteil, was am entferntesten in der Vergangenheit zurückliegt, ist der Oberfläche am nächsten. In unserem Gedächtnis sind wie im Boden, auf dem wir schreiten, unsere jüngeren Taten und Worte am tiefsten eingebrannt, während Spuren der entfernten Vergangenheit so oberflächlich sind, dass sie dabei sind, ganz zu verschwinden, ausgelöscht von den Winden gegenwärtigen Leidens. Wie alte Pfade, die so undeutlich geworden, ja kaum noch zu erkennen sind, verblassen Erinnerungen tatsächlich erst dann, wenn sie an die Oberfläche steigen; früheres Vergessen ist bloße Unachtsamkeit.

Hieraus erwächst eine Lehre für alle Tyrannen, die glauben, dass ihre mörderischen Taten vergessen werden können, indem sie sie unter der Erde begraben. Sie halten den Boden für einen Deckmantel und glauben, dass darunter jedwede Beweise für immer vor der Nachwelt verborgen werden können. Das ist buchstäblich ein Übersehen der Vergangenheit, und zwar im doppelten Sinne, nämlich im Sinne der Observation und der Nachlässigkeit. Aber vergrabene Taten haben ihr Nachspiel und werden nur dann für immer vergessen, wenn sie schließlich an die Oberfläche kommen und vom Zahn der Zeit getilgt werden.

Ad coelum

Dieser Beitrag begann mit der Anfrage des Anthropologen Franck Billé, mich an einer Sammlung von kurzen Essays über das Thema „Volumetrische Souveränität“[32] *zu beteiligen. Das Kernargument hinter der Sammlung war, dass jüngste technologische Entwicklungen es Nationalstaaten erlauben, die Kontrolle über bisher unzugängliche Bereiche, wie solche unter der Erdoberfläche, zu erlangen und deren Kolonisation durchzusetzen. Die Reichweite souveräner Macht in immer größerem Maßstab nach oben und nach unten scheint es erforderlich zu machen, sich den Staat nicht mehr als flache Oberfläche, sondern als dreidimensionales Volumen vorzustellen.*

Ich war dem Konzept „Volumetrischer Souveränität“ bisher nicht über den Weg gelaufen. Es faszinierte mich, und weil ich wissen wollte, wie es sich in einem wechselnden Bodenverständnis widerspiegelte, habe ich die Herausforderung angenommen. Im Laufe meiner Nachforschungen entdeckte ich zweierlei, was neu war, wenigstens für mich. Das eine war, dass nur als das Resultat einer langen Geschichte der Begriff „Volumen“ die Bedeutung von dreidimensionaler Ausdehnung angenommen hat, die wir heute für selbstverständlich halten. Das andere war der ehrwürdige Rechtsgrundsatz ad coelum. *Beides ist im Folgenden erläutert und gegenüber der ursprünglich veröffentlichten Fassung überarbeitet.*

* * *

Cuius est solum, eius est usque ad coelum et ad inferos.
Wem der Boden auch gehört, dem gehört er bis an den Himmel und bis zur Hölle.

Dieses Prinzip des Eigentumsrechts, gemeinhin als *ad-coelum*-Grundsatz abgekürzt und dem italienischen Juristen Accursius aus dem 13. Jahrhundert zugeschrieben, wird unter der Regierung von Edward I. (1272–1307) in das englische Gewohnheitsrecht übernommen. Es bedeutet, zumindest in der Theorie, dass ein Stück Grund, das ich besitze, mir nicht nur oberflächlich gehört, sondern auch in den Luftraum hinaufreichend und nach unten ins Erdreich hinein, so weit man gehen kann. In der Neuzeit haben das Aufkommen des Flugverkehrs einerseits, der unterirdische Bergbau und das Fracking andererseits diesen Grundsatz auf eine harte Probe gestellt und die individuellen Eigentumsrechte sowohl nach oben als auch nach unten begrenzt. Der Boden ist gewissermaßen eingesperrt worden. In größerem Maßstab gilt der Grundsatz jedoch noch immer, da der Eigentumsbereich von Einzelpersonen in einen viel größeren Bereich eingeschachtelt ist, nämlich den des souveränen Staates. Denn die Rechtsprechung des Staates gilt in der heutigen Zeit nicht nur territorial, sondern auch volumetrisch, einschließlich seiner Ansprüche auf den Luftraum und die unterirdischen Ressourcen, in Höhen und Tiefen, die weit über die Grenzen des individuellen Anspruchs hinausgehen. Kurz gesagt, das staatliche Recht hat dem Boden Volumen verliehen, aber nur, indem es den zwei Dimensionen seiner vermeintlich horizontalen Oberfläche eine dritte Dimension, die Vertikale, hinzufügte. Es gibt jedoch ein viel älteres, in der agrarischen Tradition und Praxis verwurzeltes Verständnis, wonach die Oberfläche des Bodens *von Natur aus* Volumen hat. Um diese Erkenntnis zu gewinnen, muss man der Oberfläche weder nach oben noch nach unten entrinnen. Man muss sie vielmehr umwälzen oder wenden. In der Tat hat das Wort „Volumen" seinen Ursprung in diesen Tätigkeiten. Es kommt vom lateinischen *volvere*, „rollen, wälzen, drehen". Damit ist es mit Wörtern wie „Evolution" und „Revolution" verwandt. Das ursprüngliche *volumen* war für gewöhnlich eine Schriftrolle aus Papyrus oder Pergament. Um sie zu lesen, musste sie entrollt *(evolved)* werden, wonach sie wieder aufgerollt *(revolved)* wurde. Erst später machte die Schriftrolle dem handschriftlichen Kodex und schließlich dem gedruckten Buch Platz. Ein Ergebnis war, dass die Bedeutung von Volumen sich wandelte – aus der Schriftrolle zum Begriff der Größe oder des Umfangs in drei Dimensionen, so wie uns das heute geläufig ist.

Beim Kodex wurde die durchlaufende Länge der Rolle in Blätter aufgefaltet, ähnlich einer Ziehharmonika, sodass die Leserin oder der Leser, anstatt das Volumen zu entrollen, die Seiten wendet, wobei jede gefaltete Seite nur geöffnet wird, um die ihr vorhergegangene zu schließen. Dreht man die Seite um, von der Vorderseite auf die Rückseite, wird das, was einst verborgen war, enthüllt und das, was offen war, verborgen. Obwohl jedes Blatt zwei Seiten hatte, gab es keine Durchgängigkeit: Nur durch das gleichzeitige Auf- und Zuklappen konnte man von einer Seite zur anderen gelangen. Und der Kodex –

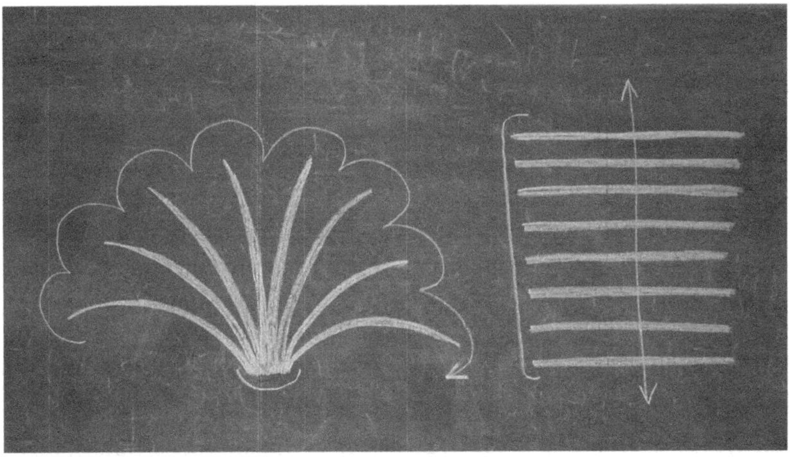

Abbildung 10 Offener Kodex und geschlossenes Buch im Querschnitt (Foto des Autors)

der nie geschlossen, sondern immer offen war, in den Händen der Leserinnen und Leser oder auf ihrem Schreibtisch – bot sich selbst dafür an. Man würde ihn, ähnlich wie eine moderne Zeitung, nicht an seiner Dicke, sondern an der Ausdehnung seiner Seiten erkennen.

Erst als die Handschrift durch das gedruckte Wort ersetzt wurde, wurde das Buch letztlich geschlossen. Denn im gedruckten Buch werden die Seiten übereinandergelegt, eine über die andere, um einen Stapel zu bilden. Obwohl man die Seiten, um sie zu lesen, immer noch umdrehen muss, wird das Buch selbst jetzt als ein Ding aus geschichteten Blättern wahrgenommen, die man *durch*arbeitet, von oben nach unten und vom Anfang zum Ende.

Abbildung 10 zeigt den offenen Kodex und das geschlossene Buch im diagrammatischen Querschnitt und illustriert diesen Unterschied zwischen Falten und Stapeln und zwischen Seitenwenden und Durchlesen. Heutzutage, wenn man das, was man einen „Band" nennt, vom Regal nimmt, so bezieht man sich auf den geschichteten Stapel. Gebunden zwischen den Buchumschlägen hat er ein wenig den Charakter einer Schachtel angenommen. Der Band ist zum Behältnis geworden, und was er enthält, sind Wörter. Im weiteren Sinne dann wird das Volumen einer beliebigen Form, ob materiell wie eine Holzkiste oder ideell wie eine abstrakte geometrische Figur, zur Maßeinheit für das Vermögen, etwas zu enthalten. Und damit schafft das Voluminöse Platz für das Volumetrische.

Kehren wir jetzt zum Boden zurück. Kann er mit einer Schriftrolle verglichen werden? Kann er aus sich selbst heraus auf- und ausgerollt werden wie ein Teppich? Rollt man einen Teppich aus, wird man entdecken, dass sich die Unterseite über die Oberseite erhebt, die sich nun darunter wiederfindet. Der Boden kann natürlich nicht auf diese Weise auf- und ausgerollt werden. Aber er kann umgekehrt werden. Man schlüpfe in die Schuhe des mittelalterlichen Pflügers, der mit jedem Wandel der Jahreszeiten im Bauernkalender den Boden wendete. Das mittelalterliche Jahr kannte drei Pflugperioden: im April für die Frühlingspflanzen, im Juni für die Spätsommerernte und im Oktober für Winterweizen und Roggen. Zweck des Pflügens ist es, nährstoffreiches Erdreich aus tieferen Lagen an die Oberfläche zu bringen, während der bereits nährstoffarme Boden früherer Ernten, zusammen mit dem verbleibenden Unkraut und den Stoppeln untergegraben wird. Aufgrund dieser sich periodisch wiederholenden Umwälzung wird der Boden Jahr für Jahr seinen Ertrag abwerfen. Er wird immer wieder erneuert, nicht, indem man wie in einem Stapel Schicht auf Schicht legt, sondern indem man ihn bricht, mit der Pflugschar durchschneidet, um das aus der Tiefe zu heben und das an der Oberfläche unter die Erde zu bringen.

Das macht die Bodenoberfläche – wie den Teppich und den Kodex – zu einem Volumen. Es ist eine Oberfläche, die sich mit dem jahreszeitlichen Verstreichen der Zeit, mit den Wetterwechseln und der Bewirtschaftung der Feldfrüchte umkehrt, wenn die Vergangenheit heraufsteigt, während die Gegenwart hinabsinkt. Dies ist ein Boden nicht nur für den Anbau, sondern auch für die Erinnerung. Denn mit den Umwälzungen des Bodens werden die Erinnerungen von Personen, die gelebt haben, oder Ereignissen, die vor langer Zeit passiert sind, an die Oberfläche befördert, sodass die Bewohnerinnen sich direkt mit ihnen auseinandersetzen können, als wären sie im Hier und Jetzt gegenwärtig. So wurden Bücher im Mittelalter gelesen, als Hilfsmittel für lebendige Erinnerung. Sie wurden laut gelesen, während man mit den Fingern den Buchstaben folgte. Es war, als sprächen die Seiten mit den wieder zum Leben erweckten Stimmen der Vergangenheit. So auch würde der Boden zum Bauern sprechen mit der reichen Gabe früherer Ernten. Samenkörner, in die Erde gepflanzt wie Wörter auf die

Seite, würden keimend und wachsend zum Leben erwachen. Einem Zyklus der Rotation folgend, würde eine aus der Vergangenheit geborene Fruchtbarkeit in der Gegenwart Früchte tragen und mit dem Aufblühen der saisonalen Feldfrüchte Erinnerungen wiederbeleben.

Aber mit dem als Schachtel, Kiste oder Container neu bewerteten Volumen, mit dem zu einem Stapel geschichteten Inhalt rollt, faltet und wendet die Zeit den Boden nicht mehr. Vielmehr durchbricht sie aufeinanderfolgende Böden wie ein Pfeil, der entweder aufwärts zeigt aus der Vergangenheit in die Gegenwart oder abwärts aus der Gegenwart in die Vergangenheit. Hier legt jeder Boden, jede Schicht seine eigene synchrone Ebene fest, weil Schicht um Schicht in diachroner Reihung aufeinanderfolgt. Um in die Vergangenheit zu kommen, wie bei einer archäologischen Ausgrabung, muss man in die Tiefe graben. Das Gedächtnis ist hier wie ein Archiv, stapelweise deponiert, wobei die ältesten Dokumente am weitesten unten liegen. Dort bleiben sie und sinken mit der Zeit, die vergeht, immer tiefer. Als eine Ablage hat die Vergangenheit kein Potenzial für Erneuerung. Sie ist vorüber. Erneuerung kann nur aus einer Überlagerung kommen, indem man dem Stapel eine weitere Schicht hinzufügt, dann noch eine und noch eine. Jede aufeinanderfolgende Schicht wird als grundlegende Plattform verstanden – eben, leer und fest –, auf der alles steht, jedes an seinem richtigen Ort, wie es auf einer Landkarte wiedergegeben werden könnte. Das ist der Boden als Territorium, ein Konzept des Staatsapparats.

In den Augen des Staates ist der Boden nicht zum Umwälzen da. Er dient der Besitzergreifung. Die Logik ist territorial. Der Staat schreibt seine Wege nicht wie ein Bauer ins Land, oder wie Schreibende auf Pergament, sondern verhängt seine Souveränität vielmehr von oben, so wie mit der Druckerpresse die Buchstaben dem Papier aufgedruckt werden. Jeder neue Abdruck erfordert also ein neues Blatt – oder neuen Grund und Boden. Doch der Boden, selbst wenn er nur als Territorium gedacht wäre, besäße kein Volumen, sondern nur Fläche. Wie kann also ein Staat, dessen Territorium sich auf den Grund und Boden der Gegenwart beschränkt, gleichzeitig Volumenshoheit erlangen? Das kann er nur, indem er die Erdoberfläche für Räume über und unter der Erde, also für luftige und unterirdische Räume, zur Verfügung stellt. Denn zwei horizontalen Dimensionen muss man notwendigerweise eine dritte hinzugesellen, das, was an Höhe über den Nullpunkt hinauf oder an Tiefe unter ihn hinabreicht. Jede Bewegung wird demnach auf einem abstrakten dreidimensionalen Raster eingetragen. Man kann sich quer über das Territorium bewegen, aber auch vertikal auf- und abwärts wie in einem Fahrstuhl.

Deshalb ist für Architektinnen und Architekten, die mit ihren Konstruktionen den Himmel durchstoßen, für Luftfahrtingenieure, die Start- und Landebahnen bauen, oder für Weltraumforscherinnen, die Raketen zum Mond schicken wollen, der Boden keine umzuwälzende Oberfläche, sondern eine plane Ebene – ein Bodennullpunkt –, von dem es gilt aufzusteigen. Wie ein Fundament, eine Start- und Landebahn oder eine Startrampe sollte sie eben, hart und frei von Hindernissen sein. Umgekehrt ist der Boden für Unternehmer, die nach Öl, Gas oder Mineralien bohren, oder für Physiker, die in große Tiefen vordringen wollen, um ihre Experimente zu den grundlegenden Eigenschaften der Materie durchzuführen, eine Ebene, die es zu durchbohren gilt. Was, göttlich, respektive teuflisch, die Reiche von Himmel und Hölle für die Urheber des *ad-coelum*-Grundsatzes waren, ist jetzt untergliedert in die volumetrischen Abteilungen eines utopischen Raums. Ob Luft- und Weltraum oder unterirdische Gefilde, ein solcher Raum kann überblickt und aufgeteilt werden, aber er kann nicht wirklich bewohnt werden. Leer und strukturlos bietet er dem Leben keinen Platz, um Wurzeln zu fassen und zu wachsen. Dessen ungeachtet ist es in der heutigen Welt die Berechnung des Raums und nicht der Umlauf der Zeit, in der Volumen produziert wird.

Schwimmen wir?

Das Musée des arts et métiers, *1794 in Paris für den Erhalt und die Schaustellung wissenschaftlicher Instrumente und Erfindungen gegründet, ist in der einstigen mittelalterlichen Propstei von Saint-Martin-des-Champs untergekommen. Es ist ein Ort voller Legenden. Eine davon erzählt von einer Quelle oder einem Fließgewässer, woraus die damaligen Mönche womöglich ihr Trinkwasser bezogen hätten und die sogar der Grund dafür gewesen sein mag, warum die Propstei ursprünglich dort, wo sie sich befindet, errichtet worden ist. Selbst heute noch hat man gelegentlich beobachtet, dass Wasser durch die Bodenplatten im Kapellturm gesickert ist, einem Gebäudeteil, der gewöhnlich für Besucher und Besucherinnen nicht offen steht.*

2019 wählten die Künstlerin Anaïs Tondeur und der Anthropologe Germain Meulemans diesen Ort als Schauplatz für eine bemerkenswerte Installation mit dem Titel Paris flotte-t-il? *(Schwimmt Paris?)*[33] *aus. Die Installation schwebt an der Grenze zwischen Fakt und Fiktion und stellt in Licht und Ton die wundersame Reise eines Wahrsagers nach, der angeblich in den Turm geschlüpft ist, um ein für alle Mal das Rätsel zu lösen, woher das Wasser kommt. Als er eine Steinplatte anhebt, wird er plötzlich von der Erde verschluckt, die unter ihm nachgibt. Er stürzt durch die Leere und findet sich in einem Labyrinth aus Rohren, Tunneln und Bächen wieder, das ihn schließlich in eine höhlenartige, traumhafte Welt führt, die sowohl düster bedrohlich als auch unheimlich schön ist und wo alles tropft, tröpfelt und sickert. Die Erde selbst ist flüssig geworden. Die Gebäude darüber scheinen entweder wie Schiffsrümpfe im Meer zu treiben oder auf Pfählen zu ruhen, die in den felsigen Untergrund gerammt wurden. Von unten gesehen, treibt die Stadt nicht wirklich auf dem Wasser? Für Besucherinnen und Besucher bietet die Installation eine Art umgekehrtes Periskop, durch das sie wie durch einen Brunnenschacht in diese wässrige unterirdische Welt blicken und den Wahrsager auf seiner Reise begleiten können. Sie kehren mit dem neu gefundenen Bewusstsein der zufälligen Stabilität von Oberflächen zurück, die wir routinemäßig für selbstverständlich halten, wenn wir unseren Leben in der Oberwelt nachgehen, und von den enormen Anstrengungen, deren es bedarf, um eine gebaute Umwelt zu entwickeln, die für ihre Bewohner und Bewohnerinnen sicher und trocken ist. Mich selbst veranlasste es, noch einmal über die Bedeutung des Bodens nachzudenken. Daraus erwuchs der folgende Essay, der in Auftrag gegeben und in einem Begleitheft zur Installation (in französischer Sprache) veröffentlicht wurde. Für den vorliegenden Band habe ich den Essay überarbeitet und erweitert.*

* * *

Ein kleiner Bereich meines Gartens ist mit Steinplatten gepflastert. Ich frage mich: Haben diese Steine am Boden teil? Ich kann auf ihnen stehen oder über sie hinweggehen und sie bieten ziemlich festen Halt. Mit etwas Mühe könnte ich sie auch aufheben. Was würde ich dann darunter finden? Was wohl? Gewiss einen weiteren Boden! Diesmal jedoch wäre es ein Boden aus Erdreich, vielleicht von den Wurzeln des Unkrauts durchzogen, das für gewöhnlich zwischen den Ritzen des Pflasters wächst. Vielleicht auch würde ich eine Vielfalt von Lebewesen entdecken, von Ohrwürmern bis Tausendfüßlern, deren Zufluchtsort ich brutal aufgedeckt hätte. Die Pflastersteine, die einst Teil *vom* Boden waren – jetzt aufgehoben und gestapelt, sind zu Objekten *auf* dem Boden geworden. Aber für das Unkraut war der Boden nie bloßer Standort; vielmehr war er sein eigentliches Lebensmilieu bzw. die Matrix für sein Wachstum und seine Ausformung. Für die Ohrenkneifer und Tausendfüßler ist der Boden weniger eine Oberfläche, auf der sie leben, als vielmehr ein Medium. Sie sind daran gewöhnt, *in* ihm zu leben und sich zu bewegen, nicht *auf* ihm. Er bietet eher Möglichkeiten zur Fortbewegung als ein Fundament der Unterstützung. Wenn Sie ein Tausendfüßler wären, würden Sie Ihre Beine zum Graben und nicht zum Stehen benutzen!

Die gepflasterte Oberfläche, hart und unnachgiebig, schließt die Erde unten von einem Kontakt mit der Luft oben ab. Sie hat eine Ober- und eine Unterseite. Damit das Leben gedeihen kann, muss es Lücken oder Risse geben, die einen Durchgang zwischen beiden ermöglichen. Das Unkraut, die Ohrwürmer und die Tausendfüßler sind Bewohner der Risse. Im Gegensatz dazu öffnet sich im weichen und matschigen Erdboden die Erde der Atmosphäre – ihrem Licht und Schatten, ihren Turbulenzen und ihren Hitze- und Feuchtigkeitsvarianten. Dieser offene Boden ist dort, wo die Erde sich erhebt, um den Himmel zu umarmen, wo ihre gemäßigte Oberfläche sich fortwährend durch Vermischung und Verschmelzung der beiden bildet. Aber aus dem gleichen Grund hat der sich öffnende Boden, die Erhebung der Erde, keine Unterseite. Er bedeckt nur sich selbst. Ein Loch im offenen Boden ist eine Grube, keine Öffnung; einen solchen Boden aufzubrechen – z. B. mit einer Pflugschar – heißt, die Erde zu gravieren, sie mit Furchen zu markieren, aber sie nicht in Streifen zu schneiden. Man kann in den offenen Boden, seine Gruben und Mulden, *hinein-*, aber nicht *hindurch*fallen. Auf weichem offenem Boden kannst man Fußabdrücke hinterlassen, doch auf das geschlossene harte Pflaster kann man nur aufstampfen, ohne dass eine Markierung zurückbleibt, außer der, die vom Schmutz auf den Schuhsohlen stammt.

Über Pflaster und Erdboden nachdenkend, frage ich mich, ob der Boden zur Gänze in einer doppelten Bewegung von Öffnen und Schließen, von Bloßlegung und Verkrustung erfasst wird. Auf offenem Boden zu stehen oder gar darauf zu fallen bedeutet, in seiner Umarmung festgehalten zu werden und seine unermessliche Tiefe zu spüren. Die Unterstützung, die er bietet, ist bedingungslos. Aber die Tiefe des sich schließenden Bodens fühlt man an der Oberfläche nicht. Es ist eine bemessene Tiefe, durch die Stärke der Kruste zwischen Ober- und Unterseite gegeben. Außerdem bietet sie nur vorbehaltliche Unterstützung, abhängig von der Tragfähigkeit der Materialien, aus denen sie besteht. Wie Eis kann sie nachgeben, wenn sie zu dünn ist, um das Gewicht zu tragen, das auf ihr ruht. Aber genau das ist doppelt, der Boden kann täuschen. Ahnungslose Bewohnerinnen und Bewohner können im Freien umherwandern, im Vertrauen auf irdischen Halt, während sie die höhlenartigen Hohlräume unter ihnen nicht wahrnehmen, bis das plötzliche Auftreten eines Sinklochs sie überrascht, der Boden unter ihnen nachgibt und sie, wie der Wahrsager von Saint-Martin-des-Champs, in eine Unterwelt fallen, von deren Existenz sie überhaupt nichts geahnt hatten. Auch diese Unterwelt hat ihren Boden, wo die untere Erde aufsteigt, um auf die eigene Atmosphäre zu treffen. Aber was für die Bewohnerinnen einer solchen Welt die Atmosphäre ist, wäre die Erde für uns; was ihnen erlaubt, sich zu bewegen und zu atmen, würde in unserer Welt Vorbote von Unbeweglichkeit, Ersticken und sogar Tod sein.

Selbst wenn wir unseren Geschäften nachgehen und in der Gewissheit leben, dass der Boden, was auch immer geschieht, ein sicheres Fundament bietet, auf dem wir unser Leben aufbauen können, lauert auf uns das Gespenst der Sterblichkeit – die Angst, dass der Boden nur die dünnste Kruste ist, die zwischen Leben und Tod, Oben und Unten, dieser Welt und der Unterwelt sich ausspannt. Der gleiche Boden, der sich im Leben öffnet, um seine Bewohnerinnen und Bewohner zu umarmen, schließt sich im Tod über ihnen. In dieser doppelten Bewegung des Öffnens und Schließens liegt die spezielle Form der menschlichen Beerdigung. Begraben wir einen Körper, öffnen wir zuerst das Erdreich und legen den Körper mitten hinein; dann schließen wir das Loch mit einer Platte. Wenngleich er zunächst *in* die Erde gelegt wurde, beigesetzt wird er schließlich *unter* der Erde. Mit der Zeit wird die Vegetation über der Stätte wachsen und zur Formierung einer Bodenschicht beitragen, sodass schließlich das Grab von seiner Umgebung nicht mehr zu unterscheiden ist, mit Ausnahme vielleicht eines kleinen Hügels oder eines Steins, der den Ort markiert. Die Grabkammer bleibt bis zu einer Zeit verborgen, da sie aufgrund von Oberflächengrabungen aufgebrochen wird, nicht nur, weil sie vor neugierigen Blicken verborgen ist, sondern weil sich die Erde an der Oberfläche wieder dem Himmel zu nähern scheint. Alles sieht aus und vermittelt einem das Gefühl, als sei es den Elementen gegenüber offen; es gibt keinen Hinweis auf eine Abdeckung.

Und doch werden wir getäuscht. Es ist eine Täuschung durch das Vergessen, das eher aus Nachlässigkeit und Unachtsamkeit als aus echtem Verlust entsteht. Eine vergrabene Vergangenheit kann nie wirklich vergessen werden, aber sie kann scheinbar vergessen werden. Eine wirklich vergessene Vergangenheit wird lediglich an die Oberfläche gebracht, um im Nichts zu verblassen, aber eine vergrabene Vergangenheit zu vergessen bedeutet, auf die Illusion hereinzufallen, die uns der Boden vorgaukelt – den sich schließenden Boden mit seiner Ober- und Unterseite mit einem sich öffnenden Boden zu verwechseln, der beides nicht hat. Sowohl in der Realität als auch in der Fiktion hat es zahlreiche Versuche gegeben, bei dieser Täuschung mitzumachen. Auf dem Höhepunkt des James-Bond-Films *You Only Live Twice (Man lebt nur zweimal)* erweist sich, was wie ein natürlicher See in einem Vulkankrater aussieht, als ein Schiebedach aus Metall, das das kolossale, bodenlose Unternehmen eines Raketenstarts ins All verbirgt. In einem weniger spektakulären Ausmaß, aber dieses Mal in Wirklichkeit, haben Planerinnen und Planer der Stadt Aberdeen vor Kurzem einen städtischen Garten im Stadtzentrum vorgeschlagen, komplett mit Rasenflächen, Springbrunnen und Bäumen, der eine

Hauptstraße, eine Bahnlinie und einen Parkplatz überdachen sollte. Die Werbung für das Projekt, das nie verwirklicht wurde, zeigte glückliche, entspannte Bürgerinnen, ziellos in dieser pastoralen Landschaft umherwandernd, ohne die Maschinen zu bemerken, die sich unter ihnen unaufhörlich abmühen und die stagnierende Luft mit ihren Abgasen füllen.

In mehreren Ländern gibt es gegenwärtig Pläne, die radioaktiven Abfälle der Nukleartechnologien tief in stillgelegten Bergwerksschächten zu vergraben, wo sie über Jahrtausende hinweg verrotten können, ohne dass die Bewohnerinnen und Bewohner des Gebiets, aus dem wieder ein unberührter Wald werden soll, davon etwas mitbekommen. Die an der Oberfläche, die den Boden bewohnen und die freie Luft atmen, hätten keine Ahnung von dem Gift, das schleichend von unten heraufsickert. Es würden keine Aufzeichnungen existieren, keine Geheimnisse, die eine zukünftige Untersuchung aufdecken könnte. Aber falls die heutigen Technokraten und Technokratinnen willens sind, künftigen Generationen solch ungeheuerlichen Betrug anzutun, mit welchen Tricks mögen uns dann schon frühere Generationen gekommen sein, von denen wir nichts wissen? Werden die Ablagerungen der Gegenwart jemals so vergessen sein wie die antiken Städte, die heute unter Wüstensand begraben sind? Sind wir dazu bestimmt, unser Leben in dem offenen Bereich zwischen Erde und Himmel zu verbringen, ohne zu wissen, was darunterliegt, oder sind wir vielmehr dazu verurteilt, auf der gläsernen Decke einer Unterwelt dahinzutreiben, in der sich, wie in den Eingeweiden des *Musée des arts et métiers*, die Seelen der Toten mit den Relikten und Rückständen der menschlichen Industrie vermischen? Sind wir geerdet oder schwimmen wir? Es scheint unser Los, dazwischen zu schwanken.

Unterschlupf

Frustriert von galoppierenden Preisen und steigender Wohnungslosigkeit in London kam der Künstler Tim Knowles auf die Idee, Möglichkeiten zu erkunden, Zuflucht in der sehr anderartigen Umwelt der schottischen Highlands zu finden. Konnte diese augenscheinlich unwirtliche Außenwelt Hinweise auf eine andere Art des Wohnens bieten? Die Region hatte in der Vergangenheit unter der Entvölkerung gelitten, die durch die massenhafte Vertreibung von Pachtbauern verursacht wurde. Zurück blieben viele verlassene Gebäude, von denen jetzt die meisten verfallen sind. Heute steht das Recht auf freie Bewegung, das den Zugang zu Land zwecks Erholung und Bewegung begünstigt, im Widerspruch zur fortgesetzten Einfriedung weiter Bereiche auf dem Gebiet privater Ländereien, die für die Jagd auf Moorhühner genutzt werden und sich im Besitz von abwesenden Grundbesitzern befinden. Danach trachtend, ein Netzwerk aus versteckten Unterständen in dieser Landschaft aufzubauen, musste Knowles nicht nur mit den Elementen kämpfen, sondern auch unter den Augen potenziell aggressiver Wildhüter arbeiten. Im Schottischen ist der Unterstand ein howff, *wörtlich ein Schlupfwinkel, ein Ort, an dem ein menschlicher Körper unbemerkt unterkommen und dennoch das Umfeld mit seiner Präsenz durchdringen kann. In Knowles' Projekt war jeder* howff *ein möglichst unauffälliger skulpturaler Eingriff in die Landschaft, dessen Lage ihm allein bekannt war. Er wollte seine Erfahrungen jedoch in einer Publikation weitergeben, die das Projekt begleiten sollte, und ich wurde gebeten, mich daran zu beteiligen.*[34] *Das Ergebnis war dieser Essay zum Thema „Unterschlupf".*

* * *

Unterkunft, nehmen wir an, ist ein grundlegendes menschliches Bedürfnis. Doch das wirft viele Fragen auf. Ist es ein Bedürfnis speziell für Menschen oder wird es von Tieren anderer Art geteilt? Wovor genau nehmen wir Zuflucht? Zweifellos kommt vielen, wenn sie an Unterkunft oder Zuflucht denken, als Erstes das Wetter in den Sinn. Wir nehmen Zuflucht vor einem Regenguss, wenn wir auf den Bus warten, vor beißendem Wind, indem wir uns hinter einer Mauer zusammendrängen, vor der Kälte, während wir uns an dem Feuer, das in einem Wetterschutz brennt, aufwärmen, oder vor der Sonne, wenn wir unter einem Sonnenschirm am Strand liegen. Menschen sind von der Natur nicht gut gerüstet, um Wind und Regen, Schnee und Minustemperaturen oder den grellen Schein und die extreme Hitze der Sonne auszuhalten. Ganz leicht fangen wir uns eine Erkältung ein und sind gleichermaßen anfällig für einen Hitzschlag. Sturm, Flut und Dürre können Leben in Gefahr bringen – und nicht nur Menschenleben, denn sie können genauso die Leben der vielen Haustiere gefährden, die sich an ihre menschlichen Betreuer als ihre Beschützer gewöhnt haben.

Für die nicht menschlichen Tiere, die jenseits des Zuständigkeitsbereichs menschlichen Schutzes leben, stellt das Wetter jedoch im Allgemeinen kein solches Risiko dar. Im Großen und Ganzen sind sie bestens angepasst, ihm standzuhalten. Die hauptsächliche Gefahr kommt für sie nicht von meteorologischen Kräften sondern von anderen Geschöpfen. Beutetiere, nicht die Raubtiere, brauchen am meisten Schutz. Kleine Tiere können sich in eine Felsspalte oder einen Bau zurückziehen, außer Reichweite ihres größeren Angreifers. Oder sie können sich tarnen, indem sie völlig unbeweglich verharren und sich nicht von ihrer Umgebung unterscheiden. Beide Möglichkeiten sind jedoch für größere Tiere, wie z.B. solche mit Hufen, nicht realistisch, die sich in der Regel durch ihre Anzahl und in letzter Instanz durch ihre Fähigkeit zur schnellen Flucht schützen. Der Mensch, von moderatem Körperbau und relativ langsam zu Fuß, kann einem Raubtier selten entkommen, noch passt er so leicht in Erdspalten, wo ihn diese nicht erreichen können. Seine Trumpfkarte liegt hingegen in einer ungewöhnlichen Befähigung: in dem Vermögen die Dinge anders zu gestalten, als sie sind, das, was zur Verfügung steht, so zu umzuformen, dass es zur Befreiung aus einer misslichen Lage reicht. In der Regel kann man sich darauf verlassen, dass es klappt.

In vergangenen Zeiten stellten große Räuber wie Bären, Wölfe und Tiger eine erhebliche Gefahr für Menschen dar. Heutzutage sind diese Tiere, überwiegend auf entfernte und dünn besiedelte Gebiete beschränkt, nicht länger die Bedrohung, die sie einst waren. Weitaus größer ist schon immer die Bedrohung gewesen, die von Mitmenschen ausgeht. In der Tat gibt es einige Hinweise, dass das Wort *shelter* von dem altenglischen Wort für *shield* (Schild) herkommt, genau genommen das Schlachtformat aus vielen Schilden, die sich zu einer Art Wall zusammenschließen, bezeichnete. Im Lauf der Zeit haben sich die

Schildwälle parallel zu den Angriffstechniken entwickelt, die dazu da waren, sie zu überwinden. Die massiven Mauern mittelalterlicher Festungen wurden dicker, um dem Trommelfeuer von Kanonenschüssen standzuhalten, während im letzten Jahrhundert die Menschen in vielen Teilen der Welt gezwungen waren, Schutz vor Bombardements aus der Luft zu suchen. Von Luftschutzbunkern und unterirdischen Tunneln bis hin zu Atombunkern hat die pyrotechnische Bedrohung aus der Luft, die von der eigenen Gattung ausgeht, die ansonsten wehrlosen Menschen immer tiefer unter die Erde getrieben, außerhalb der Reichweite von natürlichem Licht und frischer Luft. In Kriegszeiten, wenn Tod und Zerstörung die Erdoberfläche heimsuchen, müssen die Lebenden Zuflucht in unterirdischen Verstecken finden, unempfindlich gegenüber dem Chaos, das über ihnen herrscht.

Es gibt jedoch eine andere Möglichkeit, Zuflucht zu finden – vor offensiven Aktionen, wenn auch nicht unbedingt vor dem Wetter –, als jene, in die Tiefe zu graben oder Verteidigungsanlagen zu errichten: nämlich ein *Versteck* zu planen. Das Versteck funktioniert nach dem gegenteiligen Prinzip wie die Festung. Es ist kein Bauwerk des Widerstands, ausgeführt, um einem von außen gelenkten Ansturm zu trotzen, sondern eine unsolide Konstruktion, die die Gegebenheiten der Umgebung berücksichtigt oder – wenn überhaupt etwas gebaut werden soll – sich leichter, sofort verfügbarer Materialien bedient. Weil diese Materialien praktisch von denen ringsum ununterscheidbar sind, und wegen der minimalen Umgestaltung landschaftlicher Charakteristika ist das Versteck so schwer auszumachen. Und es ist diese Unsichtbarkeit, die Bewohnerinnen und Bewohnern den besten Schutz bietet. Wie man umgangssprachlich sagt, sie „tauchen unter". Der Boden stellt für seine Bewohnerinnen genau deswegen Plätze zur Verfügung, an denen man sich verstecken oder Schutz suchen kann, da er eben keine solide Plattform ohne besondere Merkmale ist, auf der alles Sonstige stillsteht. Er ist vielmehr ein kompliziert gefaltetes oder zerknittertes Volumen heterogener Materialien. Untertauchen bedeutet dann, es sich in einer Erdfalte bequem zu machen wie in einer Wiege und die vorhandenen Merkmale nur mit dem Nötigsten zu ergänzen. Dabei kann es sich um eine Felsspalte oder einen Felsüberhang, eine Nische in einer Baumkrone oder eine Vertiefung in der Erde handeln. Um den Zugang zu einer solchen Wiege zu gewährleisten, um sich dann hineinzukuscheln, müssen Bewohner möglicherweise klettern, sich winden oder kriechen, also Bewegungen ausführen, die vom Körper eine Flexibilität verlangen, die er mit fortgeschrittenen Jahren mehr und mehr verliert.

Eine Alternative neben dem Untertauchen oder eine zusätzliche Möglichkeit, sich zu verstecken, ist, in Deckung zu gehen, wobei man den Boden nicht als Refugium, sondern zur Tarnung benutzt. Das ist der Trick der Unkenntlichmachung. Er funktioniert, indem man observierende Außenstehende dahin gehend täuscht, dass sie in einer Oberflächengestalt eine andere zu sehen meinen. Wir neigen dazu, uns die Oberfläche als eine Schicht vorzustellen, die das, was darunterliegt, bedeckt und es von dem, was darüberliegt, trennt. Aber das ist nicht die Natur des Bodens. Er ist nicht nur zum Himmel hin offen, er ist auch unendlich tief. Man kann in ihn *hinein*bohren, aber nicht *durch* ihn hindurch. Oben mag er dicht bewachsen sein, was wir gerne mit einem Teppich vergleichen. Aber wir wissen, dass ein Teppich angehoben seine Unterseite enthüllen kann, was beim Boden nicht möglich ist. Er hat keine Unterseite. Er bietet Deckung, wenngleich ohne etwas zu vertuschen. Die Tarnung soll vorgeben, dass das, was in Wirklichkeit eine Oberflächenschicht mit einer Ober- und einer Unterseite wie ein Teppich ist, eine tiefe Oberfläche wie die der Erde ist, die nur sich selbst bedeckt. So scheint der Soldat, mit schlammverschmiertem Gesicht und in einem Outfit, dessen gesprenkelte Farben jene der Umgebung nachahmen, zu verschwinden. Entsprechend kann die Jägerin, getarnt in einem aus Blattwerk, Stöcken und Zweigen gefertigten Versteck liegen, das sich von der Streu, die den Waldboden übersät, nicht unterscheidet.

Der Unterschlupf, wenn man so will, ist eine umgekehrte Falle. Beide beziehen ein Element der Täuschung mit ein. Die Falle funktioniert, indem sie das ahnungslose Opfer dazu verlockt, sich in ihren Wirkungsbereich zu begeben, vielleicht mithilfe einer Belohnung in Form eines Köders, nur um eine verborgene Tür zuschnappen zu lassen. Oder sie verführt die Unvorsichtigen, auf etwas zu treten, das wie fester Boden aussieht, nur dass sie dann in eine darunter versteckte Grube stürzen. Auch wenn man einen Unterschlupf aufsucht, wird man vielleicht durch eine Falltür oder Klappe treten, die sich hinter einem schließt, aber dann wird man nicht hereingelegt. Während nämlich eine Falle sich externen Einwirkungen verdankt und einen der Gefahr aussetzt, hineinzufallen oder festzusitzen, ist es bei einem

Unterschlupf andersherum: Hier ist man der- oder diejenige, die alles in der Hand hat; das Eintreten geschieht absichtlich, weil die Täuschung sich gegen die Obrigkeiten richtet. Doch noch in seinen innersten Kammern eröffnet der Unterschlupf einen Ausweg ins Freie. Er ist ein Platzhalter für das Leben, aber er ist kein Container. So wie ein Körper ein- und ausatmen muss, um zu leben, muss eine Bewohnerin kommen und gehen können. Man kann nicht lange drinnen bleiben; ein Aufenthalt ist zeitlich befristet. In einer offenen Welt zwischen Erde und Himmel wechselt sich Zuflucht immer mit Preisgegebensein ab.

Deshalb bleibt der Unterschlupf im Verhältnis zu den Innenräumen der Moderne, die darauf abzielen, innerhalb ihrer Mauern ein Simulakrum der offenen Welt zu rekonstruieren – einer künstlichen *Als-ob*-Welt, die bereits mit den Annehmlichkeiten des Lebens ausgestattet ist –, immer im Freien, auch wenn man vielleicht durch eine versteckte, als Erde getarnte Tür gehen muss, um einen Zugang zu finden. Denn die Tür oder Schutztarnung des Zufluchtsraums steht auf der Schwelle zwischen Erde und Himmel, nicht zwischen der Erde-Himmel-Welt und ihrer binnenräumlichen Rekonstruktion. Zuflucht in einem modernen Haus zu finden ist ein vorgetäuschtes Spiel wie Verstecken spielen, mit Möbeln anstelle eines felsigen Refugiums und Vorhängen, die ein Pflanzencover abgeben. Draußen im Freien ist Versteckspielen real. Und egal wie man es schafft: indem man untertaucht oder in Deckung geht, sich zu verstecken bedeutet, aus dem, was die Umgebung als Schutz anbietet, das Beste zu machen. Der Schutz suchende Bewohner muss daher stärker als sonst auf die Möglichkeiten der Umwelt achten. Er oder sie mögen allein dastehen, aber dieses Alleinsein ist alles andere als absondernd, denn es wurzelt in einer gesteigerten Wahrnehmungsaufmerksamkeit für die Umgebung – eine Aufmerksamkeit, die sich zu einer tiefen und mitfühlenden Gemeinschaft mit anderen in einer ähnlichen Situation ausweiten kann.

Solcherart ist die Wahrnehmung von Flüchtigen, von Gesetzlosen auf der Flucht vor den Behörden und von Wilderern, die sich der Beobachtung durch Wildhüter im Dienst skrupelloser Grundbesitzer entziehen. Sie müssen ihren Verstand gebrauchen und mit allem, was ihnen zur Verfügung steht, improvisieren und dabei keine oder nur wenige sichtbare Spuren ihrer Wege hinterlassen. Wir neigen dazu, solche Figuren zu romantisieren, ihre Kenntnisse und Erfahrungen mit der Wildnis zu bewundern, ihrem Witz und Einfallsreichtum nachzueifern und die Wärme ihrer Kameradschaft zu feiern. Aber das hieße, die Augen vor den Kräften der Unterdrückung zu verschließen, die im Laufe der Geschichte Menschen aus ihrem Zuhause, von ihrem Grund und Boden und aus ihren Ländern vertrieben haben. Es waren immer die Schwachen und Verletzlichen, die Schutz gesucht haben, niemals die Starken und Mächtigen. Der Herr sucht nicht im eigenen Haus Zuflucht, aber er kann sie den Bedürftigen als Almosen anbieten. Schutz bedeutet Enteignung auf Seiten derer, die ihn suchen, und Großzügigkeit auf Seiten derer, die ihn gewähren. Einen Unterschlupf zu suchen, das bedeutet heutzutage vor allem Obdachlosigkeit, Drogenmissbrauch, häusliche Gewalt, politische und religiöse Verfolgung und die Wechselfälle des Krieges. Wenn wir also erklären, dass Obdach ein universelles menschliches Bedürfnis ist, sollten wir uns daran erinnern, dass das Universum der Bedürfnisse durch Machtverhältnisse strukturiert ist und dass Bedürftigkeit nicht alle gleichermaßen trifft.

Die Zeit verbringen

Ich hatte neulich das Vergnügen, den berühmten taiwanesischen Künstler Tehching Hsieh zu treffen. Hsiehs Werk war Gegenstand einer Ausstellung im taiwanesischen Pavillon bei der Biennale 2017 in Venedig und ich war eingeladen worden, an einer Diskussionsrunde teilzunehmen, die Hsieh selbst einschloss, um darüber zu reflektieren. Während das Werk für mich neu war – ich war Hsieh oder seiner Kunst nie zuvor begegnet –, sein Thema war es nicht. Es handelte von der Zeit und vom Leben und der Verbindung zwischen beiden. Aber als ich über das Werk nachdachte, brachte mich das dazu, über dieses Thema in einer Weise nachzusinnen, die ich bislang nicht in Betracht gezogen hatte. Eine Einladung, einen Beitrag für LA+ *zu leisten, einer interdisziplinären Zeitschrift für Landschaftsarchitektur, herausgegeben von der School of Design an der University of Pennsylvania, zu einem Themenheft über „Zeit", bot mir die Gelegenheit diese Gedanken zu Papier zu bringen.*[35]

* * *

Tehching Hsiehs Geschichte ist keine gewöhnliche, wie ich bei einem Ausstellungsbesuch in Venedig herausfand, aber auch durch meine Lektüre eines umfassenden Bandes über sein Leben und Werk, der von dem Autor und Kurator Adrian Heathfield unter dem Titel *Out of Now*[36] erstellt wurde. Ich erfuhr, wie Hsieh 1967 als siebzehnjähriger Sohn einer großen mittelständischen Familie mit einem autoritären Vater und einer verrückten Mutter die High School abbrach und sich der Malerei zuwandte; wie er 1973, nach dem Armeedienst und seiner ersten Einzelausstellung, kurzerhand mit der Malerei aufhörte und seine erste Performance präsentierte, indem er aus einem Fenster im zweiten Stock auf den harten Straßenbelag hinuntersprang, wobei er sich beide Knöchel brach – was ihn für den Rest seines Lebens unter ständigen Schmerzen leiden ließ; wie er eine Ausbildung zum Seemann machte, um sich auf diesem Weg bis in die Vereinigten Staaten durchzuschlagen; wie er 1974 über den Landungssteg eines im Delaware River vertäuten Öltankers nach Manhattan floh, wo er sich als illegaler Einwanderer durchschlug und in Restaurants und auf Baustellen arbeitete, bis ihm der Gedanke kam, dass die Isolation und

Entfremdung, die er erlebte, selbst eine Form der Kunst sein könnte. Er würde das Werk sein.

Was folgte, waren sechs Arbeiten, jede davon bemerkenswert wegen der Hartnäckigkeit, mit der er sie verfolgte, und wegen ihrer offensichtlichen Vergeblichkeit. In der ersten, die 1978/79 aufgeführt wurde, konstruierte Hsieh einen kleinen Käfig aus Kiefernholzdübeln in seinem New Yorker Loft, das nur mit einem Bett, einem Waschbecken und einem Eimer ausgestattet war und in dem er genau ein Jahr lang lebte, ohne Gesellschaft, ohne die Anwesenheit von Betrachterinnen und Betrachtern, die gelegentlich zugucken durften, zur Kenntnis zu nehmen, und ohne zu sprechen, zu lesen oder zu schreiben. Ein Freund brachte Lebensmittel vorbei und leerte den Eimer, aber das war's auch schon. Täglich kratzte er eine Linie in die Wand und nach 365 verflossenen Tagen und Linien tauchte er wieder aus seiner Isolation auf. Für die zweite Arbeit, die 1980/81 folgte und abermals genau ein Jahr dauerte, machte er es sich zur Aufgabe, eine Stechuhr zur vollen Stunde zu drücken, zu jeder Stunde, vierundzwanzig Stunden am Tag, an jedem Tag des Jahres. Mit jedem Stanzklick der Uhr schoss er von sich ein Einzelbild, aufrecht stehend, in Uniform (Abbildung 11). Er verpasste lediglich 133 der stündlichen Anforderungen und hatte am Ende 8627 beglaubigte Zeitkontrollkarten und ebenso viele fotografische Bilder, die, schnell hintereinander auf einem Kinematographen abgespielt, eine außergewöhnliche filmische Aufzeichnung des Jahres ergeben.

Kaum sechs Monate nachdem er diese Geduldsprobe abgeschlossen hatte, begann Hsieh mit einer dritten einjährigen Performance, wobei er seine gesamte Zeit draußen auf den Straßen von New York City verbrachte und – gemäß der Ankündigung seines Vorhabens – den Zutritt zu „jedem Gebäude, jeder U-Bahn, jedem Zug, Auto, Flugzeug, Schiff, jeder Höhle, jedem Zelt" verweigerte. Sein einziger Besitz würde ein Schlafsack sein. Tagtäglich trug er seine Bewegungen auf einer Straßenkarte ein. Der Winter 1981/82 war einer der kältesten seit Beginn der Aufzeichnungen. Der East River fror zu, und die Entbehrungen waren extrem. Aber nur einmal war Hsieh gezwungen seinen Eid zu brechen, als ein heftiger Streit mit einem Vertreter der Öffentlichkeit zu seiner Festnahme und zu fünfzehnstündiger Haft führte. Nach Beendigung dieser dritten Probe, etwa neun Monate später, nahm Hsieh eine vierte Quälerei auf sich, dieses Mal gemeinsam

Abbildung 11 *Stanzen der Stechuhr: Einjahresaufführung 1980–1981,* Foto von Michael Shen. @ Tehching Hsieh, mit freundlicher Genehmigung von Tehching Hsieh und Sean Kelly, New York. Reproduziert mit Genehmigung.

mit der Künstlerin Linda Montano. Ein Jahr lang, 1983/84, würden sie zusammenleben, ohne sich jemals zu berühren, wobei sie von Hüfte zu Hüfte mit einem acht Fuß [2,44 m] langen Seil verbunden waren. Das Verhältnis, so erfahren wir, war nicht harmonisch. Es war vielleicht gegenseitige Selbstzerstörung. Auf jeden Fall war dies der Auftakt zur Darbietung Nummer fünf. Dabei sollte Hsieh sich, wieder ein

Jahr lang, 1985/86, von allem fernhalten, was mit Kunst zu tun hatte: Er würde keine Kunst machen, nicht darüber reden, sie nicht besichtigen, sie nicht rezipieren, keine Galerie oder kein Museum besuchen. „Ich gehe einfach ins Leben“, verkündete er. In einem letzten Akt der Entsagung konzipierte Hsieh sein sechstes Werk, einen „Dreizehn-Jahres-Plan“, der am letzten Tag des Jahres 1986 begann und mit der Jahrtausendwende endete, wobei er sein völliges Verschwinden inszenierte. Am Ende tauchte er wieder auf und erklärte lediglich: „Ich habe mich am Leben erhalten.“

Was für eine Art von Leben war dies? Und warum war Hsieh so besessen vom Verstreichen der Zeit?

Sieht man sich die Fotografien von Hsieh in seinem Käfig an, wie er an der Stechuhr posiert, durch die Straßen wandert oder an eine unfreundliche Begleiterin gebunden ist, erhält man nicht den Eindruck von jemandem, der sein Leben genießt. Sein Ausdruck ist mürrisch und brütend, zwischen Langeweile und Schlappheit. Nie leuchten seine Augen auf, noch gibt es das geringste Anzeichen eines Lächelns. Stellen Sie sich folglich meine Überraschung vor, als ich ihm zum ersten Mal begegnete – einem Mann in meinem Alter, damals in seinen späten Sechzigern – und von lachenden Augen und einem verschmitzten Grinsen begrüßt wurde. Ich kam ins Nachdenken: Steckt in diesem Werk Humor? Hebt es die Laune? Könnte es sein, dass das, was wir in den Fotografien sehen, nichts weiter ist als die Hülle eines Mannes, der eine Art der Freiheit gefunden hat, von der die meisten von uns träumen, aber es nie ganz schaffen, sie zu erlangen? Das wurde für mich zur Frage des Werks. Wie kann eine selbst auferlegte Ordnung, die so einschränkend, so bedrückend, so monoton, so bar jeder Fortschrittsmöglichkeit ist, den menschlichen Geist wirklich in die Fülle des Lebens entlassen?

Für viele ist Hsiehs Werk eine Lektion in ichbesessener Aussichtslosigkeit. Im Brief eines anonymen Schreibers vom April 1981 war Folgendes zu lesen: „Wir, die wir unsere Bildung und Intelligenz dazu benutzen, um die Welt zu einem lebenswerteren Ort zu machen, sind entsetzt von deiner Dummheit und der Publizität, die dir für deine krasse Selbstdarstellung zuteilwird. Künstler? Bäh!“ Das Leben, laut diesem Korrespondenten, und zweifellos nach der Mehrheit derer, die so denken wie er, sollte einem produktiven Zweck gewidmet sein; es sollte weltbildend sein. Ein Leben wird aus diesem Grund an seinen

Leistungen gemessen. Zeit, die nichts beiträgt zur Summe menschlicher Leistungen, ist Zeitverschwendung. Aber die sechs Aufführungen, die Hsiehs Künstlerleben bemessen, erreichen nichts. Am Ende jeder Periode selbst auferlegter Entbehrungen kann er für sich selbst nur sagen, dass er durchgehalten hat, dass er noch lebt. Es gibt nichts anderes, was er für seine Mühen vorweisen könnte. Sie sind fast erklärtermaßen vergeudete Zeit. Und Hsieh selbst wäre der Erste, der dem zustimmen würde. „Ich habe hart daran gearbeitet, Zeit zu verschwenden", erklärt er.

Doch trotz alledem ist er am Leben geblieben. Ist Leben also Zeitverschwendung? Verschwenden all die Tiere, die die Erde bewohnen, mit keinem anderen Lebenszweck, als sich selbst lebendig zu halten, die Zeit? Nun, ja, nach Maßgabe Hsiehs, denn Verschwendung ist für ihn eine positive Sache: Sie signalisiert weder Verlust noch Zerstörung, sondern das Versprechen von Freiheit und Wachstum. Befreit von der Tyrannei der Ziele und Vorgaben, von der Reglementierung der Zeit durch die Uhr und des Raums durch die harten Oberflächen und Mauern der gebauten Umwelt, kann die Fantasie Flügel entfalten und durch die Ritzen entweichen wie Luft durch einen Ventilator oder Wasser durch undichte Rohre. Hsieh war dem schon hinterher, als er, in einer frühen Arbeit von 1973, die Streifen und Rinnsale des bei den alltäglichen Prozessen der Straßenreparatur auf den gepflasterten Straßen verschütteten Teers zu fotografieren begann. Das war verschwendeter Teer – Teer, der die Härte der befestigten Straße überschwemmt hatte. Aber in seinen flüssigen Schlieren und Strudeln war er zum Leben erwacht. Man ersetze Zeit durch Teer und man erhält die Essenz von Hsiehs späteren Arbeiten. Die Zeit, die für ihn lebendig wird, ist die flüchtige Zeit: zwecklose Zeit, Zeit ohne Bestimmung. Hsieh zeigt uns, wie Freiheit gefunden werden kann in der Unvorhersehbarkeit der Zeit.

Aber es ist nicht leicht. Um sich über Wasser zu halten – um sich der Vereinnahmung durch die physischen, gesellschaftlichen und institutionellen Strukturen zu entziehen, die sowohl das Leben einzuschränken als auch die Freiheit der Disziplin des Gesetzes und der Vernunft zu unterwerfen drohen –, bedarf es einer enormen Willensanstrengung. Das ist es, was Hsieh meint, wenn er sagt, die Zeitverschwendung während seiner Darbietungen sei harte Arbeit gewesen. Wenn die Willenskraft unzureichend ist oder von gegensätzlichen

Kräften überwältigt wird, können die Konsequenzen katastrophal sein. Hsieh hatte dies bereits auf die harte Tour gelernt, bei seiner frühen „Sprung-Darbietung“, die, wie er heute offen zugibt, ein Akt schierer Narretei war. Was dachte er sich dabei, als er sich aus dem Fenster im zweiten Stock warf? Glaubte er wirklich, er könnte der Schwerkraft trotzen? Hier wurde die Fluchtlinie durch die harte Oberfläche städtische Bausubstanz brutal verkürzt. Hsiehs Zusammenstoß mit dem Gesetz, da lebte er noch als Vagabund in New York, bedrohte, in Form einer gewaltsamen Festnahme und Inhaftierung, kurzfristig seine Karriere mit einer gleichermaßen brutalen Unterbrechung. Das Leben hängt, wie uns seine Erfahrung zeigt, am seidenen Faden. Wie jene Teerstreifen auf dem Straßenpflaster sind Lebenslinien fragil und heikel. Das erfordert die größte Sorgfalt und Aufmerksamkeit.

Es besteht also ein grundlegender Unterschied zwischen den harten Oberflächen der Großstadt – auf denen ihre Gebäude stehen, wo sich der Verkehr abspielt und die eingemauerten Bürgerinnen und Bürger ihren Beschäftigungen nachgehen, reibungslos und im Vertrauen auf Unterstützung – und den Oberflächen, die von den Lebensfäden durchzogen sind, die fast unsichtbar durch die Lücken und Risse baulicher Strukturen wandern. Oberflächen der letzteren Art zu bewohnen bedeutet, sie mit der Vielfalt nicht menschlicher Arten zu teilen, für die sie keine solide Basis bieten, sondern eine unsichere Position. Sie zu begehen, wie Hsieh es in dem Jahr tat, als er die Grundfläche von New York City abklapperte, ist, wie auf Spinnweben zu balancieren; es erfordert ständige Wachsamkeit, um das Gleichgewicht nicht zu verlieren und zu fallen. Das Gleichgewicht herrscht zwischen der Großstadtatmosphäre und ihrer Erdung, auch zwischen Leben und Tod. Im Gegensatz zur Teilnahmslosigkeit modernen Großstadtlebens, wird die Aufmerksamkeit von Wandernden fortwährend auf den Boden als einem Platz zum Schlafen, zum Ruhen, um sich zu waschen, um Feuer zu machen, gelenkt. Aber dies sind auch Orte zum Leben: wo Erde und Wasser, indem sie durch das Pflaster bersten, das ansonsten die Stadt versiegelt, sich mit dem Wind, dem Regen und dem Sonnenschein treffen und vermengen können.

Hat diese Verschiedenheit großstädtischer Oberflächen ihren Gegenpart in den Formen der Zeit? Vielleicht gibt uns der Titel der Kunstausstellung Hsiehs auf der Biennale Venedig 2017 einen Hinweis. Sie hatte den Namen *Doing Time (dt: Im Gefängnis sitzen* oder

Zeit absitzen). Dies kann in zweierlei Hinsicht gelesen werden und die Mehrdeutigkeit war beabsichtigt. Der eine Sinn ist der von Gefangenen, die in der Haft eine von einem Gericht verhängte Strafe „absitzen". Das Leben selbst, so hat Hsieh in einer seiner rätselhaften, aber oft wiederholten Äußerungen erklärt, ist eine „lebenslange Freiheitsstrafe". Aber im anderen Sinne bedeutet Zeit verbringen tatsächlich, sie zu verschwenden, zu leben und zu wachsen und in beidem eine Freiheit ohne schicksalhafte Vorherbestimmung zu finden. Während die Zeit im ersten Sinn so hart und unbeweglich ist wie eine gepflasterte Oberfläche, ist sie im zweiten Sinn fließend und flüchtig und bietet, wie die Risse im Straßenbelag, eine Fluchtlinie. Als Hsieh im Begriff war, das Jahr des Stechuhrdrückens zu beginnen, rasierte er sich den Kopf. Aber als sich das Jahr hinzog, wuchs sein Haar wieder, wurde immer länger, bis es am Ende Schulterlänge erreichte. Es gab die Stechuhrzeit und die Haarwuchszeit. Und wenn erstere eine Strafe verhängte, kam die andere immer davon.

Dies führt schließlich zu dem bleibenden Paradoxon in Hsiehs Leben und Werk. Es betrifft das Verhältnis zwischen Leben und Kunst. Sind sie trennbar oder untrennbar? Kann man zwischen Kunstzeit und Lebenszeit unterscheiden oder kann man es nicht? Wenn künstlerische Arbeit Zeitverschwendung ist, und wenn Zeitverschwendung Leben bedeutet, dann sind Kunst und Leben in der Tat untrennbar miteinander verbunden. In einem Interview mit Adrian Heathfield gibt Hsieh zu, dass er in der Sache mit der Stechuhr „versuchte, Kunst und Leben in der Zeit zusammenzubringen". Im weiteren Verlauf des Interviews deutet Heathfield an, dass dies *ein* Grund dafür sein könnte, warum die Kunstwelt Hsiehs Werk so wenig integrierbar findet: „Es ist so absolut in seiner Auflösung von Kunst in Leben." Aber zu Heathfields Erstaunen war Hsieh anderer Meinung: „Wirklich, ich verwische Kunst und Leben nicht", gibt er zur Antwort; „die Aufführungen selbst sind Kunstzeit, nicht gelebte Zeit ... mein Leben hat der Kunst zu folgen."[37] Das ist der Grund, warum das Einjahres-„Seilstück", in dem Hsieh mit einer in der Kunstwelt aktiven Künstlerkollegin zwangsvereint war, so unbefriedigend ausfiel. Es verschleierte die Unterscheidung zwischen Leben und Kunst, um deren Aufrechterhaltung er so hart kämpfte, und trieb ihn schließlich in das Paradoxon seiner nächsten Darbietung, die auf dem Versprechen beruhte, dass er nur dann Kunst machen und seine Integrität als Künstler bewahren könne, wenn er sich weigerte, irgendetwas mit Künstlern oder mit der Welt, in der sie agierten, zu tun zu haben.

Aber es gibt ein Leben nach der Kunst. Denn Hsieh ist kein Heiliger und hat keine Ambitionen, einer zu sein. Er hat sein Leben nicht der Kunst geopfert. Wie jeder Gefangene hat er nach vorne geschaut, die Entlassung erwartend. Wenn die Kunst fertig ist, kann er mit dem Leben weitermachen. Natürlich verbüßt er immer noch seine lebenslängliche Haftstrafe, aber das geht uns allen so, die wir ohne eigenes Verschulden auf diese Erde geworfen werden. Die Strafen der Kunst sind selbst auferlegt, die des Lebens sind es nicht. Auch Künstlerinnen und Künstler sind schließlich Menschen.

DIE ZEITALTER DER ERDE

Einleitung

Menschen haben über die Jahre hinweg viel zu sagen gehabt über die Gestaltung der Erde, auf der sie sich befinden. In neuerer Zeit haben sie sogar einen naturwissenschaftlichen Zweig erfunden, der ihrem Studium gewidmet ist, nämlich die Geologie. Doch die Erde, so scheint es, hat wenig über die Menschen zu sagen. Sie ist in der Tat auffallend still in der Angelegenheit. Aber wenn Menschen die Erde studieren können, warum kann die Erde nicht die Menschen studieren? Es ist nicht so, als ob ein solches Studium nur für Geschöpfe möglich ist, die wie die Menschen mit intellektuellen Kräften wie Sprache und Vernunft begabt sind. Schließlich achten Lebewesen aller Art in ihrer Lebensführung auf die Wege der jeweils anderen. Das Studium der Maus durch die Katze, das von räuberischen Absichten durchdrungen ist, hat ebenso viel mit Wahrnehmung, Bewegung und Vorstellungskraft zu tun wie das Studium der Katze durch die Maus, wenn sie ihre Ausweichtaktiken entwickelt. Auch Pflanzen sind nicht nur überaus aufmerksam gegenüber den Bewegungen der Sonne und der Winde und der Lebewesen, die zur Nahrungsaufnahme oder zur Bestäubung kommen, sondern sie teilen sich ihre Erfahrungen auch untereinander mit.

Doch gewiss, werden Sie einwenden, sollten wir die Grenze bei den belebten Kreaturen ziehen. Felsen und Steine, Flüsse und Gletscher, Berge und Meere: Diese Dinge sind völlig empfindungslos. Sie können nicht zuhören oder antworten. Aber viele Menschen auf der ganzen Welt würden dem nicht zustimmen, und wer kann schon sagen, dass wir recht haben und sie nicht? Mitglieder der Tlingit, in einer Gegend an der pazifischen Nordwestküste Nordamerikas beheimatet, in der einige der weltweit aktivsten Gletscher zu finden sind, beharren darauf, dass Gletscher hören und verstehen können, was Menschen über sie sagen. Am besten ist es, in ihrer Gegenwart achtsam zu sein, damit sie nicht Anstoß nehmen und rasch anschwellen.[38] Die Tlingit, dies sei angemerkt, sind keine Narren. Sie glauben nicht, dass Gletscher Ohren haben. Sie erkennen jedoch genau das an, was die Wissenschaft der Geologie bestreitet – dass der Gletscher in erster Linie für uns existiert, dank seiner phänomenalen Präsenz in einer Welt, die ebenfalls die unsrige ist. Er ist allgegenwärtig in seinem blendend weißen

Licht, in seinem unangenehmen, feuchten Kältegefühl und besonders in seinen explosionsartigen krachenden Geräuschen. Und es ist die Art seiner Präsenz, die zu uns spricht. Seine Geräusche sind, was wir hören. Und wenn wir zuhören, tut dies auch der Gletscher.

Was für den Gletscher gilt, trifft auch auf andere irdische Elemente zu. Sie hallen wider im Krachen, Beben und Knirschen ihrer Mixtur und Zusammensetzung. Die Natur ist nicht stumm. Sie hat vielleicht nichts zu sagen, und wären unsere Ohren nur offen für die Tatsachen und Aussagen *über* die Welt, wie es die Protokolle der Wissenschaft verlangen, dann würden wir tatsächlich nichts hören. Wir wären taub, was den Sturm in den Bäumen, das Tosen des Wasserfalls und den Gesang der Vögel angeht. Denn es sind Angebote, die nur für sich selbst stehen. Sie sind *von* der Welt, und es ist unsere Pflicht, uns um sie zu kümmern. Heute stehen wir vor den Folgen unserer Unaufmerksamkeit, dass wir die irdischen Dinge zum Schweigen bringen, wie Objekte in einem Museum, die in ihre reine Form destilliert und nach den Kategorien der Vernunft geordnet sind. Uns beunruhigt der Verlust von Lebensräumen, von Arten, ja sogar von Gletschern, wenn sich die Erde erwärmt. Aber wir sollten eins nicht vergessen: Wenn wir die Natur in Fakten und das Wissen in Interpretationen verwandeln – wenn wir uns also von den Gesprächen des Lebens lösen –, sind diese Dinge bereits für uns verloren, wenn nicht gar für die Welt.

Die Elemente des Glücks

Dieser Aufsatz wurde ursprünglich vom Museum für Moderne Kunst der Stadt Paris anlässlich einer neuen Ausstellung von Werken zeitgenössischer französischer und internationaler Künstlerinnen und Künstler aus der Collection Lafayette Anticipations Collection in Auftrag gegeben.[39] *Die Ausstellung mit dem einfachen Titel* YOU *war in fünf Abschnitte unterteilt, die jeweils den Namen eines Elements trugen, nämlich Metalle, Wasser, Feuer, Luft und Erde. Die Idee war, dass die Gegenüberstellung dieser vielfachen Elemente Atmosphären und Mikroklimata schaffen würde, die sowohl die Spaltung unserer gegenwärtigen Welt als auch die Zusicherung einer kreativen Wiedergeburt ansprechen würden. In meinem Essay habe ich versucht, etwas von demselben Geist heraufzubeschwören.*

* * *

Es gab in unserem Haus einen Familienbrauch an Silvester, bei dem wir Miniaturhufeisen aus Zinn schmolzen, die wir in einer Kelle über die Flammen des Kaminfeuers im Wohnzimmer hielten. Es ist ein Brauch, der unseres Wissens nach aus Finnland kommt, wenngleich er auch in anderen Ländern üblich sein mag. Jeder von uns kam mit einem eigenen Hufeisen an die Reihe. Sobald das Metall flüssig war, wurde es rasch von der Kelle in einen großen Eimer kalten Wassers gegossen, wo es auf der Stelle erstarrte. Das Zinn geronn dabei zu bizarren und wunderbaren Formen, die, aus dem Eimer herausgefischt, so gegen das Licht gehalten wurden, dass sie Schatten an die gegenüberliegende Wand warfen. Aus diesen Schattenbildern lasen wir ab, was uns im kommenden Jahr für Glücksfälle beschert sein würden.

In diesem kleinen Ritual sind Erde, Metall, Feuer, Wasser und Luft zusammengebracht. Denn Metalle wie Zinn holen wir aus der Erde; Feuer lässt das Metall flüssig werden; Wasser verwandelt die flüssigen Kleckse in geronnene Formen und in der Luft werfen die Formen ihre Schatten. Was mag uns diese Kette von Ereignissen darüber erzählen, in welcher Beziehung diese Elemente zueinanderstehen? Präsentiert sie uns im Mikrokosmos etwas von dem, was in weit größerem Maßstab bei der Entstehung unserer Welt vor sich geht? Und wie sind menschliche Schicksale mit diesen weltlichen Transformationen verbunden? Hier biete ich einige Reflexionen zu diesen Fragen, beginnend mit unseren Hufeisen. Ich fange jedoch mit einer Anmerkung zu den Elementen selbst an.

Wir sind mit der Theorie der Elemente als fundamentale Bestandteile der materiellen Welt, die uns vom griechischen Altertum überliefert wurde, bestens vertraut. Es war der sizilianische Philosoph Empedokles, um 450 v. Chr., der die vier Elemente Erde, Luft, Feuer und Wasser zur Diskussion stellte, denen Aristoteles ein fünftes, den quintessenziellen Äther, unwandelbar und unvergänglich durch die anderen vier, hinzufügte. Die klassische chinesische Philosophie hat uns allerdings eine ganz andere Theorie, die als *Wuxing* bekannt ist, hinterlassen, entwickelt während der Han-Dynastie im 2. Jahrhundert v. Chr. Im Wuxing sind die fünf Elemente Erde, Feuer, Wasser, Holz und Metall. Doch das chinesische *xing*, das konventionellerweise als „Elemente" übersetzt wird, ähnelt in der Bedeutung eher den Jahreszeiten als irgendwelchen Substanzen. Ihre fundamentalste Eigenschaft ist die Bewegung, oder besser gesagt, das Potenzial des Wandels. Holz wird zu Feuer, zum Beispiel, wie Frühling zu Sommer, Feuer wandelt sich in Erde, so wie das Holz zu Asche reduziert wird. In der chinesischen Philosophie existieren die Elemente nicht in sich selbst, sondern nur in dem, was ein jedes mit den jeweils anderen anstellt, in einer Welt, die zu keiner Zeit fertig gestaltet ist, sondern andauernd in Entwicklung.

Die Elemente als Erde, Metall, Feuer, Wasser und Luft aufzulisten heißt zugegebenermaßen, die griechische wie die chinesische Philosophie in einem gewissen Maß durcheinanderzubringen. Obwohl, Erde, Feuer und Wasser beiden Systemen gemeinsam sind – ihre jeweiligen Bedeutungen unterscheiden sich völlig. Von den Chinesen nehmen wir Metall, aber nicht Holz; von den Griechen Luft, verlieren aber den Äther. Unsere Liste ist selbstverständlich etwas willkürlich und philosophisch hybrid. Sie spricht jedoch die Belange unseres Maschinenzeitalters an, in dem der Äther seiner geistigen Kraft entleert wurde und auf die Leere des Raums reduziert ist. Erde, Luft und Wasser bleiben für das Leben so grundlegend, wie sie es schon immer waren: Sie sind die „Elemente", mit denen wir es immer dann zu tun haben, wenn wir draußen, auf dem Land oder dem Meer, dem Wetter ausgesetzt sind, während das Feuer – wobei weniger Holz als fossile Treibstoffe verbrannt werden – entscheidend zur Erwärmung unseres Planeten beigetragen hat.

Wissenschaftlerinnen erzählen uns natürlich, dass so über Elemente zu reden veraltet sei. Es ist, sagen sie, der Stoff von Mythen und Folklore, der längst von den Fortschritten der Chemie überholt ist. Sich auf die Elemente zu beziehen bedeutet für sie, dass man Materie auf ihre atomaren Essenzen reduziert – die erstmals auf der Periodentafel aufgelistet wurden, die der russische Chemiker Dimitrij Mendelejew 1869 veröffentlichte –, von denen ein jedes letztendlich auf spezifische Kombinationen noch weiterer Elementarteilchen wie Protonen, Neutronen und Elektronen reduzierbar ist, von denen wiederum ihre Eigenschaften abgeleitet werden. Begriffe wie „Erde" und „Luft", ja selbst „Metall" haben keinen Platz in einer modernen, wissenschaftlich geprägten Weltanschauung. Als Kategorien sind sie so vage, dass sie sich einer Definition entziehen. Warum also sollten wir weiterhin von ihnen sprechen?

Vielleicht sollten wir an ihnen festhalten, um das wiederzuerlangen, was in der Reduktion verloren geht. Es sind Möglichkeiten, Materialien an die Welt der Phänomene – an die Welt unserer Erfahrungen zurückzugeben. Das ist keine Welt, die einfach klassifiziert werden kann. Sie widersteht der Unterteilung in Kategorien. Dass Elemente undefinierbar sind, ist womöglich genau der Grund, warum wir sie brauchen. Sie sind, wie die Charaktere in Geschichten, temperamentvoll und chamäleonesk, so affektiv wie substanziell, so existenziell wie wesentlich, so sehr ein Teil von uns wie von der Welt, von der wir sprechen. Wir kennen sie von innen, intuitiv, in ihren Stimmungen und Intuitionen, durch das, was sie tun, und durch das, was passiert, wenn wir mit ihnen umgehen. Wir kennen sie in der Weise, wie der Fisch das Wasser kennt, der Wurm die Erde, der Vogel die Luft, nicht als objektiv abgewogene und abgemessene Materie, sondern als das Gewicht und den Maßstab unserer eigenen Existenz.

Erde zum Beispiel ist Fels und Boden, aber sie ist auch die mühevolle Arbeit, die wir in unseren beweglichen und atmenden Körpern damit haben. Aber wenn Erde die Schwere des Seins ist, die uns am Boden hält, dann ist Luft die Leichtigkeit, mit der wir zu träumen wagen. Wir spüren die Erde, indem wir sie heben, die Luft, indem wir sie atmen, dass Wasser beim Trinken oder wenn wir durchnässt werden. Das Feuer ist die glühende Wärme oder die versengende Hitze der Flammen; wir fühlen die Hitze des Feuers in unseren Leibern und in der Formbarkeit von geschmolzenem Metall; wir fühlen die scharfe Kante kalten Metalls, wenn es im Wasser abgeschreckt wird. Und es ist immer im Schwellenbereich der Elemente, wo eines dabei ist, sich in ein anderes zu verwandeln, dass es zu bemerkenswerten Augenblicken der Transformation kommt.

Mit diesen Gedanken im Kopf lasst mich zu unseren kleinen Hufeisen zurückkehren. Echte Hufeisen sind natürlich aus Eisen und wurden traditionellerweise vom Hufschmied in der Esse geschmiedet. Feuer und Metall waren seine Elemente und er musste sie zusammenbringen, um seine Ergebnisse zu erhalten. Unsere falschen Hufeisen waren aus Zinn – vermutlich rechtswidrig mit Blei vermischt – und wir brauchten nicht mehr als ein Feuer im Ofen, um sie zu schmelzen. Bei Zinn wie bei Eisen musste das Erz zunächst extrahiert werden. Sein Vorhandensein in der Erde ist das Werk geologischer Zeitalter, ob durch die allmähliche Ablagerung von Mineralien auf dem Meeresboden, wie bei der Entstehung von Eisen in Sedimentgestein, oder durch hydrothermische Freisetzung in Gänge von Eruptivgestein, wie bei Zinnerzen. Um das Metall zu extrahieren, muss das Erz geschürft, zerkleinert und geschmolzen werden. Beim Zerkleinern trifft es auf Wasser, das die metalltragenden Teilchen vom restlichen tauben Gestein trennt; im Schmelzvorgang begegnet es dem Feuer des Ofens. Demnach hat das Zinn unserer kleinen Hufeisen, geboren aus vulkanischen Eruptionen vieler vergangener Jahrmillionen, seither die geringeren Explosionen der Minenarbeit, die Auswaschungen durch das Wasser und die Hitze des Feuers miterlebt, bevor es in unserem Haus am Silvesterabend landete. Und es steht kurz davor, zuerst dem Feuer und dann dem Wasser noch einmal zu begegnen.

Wir verbrennen Kohle im Ofen und diese muss wie das Zinnerz aus der Erde geholt werden. Auch sie legt Zeugnis ab von der über Zeitalter hin geleisteten, aus dem Sonnenfeuer geborenen Arbeit einer Sonne, die auf die alten Wälder herabbrannte und ihr Wachstum anheizte. Es ist dieses Feuer, das entzündet wird, wenn wir die zu Kohle komprimierten Reste dieser Wälder verbrennen. Feuer und Erde, vereint im Material Holz, werden ein weiteres Mal getrennt, sobald die entflammte Kohle zu Asche verbrannt ist. Wenn ich an der Reihe bin und mein Hufeisen in die Schöpfkelle lege und vor das Ofenfeuer halte, spiele ich die Begegnung von Erdfeuer und Sonnenfeuer im mikrokosmischen Rahmen nach: Ersteres erhitzt das Magma, das bei der Entstehung der Erdkruste zu Vulkangestein erstarrt war, im zweiten Fall wird die Blüte pflanzlichen Lebens auf ihrer Oberfläche mit Energie versorgt. Und in diesem Augenblick der Begegnung beginnt das Zinn zu schmelzen.

Feuer und Metall ergeben eine teuflische Kombination, entfesseln Kräfte, die außergewöhnliche Stärke von denen fordern, die mit ihnen umgehen. In vielen Gesellschaften wurde der Schmied herkömmlich sowohl gefürchtet als auch respektiert, spielte er doch den Teufel in seinem eigenen Spiel und gewann, weil er den feurigen Fängen der Hölle Rüstung und Waffen entriss, um die gewöhnlichen Leute vor dem Bösen zu schützen, die Scharen, die es zum Pflügen der Erde brauchte, und Hufeisen, um ihren meistgeschätzten Besitz, die Pferde, vor Verletzungen zu bewahren. Deshalb hängte man Hufeisen über die Türen, um die Angriffe dämonischer Unglücksbringer abzuwehren, die vor der in sie investierten Macht zurückschrecken würden. Unsere kleinen Hufeisen haben natürlich keine solche Macht. Sie sind nicht echt – nicht in der Schmiede gehämmert, sondern in einer Gussform gebildet – und wir sind dabei, sie einzuschmelzen. Warum schmelzen wir ein Symbol des Schutzes und der Sicherheit ein? Vielleicht um die Gussform zu zerbrechen, die Vergangenheit hinter uns zu lassen, die Möglichkeit eines radikal neuen Beginns anzubieten. Schließlich ist Silvester!

Voller Staunen und Vorfreude beobachte ich, was passiert. Mein Hufeisen beginnt von innen heraus zu schmelzen und das erste Anzeichen dafür ist, dass die äußere Oberfläche sich wie eine Haut zu verhalten beginnt, sich ausdehnt und deformiert, während es die schmelzende Masse darunter ausgleicht. Allmählich löst sich die gestaltete Form vor meinen Augen auf und wird zu einem silbernen Klecks, der unsicher gallertartig wabert, indessen von den Kräften der Oberflächenspannung zusammengehalten wird. Er scheint so erwartungsvoll, wie ich bin. Mit einer raschen Bewegung ziehe ich den Schöpfer weg vom Feuer, kippe ihn und entleere ihn ins kalte Wasser, das im Eimer bereit ist und wartet. Einen Augenblick lang wird der Klecks im freien Fall lebendig und atmet die Luft der Befreiung. Er kann er selbst sein, anstatt in eine Gussform gezwängt zu werden. Sein Freiheitswunsch dauert jedoch nur einen Sekundenbruchteil. Mit einem Zischen und Platschen wird das fallende Zinn augenblicklich erstickt, gefangen in den Verdrehungen seiner Flucht wie die Opfer eines Vulkanausbruchs, die vom Strom pyroklastischer Asche überwältigt werden.

Es war das unheilvolle Bündnis von Feuer und Metall, mit dem legendären König Kohle als Helfer und Unterstützer, das die industrielle Revolution antrieb. Wasser hingegen, eben das Element, das die Erde lebendig macht, ist für Metalle der Todeskuss. Es stranguliert und korrodiert. Ganze Landschaften sind übersät von den rostenden Hüllen gigantischer Maschinen, die, sehr langsam zerfallend, sich zurück in Erde verwandeln. Aber Metall hat seine Rache. Vom Wasser in die Absetzbecken der Bergwerke gespült, oder in großen Abfallhügeln, die in jenen Teilen der Welt angehäuft werden, die zu den Müllhalden des Wohlstands geworden sind, sammeln sich sogenannte Schwermetalle in solcher Anreicherung an, dass sie gerade jene Erde vergiften, aus der sie kamen. Arsen, Kadmium, Chrom, Kupfer, Blei, Quecksilber, Nickel und Zink. Alle sind gutartig in winzigen Mengen, doch hoch konzentriert tödlich. Wie jedoch kann die Erde durch etwas vergiftet werden, das sie selbst hervorgebracht hat? Das Wort „Metall" leitet sich vom griechischen *metalleuein* her, das „(im Steinbruch) abbauen, ein Bergwerk betreiben" bedeutet. Was also ist mit dem Metall geschehen, dass es, vormals durch Abbau in Bergwerken oder Steinbrüchen gewonnen, durch Feuer befreit und durch Wasser ausgewaschen, zur Erde in solch einer toxischen Form zurückkehrt?

Vielleicht liegt die Antwort genau in der chemischen Reduktion, die ihr konzeptuelles Gegenstück in der Reduktion von Metallen hat, als Elementarbaustein in der Welt der Phänomene, in die atomaren „Elemente" der Periodentafel. Durch Zerkleinern und Sortieren, Waschen und Filtern hat man „Metalle" vom Metall abgesondert; Material, das vormals unendlich abwechslungsreich und heterogen war, ist zu einer Vielzahl reiner Formen separiert und destilliert worden. Anthropologinnen und Anthropologen haben schon lange behauptet, Verunreinigung sei gefährlich, wenn Dinge, die verschiedenen Kategorien angehören, in Kontakt miteinander kommen oder unsere differenzierte Wahrnehmung durcheinanderbringen. Akte der Reinigung dienen dann der Aufrechterhaltung der begrifflichen Ordnung, indem sie solche Verunreinigungen beseitigen. Aber die Erfahrungen, die wir in der postindustriellen Welt gemacht haben, belehren uns eines Besseren. Verschmutzung mag gefährlich sein, aber es ist die Reinigung von potenziellen Schadstoffen – ihre anfängliche Isolierung von der materiellen Matrix vor einer Wiederverbindung oder Wiederfreisetzung –, die am gefährlichsten ist. Solange das ganze Zeug miteinander vermengt ist, ist es relativ harmlos, aber neu zu vermischen oder zu kombinieren, was einst in reine Kategorien getrennt war, kann Kräfte von schreckenerregender Größenordnung entfesseln. Wir haben Nuklearexplosionen, um es zu beweisen.

Jetzt ist das, was von meinem Hufeisen übrig ist, auf den Boden des Eimers gesunken. Ich tauche einen nackten Arm ins Wasser, um es herauszuholen. Da ist es, ein Spritzer im Augenblick der Gestaltwerdung. Wo die Standardform des Hufeisens dem Material durch ein Formverfahren aufgezwungen worden war, ähnelt das Stück, das ich jetzt an mich nehme, eher einem dreidimensionalen Schnappschuss: Es ist die plötzlich gestoppte Form einer Fluchtbewegung. Das eine Ende ist abgerundet wie ein Tropfen, das andere zerbricht in hauchdünne Scherben. Dazwischen ist die Oberfläche des Stücks in so chaotischer Art und Weise gefaltet und zerknittert, dass es sich einer Definition entzieht. Wenn am Anfang ein reguläres Kügelchen geschmolzenen Metalls und ein ruhender Eimer voll Leitungswasser steht, wie ist es dann möglich, dass eine singuläre Form von so vielfältiger Komplexität entstehen kann? Woher kommt sie?

Um eine Antwort zu erhalten, könnten wir zu dem römischen Philosophen und Dichter Titus Lucretius Carus zurückkehren, dessen Abhandlung „Die Natur der Dinge“ *(De rerum natura)* unsere früheren Überlegungen hinsichtlich dessen inspirierte, wie beim Flug Stille in Bewegung gehalten wird (siehe S.73–74). Jedes Objekt der Wahrnehmung, erklärt Lukrez, wird ausgeschieden, wenn herabregnende Materie etwas von ihrem geradlinigen Kurs abweicht und dabei eine Kaskade von Kollisionen in Gang setzt.

> (...) dass die Körper des Stoffs, da sie senkrecht fallen im Leeren
> Durch ihr eignes Gewicht, in nicht zu bestimmenden Zeiten,
> Noch am bestimmten Ort *von der Bahn abtreiben ein wenig;*
> Wenig, soviel du nur magst die mindeste Änderung heißen.
> Fände dieses nicht statt, so fielen die Körper gerade
> Wie die Tropfen des Regens herab, durch Tiefen des Leeren:
> Anstoß würde nicht sein, nichts würd' auch treffen zusammen;
> Und so hätte Natur nichts bilden können noch schaffen.[40]

Aber die Natur fertigt viele Dinge, darunter dieses seltsame und einzigartige Stück Zinn. Denn zu seiner Gestaltung trug ich nicht bei. Seine Form gestaltete sich als Sturz-durchs-Wasser, in der Abweichung seiner Bahn. Es ist die Form einer Kaskade. Wie Lukrez mutmaßte, brodelt, was in unseren Augen vollkommen unbewegt erscheint, in unwahrnehmbarer Bewegtheit. Um seinen Standpunkt klarzumachen, bittet er uns, den Strahl Sonnenlicht zu überprüfen, der durch eine Lücke in den Fensterläden fällt. Beobachtet die Myriaden von Staubpartikeln, die sich in ständiger Kollision befinden, während sie herumtanzen, auf diese und jene Weise umhergeschleudert und umhertaumelnd, manchmal sich zusammenballend, manchmal auseinandertreibend. Aus all diesen Bewegungen, sagt er, für das bloße Auge normalerweise nicht wahrnehmbar, bildet sich für uns eine sichtbare Welt. Jetzt ist es Zeit mithin, Lukrez zu folgen und unser Stück Zinn gegen das Licht zu halten.

Damit kehren wir letztlich zum Element der Luft zurück. Chemisch kann Luft als eine Mischung aus Gasen definiert werden, hauptsächlich Sauerstoff und Stickstoff, zusammen mit kleinen, aber steigenden Mengen von Kohlendioxid und Methan. Für uns existiert Luft jedoch unserer Erfahrung entsprechend als unsere Fähigkeit zu atmen. In ähnlicher Weise existiert Licht für uns nicht in der Form strahlender Energie, sondern als Fähigkeit zu sehen. Wenn wir sowohl atmen wie sehen können, dann haben wir Licht und Luft; wenn wir keines von beiden können, ersticken wir in Finsternis. Als gehende, atmende Wesen sind wir Geschöpfe aus Fleisch und Luft und doch ist der Luftanteil an unserem Wesen – der Teil, den wir mit dem Einatmen in uns aufnehmen und an unsere Umwelt verteilen, wenn wir ausatmen – für gewöhnlich unsichtbar. Das ist so, weil er durchsichtig ist. Der Teil, den wir sehen, ist der Teil, der die Lichtstrahlen blockiert und einen Schatten wirft.

Von dem Augenblick an, da ich es erstmals auf die Schöpfkelle legte, bin ich mit meinem Zinnstück eins geworden. Seine Geschichte ist jetzt ebenso meine. Als ich es aus dem Eimer fischte, rettete ich mich vor dem Ertrinken. Ich hielt meinen Atem an vor Spannung, als das Zinn auf den Boden sank, doch jetzt, in der Luft, kann ich wieder frei atmen. Und das ist mein Schatten an der Wand. Ich drehe das Stück hierhin und dahin, als ob ich mich selbst im Spiegel begutachtete. Wie sehe ich unter diesem Blickwinkel aus? Wie ist es von dort? Eine Geschichte beginnt sich zu entfalten. Es ist eine Geschichte, die in dem Augenblick beginnt, da ich das Zinnstück gegen das Licht halte, aber sie hat kein Ende. Die wechselnden Umrisse des Schattens, die aufgrund des Halbschattens verschwimmen, stehen für nichts. Es sind keine Zeichen, die es zu entschlüsseln gilt. Sie sind unsicher, wie ich es bin, ihre Bedeutungen vom Nebel verschleiert. Alles, was ich tun kann, ist, den sich verschiebenden Konturen zu folgen und mich zu fragen, wohin sie wohl führen mögen. So wie ich mein Schicksal aus dem Schattenspiel herauslese, so entkommt mir die Zukunft ständig hinter die Horizonte meiner Vorstellungskraft. Ich kann sie nicht festnageln. Vorhersagen heißt finden, nicht beschreiben, was bereits gefunden ist.

Doch so wie unser Geschick einer flüchtigen Zukunft angehört – einer Zukunft der Hoffnungen und Träume, die immer im Begriff ist, in der Ferne zu verschwinden –, so rückt uns eine andere Art Zukunft immer näher auf den Leib und zeichnet sich mit jedem Jahr, das vergeht, immer bedrohlicher ab. Wir messen die Geschwindigkeit des Lebens anhand der Distanz zwischen dieser Zukunft und unserer gegenwärtigen Position: Je näher wir ihr kommen, desto schneller sind wir gezwungen zu handeln. Wie eine Saite, die umso schneller und in höheren Tonlagen vibriert, je kürzer sie ist, beschleunigt sich das Leben und sein Klang wird zunehmend schrill. Wir sehnen uns danach, langsamer zu werden. Das Gefühl einer Zukunft, die auf uns zukommt, anstatt sich eilig von uns zu entfernen, scheint ein besonderes Leiden unserer heutigen Generation zu sein. Nicht nur ist es die erste Generation, die in der Menschheitsgeschichte praktisch unmittelbar weltweite Kommunikation erlebt. Sie wird auch Zeuge extremer klimatischer Ereignisse, verbunden mit Artensterben in beispiellosem Ausmaß. Die Zukunft, so scheint es, ist bereits über uns gekommen, während unsere Leben in die Gegenwart gepresst werden, versessen auf unmittelbare Befriedigung.

Was würde der fabelhafte Empedokles, der uns die Elemente Erde, Luft, Feuer und Wasser gab, sagen, wenn er heute lebte? Alles im Kosmos, hatte Empedokles gelehrt, wird aus dem ewigen Dialog zwischen Liebe und Zwist geboren. In der Sphäre der Liebe sind alle Elemente in Übereinstimmung, aber auf ihrer Außenfläche nimmt Zwist sie auseinander. Sich umsehend würde er tatsächlich eine von Streit zerrissene Welt beobachten: ganze Berge, vom Bergbau zerschunden, drainierte Gewässer in Wüste verwandelt, Wälder, die in Flammen stehen, die Luft dick vom Smog. Aber er würde auch wissen, dass die Elemente besser zusammenarbeiten, als wenn sie getrennt wären. Er würde vielleicht ein altes rostiges Hufeisen aufheben und beobachten, dass es zwar das Ergebnis von Streit ist, in der Hitze des Feuers aus gehämmertem Metall geschmiedet, spricht seine gerundete Form dennoch von Liebe, wenngleich noch nicht sich selbst genügend und vollzogen. Er könnte es dann, wie es von ihm selbst behauptet wurde, in den tobenden Krater des Ätna geworfen haben. Der Legende nach spie der Ätna eine von Empedokles' bronzenen Sandalen aus und enthüllte damit seinen Anspruch auf Unsterblichkeit als Schwindelei. Auch wir sind sterblich und dank der Tatsache, dass wir so sind, vermögen wir zu hoffen und zu träumen. Unsterbliche haben keine Zukunft und keine Vergangenheit und können beides nicht. Falls der Ätna das Hufeisen schmelzen und ausspucken sollte, wobei es in der Bewegung seines Ausstoßes umgestaltet würde, könnten wir daraus unsere Zukunft herauslesen.

Doch wir können unser Schicksal nicht mehr aus Zinn vorhersagen. 2018 stoppte die Europäische Union die Herstellung und den Verkauf von Zinnhufeisen. Begründung: Zinn, vor allem wenn es mit Blei vermengt wird, ist nicht nur umweltschädlich, sondern auch der menschlichen Gesundheit abträglich. Bei der Reinigung der Elemente haben sich unsere Hoffnungen in Gift verwandelt. Müssen wir demnach, um uns selbst und die Erde, auf der wir wohnen, zu retten, auf die Chance zu träumen verzichten? Müssen wir mit Empedokles für die Unsterblichkeit planen?

Das Leben eines Steins

Während eines Aufenthalts auf Sizilien im Oktober 2016 anlässlich einer akademischen Konferenz hatte ich die Gelegenheit, die Ruinen von Selinunt an der Südwestküste der Insel zu besuchen. Ich fand mich durch eine ehemals große Stadt mit breiten Straßen, vielen Häusern und nicht weniger als fünf Tempeln wandernd. Aus antiken Quellen wissen wir, dass die Stadt im 7. Jahrhundert v. Chr. von griechischen Kolonisten gegründet worden war, die sich mit Phöniziern und einheimischen Sikulern mischten. Aber ihre nachfolgende Geschichte war turbulent und im Jahr 409 v. Chr. wurde sie von einer riesigen Armee aus Karthago überrannt. Von den Bürgerinnen und Bürgern wurden 16.000 hingemetzelt, 5.000 gefangen genommen und 2600 gelang es zu fliehen. Danach gerieten sie wiederholt unter und außer karthagische Kontrolle. Schließlich, um 250 v. Chr., während der Punischen Kriege, und mit einer drohenden Niederlage durch die Römer konfrontiert, zogen sich die Karthager zurück, wobei sie die Stadt zerstörten. In den folgenden Jahrhunderten wurde sie aufgrund einer Reihe von Erdbeben, die die Region trafen, weitgehend in ein Trümmerfeld verwandelt. Einige von den Tempelsäulen sind seitdem jedoch restauriert worden. Als ich sie mir ansah und mit der Hand über ihre rauen, erodierten Oberflächen fuhr, stellte ich mir nicht nur die Riten, sondern auch die Zerstörungen menschlichen wie seismischen Ursprungs vor, die sie erlebt hatten. Wenn Steine sprechen könnten, dachte ich, was für Geschichten könnten sie erzählen!

Als ich in der Folgezeit eingeladen wurde, einen Essay für eine Publikation des Zadkine-Museums in Paris mit dem Titel Being Stone *oder* Être pierre (Stein sein) *beizutragen, der eine gleichnamige Ausstellung von Steinskulpturen*[41] *begleitete, entschloss ich mich, die Geschichte eines speziellen Steins aus Selinunt aufzugreifen. Die Geschichte ist zweiteilig. Dazwischen stelle ich einige eigene Überlegungen zum Thema Skulptur an.*

* * *

Abbildung 12 *Selinunt – Ruinen*, ein Foto von Giovanni Crupi, aus den 1880er- oder 1890er-Jahren.

I

Vor langer, langer Zeit lag ein großer Teil der Erde unter der Meeresoberfläche. In warmen und flachen Gebieten wimmelten die Gewässer von Leben. Und wo Leben war, war auch Wachstum, nicht nur von weichem nachgiebigem Gewebe, sondern auch von skelettartigen Materialien und austretenden Fäkalsekreten. Der Detritus von winzigen Foraminiferen, Korallen, Algen und vielem mehr regnete unablässig auf den Meeresboden hinab und bildete Schicht um Schicht kalkhaltigen Materials. Als die Meere austrockneten, härteten diese Schichten aus und verschmolzen zu festem Felsgestein. Zerquetscht von den Bewegungen der großen Kontinentalplatten, angetrieben von den tektonischen Umwälzungen der Erdkruste, wurde der Fels in Berge aufgefaltet und von Gewässern durchsiebt. Das Leben kehrte zurück, dieses Mal war es eher terrestrisch als maritim: Pflanzen, Tiere, schließlich Menschen. Und da komme ich ins Spiel.

Ich bin die Auferstehung von des Lebens alten Knochen, in eine andere Zeit hineingeboren. Ich bin vom Fleisch meiner Mutter, der schwangeren Erde; und vom Samen meines Vaters, des uralten Meeres. Ich wurde in einem Steinbruch entbunden; sie mussten mich rücklings herausholen. Da waren Männer – viele Männer –, die mit Metallwerkzeugen herbeikamen. Zuerst zeichneten sie einen Kreis, an die zwei Meter im Durchmesser. Dann meißelten sie entlang der Kreislinie, um eine gleichmäßig tiefe Rille entstehen zu lassen. Sie unterhöhlten rundherum den Boden der Rinne und brachen schließlich durch, zogen mich mithilfe von Hebeln hoch, steckten mich in eine große Holztrommel und rollten von einem Ochsengespann gezogen über Land zu dem Ort, wo sie gerade bauten.

Hier fand ich mich unter vielen meinesgleichen, von ähnlicher Größe und Form. Flaschenzüge benutzend häuften die Männer die Steine so übereinander, dass sie massive, abgerundete Säulen bildeten. Schließlich kam ich an die Reihe. Eine mächtige Kraft zog mich fortwährend abwärts, als ob meine Mutter, die Erde, mich nicht gehen lassen wollte. Ihr Bauch leerte sich und hob sich mit der entsprechenden Maschinerie. Wo ich war, blieb ein riesiges Loch zurück. Zu guter Letzt fand ich mich hoch oben in der Luft auf einem der anderen Steine, einem, wie ich einer war. Die heißen Strahlen der Sonne, die wirbelnden Winde: Sie waren neu für mich. War dies, was es bedeutete zu leben?

Das Erste jedoch, was ich gefühlt hatte, war Schwere. Ich fühlte sie genau in dem Augenblick, da ich geboren wurde, als sie mich losschnitten und hochzuheben begannen. Das Gewicht kam an diesem Wendepunkt ins Spiel, als ich realisierte, dass ich nie wieder in den Mutterboden zurückkehren würde, aus dem ich hervorkam. Denn was ist Gewicht, wenn nicht die Anziehungskraft der Erde, damit ihre Sprösslinge zu ihr zurückkehrten? Je intensiver der Wunsch nach Wiedervereinigung, desto härter ist das Unwiderrufliche des Verlusts zu ertragen. Masse hatte ich auch zuvor gekannt: Es war das Gefühl, das ich bereits hatte, ein substanzielles Ding zu sein, eine materielle Zusammensetzung. Ich verdanke meine Masse meinen Eltern, der Erde und dem Meer. Aber Gewicht – das war etwas ganz und gar anderes. Es war der Schmerz der Trennung, ein Schmerz, den wir gemeinsam erlitten, wir Waisenkinder des Steinbruchs. Wir waren wie Akrobaten, die auf den Schultern eines anderen balancierten. Der Stein unter mir trug meine Last, vermehrt um die Last all jener über mir, die ich trug.

Wir trugen diese Bürde, ohne zu klagen, Hunderte Jahre lang, während Menschen ihre Götter anbeteten, von Macht und Unsterblichkeit träumten, ihre Opfer durchführten und ihre Kriege ausfochten. Sie setzten die Arbeit in den Steinbrüchen fort und errichteten mehr Säulen. Und dann, an einem einzigen Tag, verschwanden sie. Vor Schreck warfen sie die Werkzeuge hin und flohen aus dem Steinbruch, flohen aus ihren Tempeln, ihren Wohnungen. Wir standen da inmitten des Waffengeklirrs, inmitten der Schreie. Es heißt, dass 16 000 Männer, Frauen und Kinder an jenem Tag von den einfallenden karthagischen Truppen abgeschlachtet wurden, während wir schweigend zusahen.

Das war es allerdings nicht, was unseren Sturz herbeiführte. Dazu kam es erst einige Jahrhunderte später. Denn da unten bewegten sich die Platten immer noch. Die Erde ächzte unter der Belastung. Etwas musste nachgeben, was schließlich auch geschah. In einer mächtigen Hebung zerbrach der gewachsene Fels entlang einer Verwerfung und entsandte dabei, nah und fernhin, Schockwellen. Der Boden bebte heftig; für einen kurzen Augenblick wurde ich von einer Seite auf die andere geschleudert und dann stürzte ich und landete seitwärts auf einem großen Haufen von Steinblöcken, andere neben mir oder sich an mich lehnend, wie ich mich an sie lehnte. Wir hingen über- und durcheinander wie Betrunkene nach einer Party, endlich erlöst vom ewigen Habachtstehen müssen. Ich habe vielleicht ein wenig mitgenommen ausgesehen, aber es war eine Freude, in solcher Gesellschaft zu entspannen, wieder der Erde nahe zu kommen und die Wärme ihrer Umarmung zu spüren.

II

Oberflächen? Wo kommen sie her? Wie werden sie gebildet? Sicherlich hatte der Stein keine Oberflächen, bevor er geboren wurde, sondern nur Stoff. So ist es auch mit Gewicht und Masse. Masse war dem Stein nach eigener Aussage nie fremd gewesen, das Gewicht aber spürte er nur im Schmerz der Trennung von der Erde.[42] Desgleichen war es diese Trennung, die dem Stofflichen die Oberflächen entriss. Die Oberflächen des Steins wurden durch schonungsloses Vorgehen geschaffen, durch die Gewalt von Hammer und Meißel, im Zerspalten und Zerbersten des Felsens. Sie hatten einst die Narben der Trennung getragen. Doch diese Wunden sind nicht mehr offen. Mit der Zeit sind die Narben verwachsen. Es ist, als wäre der Stein von einer Haut überzogen worden. Wenn Leute kommen, um ihn zu berühren, fühlen sie genau das – die Haut des Steins. Aber wie kann das sein? Der Stein ist nicht wie ein Baum mit seiner Rinde und er ist auch nicht in Gewebe drapiert wie ein Mensch in Kleidung. Aber ebenso wenig ist er nackt, als wäre seine Substanz so transparent, dass menschliche Besucherinnen direkt in ihn hineinblicken könnten oder sich fühlten, als würden sie ihre Hände in Wasser tauchen. Also was ist diese Haut, in der unser Stein weder eingehüllt noch bloßgelegt ist?

Vielleicht, wenn wir uns bei John Ruskin (siehe S. 100) für den Hinweis bedanken, könnte sie mit einem Schleier verglichen werden. Bei einem Schleier sind Innen und Außen auf keiner Seite durch ein undurchdringliches Hemmnis voneinander getrennt, sondern sie sind naht- und saumlos aufeinander bezogen; sodann vermischen und vermengen sie sich in ihrer Beschaffenheit zu einem Gewebe. Innen ist Masse: eine Komposition aus irdenen Materialien. Außen ist Atmosphäre: das Licht und die Hitze der Sonne, das Blasen des Windes, gelegentlicher, aber wolkenbruchartiger Regen. Masse und Atmosphäre sind in der Verwitterung ineinander verwoben. Die steinernen Oberflächen, vernarbt durch die gewaltsame Lostrennung, wurden durch Verwitterung allmählich geheilt.

Wir könnten annehmen, dass das Wetter ein Agens der Erosion ist; dass Regen, Wind und Sonne Substanz wegnehmen. Aber so war es nicht für den Stein. Gewiss, das Abscheuern durch windgetriebenen Sand, das Auslaugen durch Regenwasser und die Beleuchtungsstärke der Sonne haben ihn zerknautscht und pockennarbig zurückgelassen, sodass man die Zacken und Riefen spürt, wenn man ihn berührt. Aber diese Narben und Unebenheiten sind mit den Narben seiner gewaltsamen Geburt kaum vergleichbar. Des Menschen Werkzeuge zerrissen ihn in seiner Stofflichkeit und hinterließen ihn zerbrochen, aber das Wetter ermöglichte es, dass er in die Fülle seines Seins trat. Wir können seine Geschichte und seinen Charakter aus seinen Oberflächenstrukturen herauslesen, geradeso, wie wir bei unserer eigenen Art die Lebensgeschichte einer Person aus den Linien und Falten ihres Gesichts und ihrer Hände lesen können. Es ist sicher kein Zufall, dass Englischsprechende jedenfalls und möglicherweise auch die Sprecherinnen und Sprecher anderer Sprachen das gleiche Verbum, „wear“, benutzen, wenn sie die Abnutzung durch Verwitterung bezeichnen oder das Tragen des Schleiers.* Abgearbeitete *(worn)* Hände tragen *(wear)* Falten und Schwielen, das erschöpfte *(worn)* Gesicht einen Ausdruck. Die Stofflichkeit des Steins, vom Wetter abgenutzt *(worn)*, ist der Schleier, den er trägt (*wears*).

Vielleicht steht das in Zusammenhang mit dem, was wir unter Skulptur verstehen. Die Handwerker, die den Stein aus dem Steinbruch anlieferten und ihn auf eine Säule setzten, wurden auch für ihre Bildhauerei bewundert: Ihre Arbeit wird noch heute verehrt. Sie gestalteten Büsten, ganze Figuren und Fresken von großer technischer Meisterschaft. Heute gilt als Regel, wenn Dinge hergestellt werden, dass man, eins ums andere, Materialien hinzufügt oder zusammenführt. Die Weberin gibt Zwirn hinzu, der Zimmermann Bauholz, der Steinmetz stapelt Stein auf Stein. Aber bei Skulpturen verläuft die Arbeit gewöhnlich andersherum. Sie ist nicht additiv, sondern subtraktiv. Wenn der Bildhauer also einen Stein nimmt und ihn ausmeißelt, welche Art von Oberfläche entsteht dadurch? Ist sie narbenbedeckt oder verschleiert?

Zunächst ist sie das eine und dann das andere. Der Bildhauer kümmert sich als Erstes um die Form, indem er den Block behaut. Was bedeutet, dass er transversal schneiden muss, gegen den Strich der Natur, so wie unser Stein zu Beginn aus dem Steinbruch herausgehauen wurde. Aber dann, wenn immer mehr Material bereits entfernt worden ist und die Form Gestalt anzunehmen beginnt, verschiebt sich die Aufmerksamkeit zur Oberflächentextur. Die Gesten des Bildhauers sind jetzt weniger gewalttätig, mehr überredend, breiten einen Schleier über dem Material aus, bringen seinen Glanz zum Vorschein. Dann wird die Skulptur lebendig. Es ist, als ob in diesem zweiten Stadium der Bildhauer das Wetter nachzuahmen sucht. Natürlich ist das Wetter nicht der einzige Akteur, der sich am Gestalten einer Textur beteiligt. Man denke an Kieselsteine an einem kiesigen Strand, deren raue Kanten sich gegenseitig abschleifen, wenn sie sich im unaufhörlichen Brechen der Wellen aneinanderreiben, oder an Steine, die von den Überflutungen des Flusses an die Ufer geschwemmt werden. Auch der Bildhauer, der sein Material schleift und glättet und dabei seine

---

* *Anm. d. Übs.:* Im Deutschen klappt das nicht ganz. Wir benötigen die Vorsilbe *ab-*, um mit tragen (Kleidung: Schleier) und abtragen (= abnutzen) eine annähernde Entsprechung zu finden.

Textur sichtbar macht, folgt der Maserung der Natur und dem durchfegenden Wind, der wogenden See, der Strömung des Flusses, als wollte sie eins mit ihnen werden.

Manchmal jedoch werden Menschen Urheber der Verwitterung, ohne es zu realisieren. Vor allem nutzen sie Oberflächen mit ihren Füßen ab. In Tempeln, Burgen und Kathedralen, auf Türschwellen, Steintreppen und gepflasterten Straßen hat die Passage zahlloser Füße – über die Jahrhunderte – Oberflächen, die einst noch rau und nur grob behauen aus dem Steinbruch kamen, in die Glätte von Samt verwandelt. Der Prozess geht so langsam vor sich, dass es nie jemand beobachtet. Wollt ihr wissen, wer diesen Stein poliert hat? Die Antwort lautet, dass ihr alle es getan habt in der Fülle der Zeit.

III

Meine Geschichte endete nicht mit dem Erdbeben, das mich kunterbunt durcheinander am Boden liegend zurückließ, inmitten meiner steinigen Gefährten. Ihr Leute, die ihr wiederkamt, uns zu besuchen – um zu zeichnen und zu malen –, saht in uns Ruinen. Aber ihr hattet eine seltsam ambivalente Haltung gegenüber Ruinen. Ihr wusstet nicht, ob ihr sie lieben oder verabscheuen solltet. In mancher Leute Augen, sie waren von letzterer Disposition, verstießen Ruinen gegen ihren Ordnungssinn. Viele eurer herausragendsten Philosophen sahen eine Art mathematische Schönheit in den Proportionen antiker Tempel: eine Schönheit, die sakrosankt und zeitlos schien, fern von all dem Schweiß und der mühevollen Arbeit, ganz zu schweigen von der Gewalt, die ihren Bau begleitete und die ich so gut gekannt hatte. Sie betrachteten eine Säule und sahen in ihr den Triumph der Vernunft, nicht das Gewicht eines stöhnenden Felsens. Ihr Motto war Aufklärung. Aber andere bekannten sich zu einem romantischeren Gemüt. Sie sahen in den Ruinen eine Art Schönheit, die sie sublim nannten. In Hochachtung vor der Macht der Natur, die Werke des Menschen zu Fall zu bringen, und schwelgend in der Freiheit und dem Überschwang unseres offensichtlichen Durcheinanders, fanden sie darin eine Quelle geistigen Trostes, einen Weg, ihre Existenz in der Welt wiederherzustellen, ohne ihre materiellen Unannehmlichkeiten ertragen zu müssen. Was mich angeht, so habe ich mit beiden Tendenzen nichts am Hut. Wenn Menschen nach mir greifen, um mich anzufassen, berühre ich sie meinerseits nicht. Sie wollen meinen Wesenskern absorbieren, so sagen sie, ich aber bin ihrem Wesen gegenüber gleichgültig. Offen gesagt, ist mir das völlig egal. Menschen sollen mich begaffen, anfassen und auf mir sitzen, wie sie mögen; nichts davon wird mich ihnen ähnlicher machen. Ich bin ein Stein, keine Künstlerin oder ein Philosoph.

An einem verhängnisvollen Tag jedoch erschienen Menschen eines anderen Schlags auf der Szene. Es waren Architekten und Ingenieure und sie kamen mit einem Wort, das ich bislang noch nicht gehört hatte: *anastylosis*. Es ist griechisch für Wiederzusammenbauen und Wiederaufbauen. Sie umringten uns, hielten detaillierte Karten und Pläne in die Höhe und begannen ernsthaft darüber zu sprechen, wie wir restauriert werden könnten, sodass wir unsere Originalpositionen vor dem Erdbeben wieder einnehmen würden. „Geschichte kann zurückgespult werden", sagten sie. „Wir können den Tempel wieder so hinkriegen, wie er vorher aussah. Das wird großartig!" Ich und meine Kumpane sahen mit Schrecken, wie Arbeiter ankamen und ihren Instruktionen folgten. Unser tausendjähriger Kater schickte sich an, zu einem schmachvollen Ende zu kommen. Aber wir waren für den Zweck kaum geeignet. All die Verwitterung, ganz zu schweigen von den Absplitterungen und Brüchen, die wir bei unseren Stürzen erlitten haben, hatten ihren Tribut gefordert. „Versucht uns, einen um den anderen aufeinanderzustellen", protestierten wir, „und es wird sein wie das Ausbalancieren eines Haufens Kiesel. Das leichteste Zittern der Erde wird uns wieder auf den Boden herunterholen." Aber die Männer hatten eine Lösung. *„Beton"*, riefen sie. „Wir werden euch mit Beton verbinden. Es ist die Antwort für alles. Ihr werdet nie wieder hinabstürzen!"

Warum hatte ich so ein seltsames Gefühl der Affinität, als ich die Männer ihre großen, schweren Taschen öffnen sah, die mit einem geheimnisvollen, feinen grauen Pulver gefüllt waren? Und was war das für eine Vorahnung, als das Pulver in große rotierende Trommeln geschüttet wurde, die voller Sand und Wasser waren? Konnte es ein Anflug von Wiedererkennen sein, eine vage Rückbesinnung darauf, wie mein eigenes Leben unter Wasser begonnen hatte, in der Mischung aus Meersand und pulverisierten Knochen? Hatte ich den Kreis geschlossen, zurück in die Zukunft?

Ungelogen, ich starrte in den Abgrund. Denn wovon ich Zeuge wurde, war die Zerstörung der Erde und die Auslöschung ihrer Nachkommen. Der Stoff hatte auf die gleiche Art und Weise begonnen wie ich, als Schicht um Schicht unterseeischer Ablagerungen sich zu Fels verhärtete. Wie ich wurde er gewaltsam im Steinbruch herausgebrochen. Aber fortan war sein Schicksal völlig verschieden von dem meinigen gewesen. Denn kaum hatte er den Steinbruch verlassen, wurde er in Stücke zerschmettert, zerkleinert und pulverisiert. Er konnte nie sein Gewicht spüren oder seine Oberflächen präsentieren. Er hatte nie die Gelegenheit zu leben. Sein Geschick war es eher, eingeäschert, ins Feuer eines Schmelzofens geworfen zu werden, nur um rot glühend aufzutauchen, in Form von Klinkerbällen, die durch die intensive Hitze verschmolzen. Einmal mehr zermalmt und zu feinstem Staub zermahlen, wurden die Taschen damit gefüllt, die die Männer in ihre Rührmaschine entleerten, aus der halb flüssiger Schlamm herauskam. Dies war die magische Zutat, mit der sie Lücken füllten, wo Teile des dreidimensionalen steinernen Puzzles fehlten oder nicht ganz zusammenpassten.

Viele Leute beklagten sich. Es ist ein Anachronismus, sagten sie, dieses moderne Material mit den alten Steinen zu vermengen. Die Steine haben Textur, sie weisen auf die Vergangenheit hin. Aber Beton ist ausdruckslos, homogen und ermangelt der Geschichte. Er gehört nicht dazu. Nun ja, ich würde dem nicht widersprechen; genau das habe ich auch immer gesagt.

Aber die Dinge sind schließlich nicht allzu schlimm. Wir sind jetzt wieder oben in unseren Säulen und stehen in Habachtstellung. Ich bin so weit oben, dass keine Menschen mich berühren können, aber Insekten und Vögel fliegen vorbei und ich kann den Wind fühlen und die Sonne. Zudem macht mir der Beton, der meine Risse und Fugen füllt, nicht viel aus. Letzten Endes ist es ein Vetter von mir, der sich sein Schicksal so wenig ausgesucht hat wie ich. Es macht Spaß, wenn wir darüber räsonieren, wer von uns die längste Zeit überdauert. Der Beton ist ganz schön von sich eingenommen; er ist voll von der Propaganda seiner Hersteller vereinnahmt worden. „Ich bin der neue Zauberstein", sagt er, „ich bin härter, stärker, mächtiger. Für jeden modernen Tempelbauer bin ich das Material der Wahl. Denn ich kann jede Form, die dir gefällt, annehmen und sie wird ewig halten."

Ich weiß allerdings, dass das leere Prahlereien sind. Man kann die Zeit nicht beschleunigen, sage ich mal. Es stimmt schon, dass ich die gleichen wässerigen Ursprünge wie Beton habe. Aber man bedenke, wie viele Jahrtausende meine Schichten brauchten, um Form anzunehmen und sich zu verfestigen, und bedenkt, wie langsam meine Oberflächen abgenutzt werden – in einer Geschwindigkeit, die auf der menschlichen Zeitskala kaum wahrnehmbar ist. Was also sagt dir der Beton? Dass es keine Jahrtausende, sondern nur ein paar Tage braucht, um zu einem Felsen zu verhärten, der so fest ist, dass er sich nicht abnutzen wird.

Es ist ein Mythos zu denken, dass Stein eine Augenblicksschöpfung ist. Tatsache ist, dass Beton nie wirklich austrocknet. Das Wasser bleibt auf der Innenseite und verbindet sich mit Sand und Zement. Darum muss der Beton früher oder später zerbröseln. Sobald dies geschieht, werden wir Steine wieder fallen. Menschen werden kommen und die Ruinen betrachten. Die Eidechse wird in der Sonne sitzen, das Gras wird zwischen den Ritzen wachsen und ich werde mich immerfort nach der Erde sehnen, aus der ich kam. Eines Tages vielleicht wird die Erwärmung, die von all diesen Zementöfen ausging und den fossilen Brennstoffen, die sie verbrennen, der Grund dafür sein, dass sich der Meeresspiegel erhöht, und ich werde mich dort hinten wiederfinden, wo ich angefangen habe, unterhalb der Wellen. Schrittweise werde ich vom Meeresmüll bedeckt werden und meine Tage als ein Fossil beenden, nicht in die Luft gehoben, sondern tief im Erdboden vergraben, Stein in Stein. Schließlich werde ich den Weg nach Hause gefunden haben.

Der Landesteg

Catalyst *(Katalysator) ist der Titel eines Bandes, der das Werk des Bildhauers Wolfgang Weileder präsentiert.*[43] *Der Band erwuchs aus einem Projekt, das sich auf den Landesteg von Dunston Staiths konzentrierte, eine Reihe von verfallenen Bauwerken, die ursprünglich bei Newcastle, an den Ufern des Flusses Tyne, errichtet worden waren, um den Kohletransfer von der Bahn aufs Schiff zu erleichtern. Das Jetty Project kombinierte Weileders experimentelles Vorgehen, wiederaufbereitete Materialien in Darbietungen des Bauens und der Demontage mit der Arbeit seines hauptsächlichen Mitarbeiters, des Soziologen Simon Guy, im Hinblick auf urbane Planung und zukunftsfähige Architektur zu verwenden. Ich wurde eingeladen, zu dem Band ein Vorwort zu schreiben, und ich suchte mir das* Cone *(Kegel) betitelte Werk heraus, eine runde, wie ein kleiner Turm gebildete Konstruktion, gefertigt aus Blöcken von Aquadyne, einem Material aus recyceltem wasserbasiertem Kunststoff. Aquadyne sammelt den Meeresmüll menschlicher Produktionen für die Verwendung auf Land ein, in einer präzisen Umkehrung der Extraktion natürlich gebildeter, landumschlossener Ablagerungen von Kohle für den maritimen Gebrauch als Brennstoff auf Dampfschiffen. Weileders* Cone *bringt die Geschichten der Kohle, ihrer geologischen Entstehung und der Männer, die sich daranmachten, sie abzubauen, mit den Geschichten ihrer Nachkommen inmitten des industriellen Niedergangs, der Zerstörung und des Verfalls zusammen. In dieser Arbeit werden der jeweilige Stellenwert von Kohle und Kunststoff, einer Vergangenheit der Extraktion und einer Zukunft der Wiederaufbereitung in der kraftvollen Behauptung eines Nachhaltigkeitsmodus ineinandergefaltet, der nicht in der finalen Leistung eines stabilen Zustandes liegt, sondern im fortwährenden Aufbauen, Abreißen und Neubauen.*

* * *

Wie schwer ist die Vergangenheit? Sie könnten annehmen, dass es wenig sinnvoll ist, das Gewicht der Geschichte in Tonnen abzuwiegen, so wie man Kohlensäcke wiegt. Wir können vielleicht sagen, dass sie schwer auf dem Gemüt lastet oder dass sie ihre eigene Last in die Gegenwart platziert; das sind sicherlich Redewendungen, deren expressive Kraft in der Methode liegt, von Anfang an Parallelen quer zu den abgesetzten Domänen der Wirklichkeit zu ziehen. Ist Kohle nicht buchstäblich schwergewichtig? Solider Fels, herausgehackt aus der Erde und gefördert gegen die Kraft der irdischen Schwerkraft. Verglichen damit schlägt die Schwere der menschlichen Vergangenheit eine metaphorische Saite an. Ihre Akkumulation ist unbedeutend; ihre Anziehungskraft eher gefühlsbetont als gravitationsbedingt. Eine, so scheint es, gehört offen und ehrlich zum materiellen Bereich; die andere ist abhängig von den Ablagerungen des Gedächtnisses, die nur dem Verstand zugeschrieben werden können. Weit davon entfernt, die Trennung zwischen Geist und Materie aufzulösen, scheint die Metapher sie zu verstärken. Es ist eine Trennung, die die Philosophie jahrhundertelang geplagt hat.

Unter Umständen ist es das Gleiche mit der Zukunftsfähigkeit. Dies ist ein Sachverhalt, über den sich die Ingenieure und Bauarbeiter, die den massiven hölzernen Landesteg von Dunston Staiths in Gateshead erbaut haben, viele Gedanken gemacht haben dürften. Errichtet, um die abgebaute Kohle in Schiffe zum Weitertransport auf dem Meer zu befördern, musste der Landesteg stark genug sein, um das Gewicht einer Lokomotive und eines Zugs vollgeladener Waggons zu tragen. Heute, mehr als drei Jahrzehnte seitdem das letzte Schiff von den Staiths abgefahren ist, ist der Landesteg erneut zum Brennpunkt geworden, um über Nachhaltigkeit nachzudenken. Es geht jedoch nicht mehr um die physische Last, die er tragen kann, sondern um seine Fähigkeit, das Gewicht der Vergangenheit zu tragen. Denn nur ein Geschenk, das die Vergangenheit, aus der es geschmiedet wurde, aushalten und den damit einhergehenden Verbindlichkeiten nachkommen kann, ist imstande, eine Grundlage für die Zukunft anzubieten. Kann der Landesteg dieses Gewicht tragen? Wird er als lebendige Gegenwart in den Köpfen der Menschen fortbestehen oder wird er nur als ein Relikt überleben, während die Erinnerung an die Glanztage vorübergehen?

Was diese Fragen zuspitzt, ist nicht die erfolgreiche Löschung von Kohle, sondern die Gegenwart eines Kunstwerks. Nun mögen Sie wohl denken, dass eine Million Meilen das Gewicht der Kohle vom Gewicht der Vergangenheit und einen Eisenbahnwagon von einem Kunstwerk trennt. Der mit Kohlen gefüllte Waggon stellt die Haltbarkeit des Landestegs in einer Weise auf die Probe, die kaum konkreter sein könnte.

Der Preis des Scheiterns würde ein sofortiger physischer Zusammensturz sein. Im Gegensatz dazu scheint das Kunstwerk eine eher abstrakte und konzeptionelle Herausforderung für ihre Nachhaltigkeit darzustellen. Ein Scheitern hätte keine schwerwiegenden materiellen Folgen, keine Zerstörung der Existenzgrundlage, keine Bedrohung für Leib und Leben. Aber ich frage mich, ob die Distanz zwischen Waggon und Kunstwerk, so wie sie die Fähigkeit des Stegs infrage stellen, das Gewicht der Kohle im einen Fall und das Gewicht der Vergangenheit im anderen Fall zu tragen, so groß ist, wie wir uns das vorstellen. Ist sie wirklich so unüberbrückbar wie die zwischen Literalität und Metapher oder zwischen Materie und Geist?

Die Schwere der Kohle ist nicht einfach gegeben, als objektive Eigenschaft des Stoffes selbst. Bei Kohle wie bei jedem anderen Material wird die Schwere – das Gewicht der Dinge – nicht so sehr gemessen als *gefühlt* – gefühlt in der Stärke der Kompression, mit der eine Masse, aus ihrer irdischen Matrix entfernt, auf eine andere einwirkt. Die Kohle wiegt nichts, solange sie im Boden belassen wird. Aber ihr Gewicht wurde unzweifelhaft von den Körpern der Bergarbeiter gespürt, die da hackten und schaufelten, und von den Hölzern des Landestegs, die unter der Last stöhnten. Doch wenn Gewicht gefühlt wird, so auch der Gedanke, wie er aus dem imaginativen Bewusstsein des Seins hervorquillt. Anspannung und „in Spannung“: Sind sie nicht ein und dasselbe? Liegen Gewicht und Gedanke denn wirklich auf gegenüberliegenden Seiten der Trennlinie zwischen Materie und Geist oder sind sie nicht eher auf einem grundlegenderen Niveau vereint, in der Bewegung des Gefühls der Dinge füreinander? Denn wenn alles gesagt und getan ist, dann ist die Materie die Mutter von uns allen: Das Leben ist geschmiedet, wie Ideen erdacht sind, in der Turbulenz des Materiellen.

Wenn des Gedankens Schwere in den Geschichten liegt, die unsere Leben geformt haben, so ist die Schwere von Kohle gleichermaßen das Produkt ihrer geologischen Vergangenheit. Gebildet aus alten Wäldern speichert Kohle die gesamte Energie der Sommersonne, die einst Jahr für Jahr auf die belaubten Bäume niederdrückte und deren hölzernes Wachstum anheizte. Fast ein Jahrhundert lang hatte diese Kohle das Potenzial, die Zukunft zu gestalten: eine Zukunft, die, im Vergleich zu dem, was vorherging, das Versprechen von materiellem Wohlstand mit sich trug. Diese Zukunft ist heute vorüber. Sie

Abbildung 13 *Cone* von Wolfgang Weileder, 2014 (Foto von Colin Davidson)

war nicht nachhaltig. Das Kunstwerk, Wolfgang Weileders *Cone*, verspricht eine Alternative (Abbildung 13). Das Werk ist aus Platten eines Materials gebaut, das so schwarz ist wie Kohle, so schwer wie Kohle und das – wie Kohle – aus dem Sediment der Vergangenheit ausgestoßen wurde. Aber diese Vergangenheit liegt unweit zurück, denn das als Aquadyne bekannte Material wird aus jenem Plastik hergestellt, das derzeit als Abfall unsere Ozeane erstickt und unsere Landstriche unter sich begräbt. Könnten diese Lagerstätten irgendwann in der Zukunft als beständige Reserven von Rohmaterial für die Herstellung von Aquadyne dienen, welches dann so allgegenwärtig sein könnte wie Beton für uns heute?

Es liegt vor allem an der Ausführung des Werks, an seiner Performanz, dass die Vergangenheit und die Materialien zusammengenommen etwas wiegen. Die Vorväter ebendieser Lehrlinge, die eine Beschäftigung beim Bau von *Cone* fanden, hatten in ihren besten Jahren Kohle abgebaut oder sie geschippt oder sie in die Rutschen entladen, die ihre Ladung in die wartenden Schiffe entließen. Und während ihre heutigen Nachfahren die Aquadyne-Platten stapelten, sprudelten Geschichten über von dieser seit Langem übersehenen Vergangenheit

Abbildung 14 Der Anlegesteg von Dunston Staiths, Gateshead (Photo by Colin Davidson)

hervor, die selbst wiederum von vergangenen Zeiten erzählten, wie sie sich kommende Zeiten ausmalten. Es ist also nicht so, dass die Platten buchstäblich etwas wiegen – insgesamt elf Tonnen, um genau zu sein –, wohingegen die Vergangenheit metaphorisch ist. Vielmehr sind in der Ausführung das rhetorische Gewicht der Vergangenheit und das der Platten gleichermaßen zu spüren. Und hier noch eine Sache über die Ausführung: Man kann genauso gut etwas zunichtemachen wie etwas machen, Dinge zusammensetzen wie auseinandernehmen. Die Kohle wird aus der Felswand gehackt, um den Waggon zu füllen, und der Waggon wird gefüllt, um geleert zu werden. Und wie es sich gehört, wurde *Cone* nur errichtet, um wieder abgebaut zu werden, damit seine Platten an anderer Stelle wiederverwendet werden konnten.

Betrachten wir schließlich die Struktur. Die in die Gezeitenzone des Flusses Tyne hineinragende Anlegestelle ist eine „Einbahnstraße" (Abbildung 14). Sie ist nicht mit einer Brücke zu vergleichen, die den Passagieren einen sicheren Übergang an ein anderes Ufer ermöglicht, von dem sie ebenso sicher zurückkehren können. Für die Kohle, die auf ihre Plattform gerollt wurde, gab es keinen Weg zurück. Sie wurde in eine unbekannte Zukunft verschifft und hatte keinen Rückgriff auf die Vergangenheit mehr. Die Waggons jedoch kamen und gingen, so wie es auch bei Kunstwerken der Fall ist, wenn sie erst hier und dann dort aufgebaut werden. Bei Gebäuden frage ich mich manchmal, ob wir sie überhaupt als fertige Strukturen betrachten sollten. Vielleicht sind auch sie in Wirklichkeit ein Gerüst für den Lebensprozess, der sich in ihnen entfaltet. Und das ist gewiss das, was Weileder uns in *Cone* zu sehen wünscht. In der Kunst wie in der Architektur geht es, was die Nachhaltigkeit betrifft, darum, das Leben in Gang zu halten, nicht um das Verharren in einem unendlichen Gleichgewicht. Und solange die Gezeiten ins Land gehen und sich wieder aufs Meer hinaus zurückziehen, die Vögel in den Winkeln und Ritzen der Staiths nisten und die Menschen kommen, um sie in ihren Büchern abzuhaken, wird die Zeit auf ihrem Weg weitergehen, so langsam, wie sie ist.

Über das Aussterben

Als ich von den Herausgebern der Zeitschrift The Clearing *eingeladen wurde, einen Beitrag zu einer Aufsatzsammlung über das Thema Aussterben zu leisten, hatte ich nie die Absicht, ein Gedicht zu schreiben. Als ich jedoch auf dem kurzen Spaziergang, den ich täglich vor dem Frühstück mache, darüber nachdachte, kamen mir die Worte in den Sinn und ordneten sich in einem Rhythmus und einer Kadenz an, die wohl dem Wiegen meiner Schritte entsprachen. Zurück am Frühstückstisch, schrieb ich schnell die Zeilen auf, die ich bereits parat hatte. Es schien mir nur natürlich, einmal begonnen, in der gleichen Art und Weise weiterzumachen. Das Ergebnis war dieses Gedicht, das ich seit seiner ursprünglichen Veröffentlichung leicht überarbeitet habe.*[44]

* * *

Aussterben gilt für andere, nicht für uns. Nie werden wir wissen,
Was unsere letzten Worte gewesen sein werden,
Welche Schritte uns in den Abgrund führten.
Denn wer wird von den Menschen sagen:
„Erinnert ihr euch? Sie wurden ausgerottet“,
So wie wir heute von Neandertalern reden
oder Wollmammuts?

Werden Historiker unter den Tieren
Treibsandbriefe schreiben oder in die Wurzeln der Bäume
    eintragen,
Um zu sagen, dass es einst Menschen gab, bevor sie
    verschwanden?
Werden Knochenjäger der Gattung Hund, die im Unterholz
    wühlen
Und einen Zahn wittern oder das Fragment eines Schädels,
Beim Fund eines weiteren Hominiden anschlagen?
Oder wird der Maulwurf zum stummen Archäologen
Der seine Überreste ausgräbt?

Werden lärmende Möwen, Städte dem Meer vorziehend,
Schreien über den Verlust ihrer Bewohner,
Oder einfach nur das Ruinengelände beanspruchen?
Wird der Wurm das Dahinscheiden des Bauern bedauern?
Oder der Fisch nach des Anglers Köder schnappen?
Kein Zweifel, dass sie ohne uns weitermachen,
Wie sie einst taten, bevor wir kamen.
Sie sind wirklich recht desinteressiert.

Doch warum sollten in einer Welt, in der noch immer Elefanten
leben,
Mammuts ausgerottet sein?
Oder Neandertaler in einer Welt, die noch Menschen hat?
Könnten nicht Elefanten die Mammuts von heute sein und
Menschen die Neandertaler?
„Nein, nein," sagen wir, „Mammuts sind keine Elefanten,
Und Neandertaler sind nicht die gleichen wie wir.
Sie waren eine andere Menschheitsrasse,
Von unseren überlegenen Vorfahren ausgelöscht!"

Das hat der weiße Mann auch gesagt,
Als er die Bewohner Tasmaniens austilgte.
„Sie sind einfach eine andere Rasse", hieß es, „und wir die
Überlegenen!"
Aber die Leute, sie kamen zurück:
„Ihr seid wir", sagten sie, „und wir sind nach wie vor hier.
Wir sind nämlich alle gemischt, es gibt keine Rassen."
War es im Paläolithikum so viel anders?

Denn hier ist die Frage: Wenn wir so gemischt sind, wie wir sind,
Wenn Leben selbst durch all die Dinge fließt, hinein und wieder
heraus,
So wie die Luft, die wir atmen,

Und nicht begrenzt wird,
Dann stirbt nichts aus, sonst stürbe alles aus.
Wie können wir überbleiben, während andere untergehen?

Doch so denken wir gewöhnlich nicht darüber.
Die Geschichte des Aussterbens ist eine, die wir allein gewohnt sind zu erzählen.
Eine Geschichte von einer geteilten Welt, jede Art für sich,
Sich streitend mit dem Rest um begrenzte Ressourcen.
Damit, wenn der eine geht, der andere überlebt,
Müssen sie voneinander getrennt werden.
Es gibt also kein Aussterben ohne Ausgrenzung.

Doch wir, die diese Geschichte erzählen, haben uns abgewandt von unserer Welt
Und ihre Inhalte klassifiziert, als wären sie nur für uns,
Nicht wir für sie. Wir haben aus der Natur ein Museum gemacht,
Ein Kuriositätenkabinett, nach Inhalten geordnet, sortiert und klassifiziert,
Uns selbst zu Wärtern selbigen Orts ernannt.
Doch weit entfernt davon, Sorge dafür zu tragen, wie's gute Kuratoren täten,
Haben wir in unseren Schubläden gewütet, Chaos verbreitend,
Und unsere Sammlung größtenteils vergeudet.

Die Arten allerdings, die wir unmittelbar zu verlieren drohen ...
Hat nicht das Leben sie zuerst verlassen?
Sind in gewissem Sinne sie nicht schon erloschen?
Es scheint, dass wir den Tod zweimal verhökert haben,
Indem zunächst wir jedes schlagende Herz,
Jedwedes Ding, das fliegt und läuft und schwimmt, und jedes, das heranwächst,
Im Schubladengefängnis einschlossen; zweitens dann, indem wir seine Linie beendet haben. Die Linie ist nicht die des Lebens, sondern die der Abstammung,

An der entlang nichts wächst. Sie ist keine Bewegung, sondern
eine Kette,
Und jedes Glied die Rückentwicklung einer Form,
Als ob von ihrem Wachstum sie geschieden werden könnte,
Doch Form dem Wachstum fern ist Tod; im Leben gibt's allein des
Werdens Fortgang.

Wie kann man tilgen, was schon getötet wurde?
Es muss was geben, das auszulöschen ist,
Licht, Leben, Liebe, Hoffnung, ein Feuer, eine Flamme.
Es muss brennen, damit es in Bewegung ist.
Ein Schwellen, ein Zusammenwachsen.
Aber Arten, die aufs Aussterben zusteuern, haben ihr Leben nicht
mehr zu leben.
Sie sind nichts als ihre Gene, eine Schatztruhe an
Erbinformation,
Biodiversität. Wir verlieren sie, sagen wir. Aber das Leben ist
bereits verloren.
Es ging mit der Teilung der Welt.

Drei kurze Fabeln der Selbstverstärkung

Der Anthropologe Bronislaw Malinowski beschrieb bekanntermaßen das soziale Leben als ein langes Gespräch, ein Hin und Her, das sich unendlich fortsetzt.

Aber es gibt keinen Grund, warum das Gespräch auf Menschen beschränkt sein sollte oder selbst auf Lebewesen. Auch müssen keine Menschen im Mittelpunkt stehen. Im langfristigen Plan der Dinge übernehmen sie vielleicht nur eine Statistenrolle, mit einem kurzen Auftritt, nach dem sie wieder verschwinden, während die Sonne und der Mond, der Wind und die Gezeiten, die Erde und das Meer, Bäume und Flüsse unbekümmert weitermachen. In einer Zeit, da Wissenschaftlerinnen und Wissenschaftler die Ankunft einer neuen geologischen Ära, des Anthropozäns, verkündet haben, in der menschliche Aktivitäten als die vorherrschende Kraft bei der Gestaltung der Erde eingeschätzt werden, beunruhigt auch uns mehr denn je der Gedanke, dass das menschliche Leben bald seinen Weg auf dem Planeten zu Ende gegangen sein wird und dass nur wenig getan werden kann, unseren Aufenthalt zu verlängern. Was nach dem Anthropozän immer auch kommen mag, eine bemerkenswerte menschliche Präsenz wird höchstwahrscheinlich nicht darunter sein.

Wir sind, wie es scheint, in einer Spirale dessen gefangen, was der Physiker Walter Behrmann, der vor einem Jahrhundert schrieb, „Selbstverstärkung" nannte.[45]

In dem, was folgt, habe ich auf Behrmanns Text geantwortet, auf Einladung der Herausgeberinnen und Herausgeber des vierbändigen Kompendiums Grain, Vapor, Ray: Textures of the Anthropocene.[46] *Jede allegorische Erzählung ist die Nacherzählung eines Gesprächs: vom Meeressand mit dem Wind, vom Fluss mit einem Baum, von Menschen mit ihrer bebauten Umwelt. Die ersten beiden Gespräche enden in einer Art Abmachung, zumindest in einer ewigen Pattsituation; die dritte jedoch führt in die Vergessenheit. Es ist das Schicksal, das uns unvermeidlich erwartet, falls wir uns nicht* mit *der Welt zusammentun und uns vielmehr gegenteilig bemühen, durch immer massivere Ingenieursleistungen uns dagegen zu verteidigen. Selbstverteidigung ist letztendlich Selbstzerstörung.*

***

I

Eine Muschelschale liegt am Strand. Einst hat sie eine lebendige Molluske beherbergt, die einen Platz auf den Felsen gefunden hatte, und sich ernährt, indem sie Nahrungspartikel während der Gezeiten Ebbe und Flut über sich hinwegspülen ließ. Dafür schuldete sie dem Mond Dankbarkeit. Aber jetzt, unter dem erbarmungslosen Hitzeglast der Sonne, leer und leblos, durch den Kies ausgehöhlt und zerbrochen, erwartet sie ihr Ende. Irgendwann, und das weiß sie, wird sie in genau demselben Sand zermahlen, auf dem sie jetzt ruht: der sich kontinuierlich anhäufenden Ablagerung von unzähligen anderen, die das gleiche Schicksal getroffen hat. Doch da oben wird die Luft unruhig. Der meiste Dampf, der vom Boden erwärmt wurde, steigt auf und kühlt – da er auf wenig Druck aus höheren Schichten trifft – auf seinem Weg ab und kondensiert zu Wolken, die die Sonne verdecken und ihre Strahlen zerstreuen. Der kleine Schatten, den die Muschel auf den Sand geworfen hatte, verschwindet. Eine plötzliche Abkühlung ist die Ursache dafür, dass sich eine Gruppe menschlicher Strandgutsammlerinnen, die den Strand entlanggewandert waren, aneinanderkuscheln. Eine von ihnen, die kurz davorstand, sich die Muschel zu holen und als Andenken einzustecken, überlegte es sich und ließ sie unberührt liegen. Wie anders hätten sich die Dinge entwickelt, hätte sie sie aufgehoben!

Die Wolken, dicht mit Feuchtigkeit, werden grau und bedrohlich. Wind kommt auf – erst nur eine leichte Brise, stark genug, um hier und da ein paar Sandkörner zu verstreuen. Es folgt ein stärkerer Windstoß, dann ein noch stärkerer. Bald wird aus den Windstößen ein Geheul. Unsere Menschen rennen, um Schutz zu suchen. Bis auf die Muschel ist der Strand verlassen. Der Wind, so scheint es, hat die Befehlsgewalt ergriffen in einem nahezu leeren Königreich.

„Ich blase, also bin ich", proklamiert der Wind hochmütig, als er über die Muschelschale hinwegfegt und dabei kaum innehält. „Du, kleine Schale, bist mir gegenüber nichts!", heult er. „Ich kann Bäume umreißen und die See zu riesigen Wellen aufpeitschen. Ich kann Häuser zerstören und Schiffe versenken. Ach ja, auch die Wellen, die dich auf den Strand geworfen haben, stammen von mir." Die Muschel liegt hingekauert: Sie ist dieser mächtigen Kraft nie zuvor begegnet. In den Wellen herumgeworfen, war ihr die aufrührige See nichts Unbekanntes, aber den Grund dafür hatte sie nicht gekannt.

Aber sobald die Böe vorüber ist, verspürt die Muschel den unwiderstehlichen Drang, sich zu kratzen. Irgendwas kitzelt sie. Wenn auch von den schwereren Sandkörnern, die der Wind gegen sie geschleudert hatte, ins Gesicht getroffen, schienen einige feinere Körner auf ihrem Rücken gelandet zu sein. Manche, vom Wind bei seinem Durchzug aufgepeitscht, sind ganz zufällig auf der Leeseite, im Windschatten, platziert worden. Doch andere sind von der Rückseite angezogen worden. Denn, wo er über den höchsten Punkt der Schale hinweggefegt war, hatte der Wind einen Hohlraum hinterlassen und der Sog der Luft, der ihn füllte, hatte Sandkörner in seinem Windschatten abgelagert. Der Wind kommt wieder, und wo die anfängliche Irritation war, beginnt etwas zu schwellen. Die Schwellung wächst und wächst. Schon bald bildet sich ein kleiner Erdhügel.

„Ich blase, also bin ich“, proklamiert der Wind herablassend, als er über den Hügel streicht und bei seiner Passage eine kurze Pause macht. „Du kleiner Hügel bedeutest fast nichts für mich“, fügt er hinzu. Nichtsdestotrotz spürt er eine gewisse flüchtige Behinderung, als ob er, zum Aufsteigen gezwungen, seine Geschwindigkeit etwas mindern sollte. Und als er langsamer wird, verringert sich sein Zugriff – nur ganz leicht – und lässt ein paar Sandkörner mehr los. Und mit jedem Korn wächst der Hügel. Bald sieht er aus wie ein augenfälliger Hubbel auf dem Strand.

„Ich blase, also bin ich“, proklamiert der Wind erneut, mehr in Hoffnung als von Ruhm erfüllt, während er gegen den ansteigenden Hang des Hügels vorstößt. Aber es bedarf eines heftigen Anschubs, um über den Gipfel hinwegzukommen, und hat er es mit einem großen Seufzer geschafft, entlädt er seine volle Ladung Flugsand, die jetzt auf der anderen Seite schlitternd und taumelnd den Hang hinabgleitet. Dann wendet sich der Hügel an den Wind:

„Du Wind – der du mich geschaffen hast –, bist in der Tat dein Geblase. Wenn du nicht bläst, bist du gar nichts. Ich kann dich nicht fangen oder dich in eine Flasche stecken und sagen: „Da, in der Flasche drinnen, da ruht der Wind.“ Du kannst nicht wie die Muschelschale zu einem Sammlerstück werden. Ich stell dir eine Falle und du verschwindest. Aber ich behaupte meine Stellung. Wenn du mit dem

Blasen aufhörst, bin ich immer noch hier, bis mich vielleicht der Regen oder die Frühlingstide wegspült. Denn während du nichts als Bewegung bist, bin ich ganz und gar Sesshaftigkeit. Du kreischst; ich schlummere. Deine Formen sind Wirbel im Zeitenstrudel; meine sind aus der Zeit gefallene Häufelungen. Du bist Geschichte; ich bin Archäologie. Dein Ende ist mein Entstehen. Ich halte aus und bin beständig: Du bist eine Eintagsfliege. Du rühmst dich dessen, wie du Bäume entwurzeln, Schiffe versenken und Gebäude zerstören kannst. Aber mit mir läuft es andersherum: Je stärker und länger du bläst, desto höher wachse ich. Du versuchst mich wegzublasen, doch werde ich dadurch nur noch stärker. Wahrhaftig, ich bin unbesiegbar!"

Das reizt den Wind mächtig. „Ich nehme an, du glaubst", sagt er zu dem Hügelchen, „dass du einfach so weiterwächst, höher und höher wirst, bis du den Himmel erreichst. Die Wahrheit ist, dass du nur anwächst, weil der Sand, der dies verursacht, ständig auf dich herunterfällt. Deine Form ist nichts weiter als ein unaufhörlicher Zustand des Zusammenbruchs. Meine Stärke ist deine Reglosigkeit." Und damit beginnt der Wind erneut immer stärker und stärker zu blasen. Und wie er so bläst, peitscht er den Sand vom Gipfel des kleinen Hügels und zerstreut ihn weithin. Schon bald wird der Hügel flacher, bis wieder einmal mehr anwachsender Sand vom Wind abgelagert worden ist, als von oben weggeblasen wurde.

Für immer haben der Wind und der Hügel ihren Streit fortgesetzt, ausgetragen mit Dampf und mit Sandkörnern. Sie wissen nun, dass keine Seite gewinnen wird, und haben einen unbehaglichen Waffenstillstand geschlossen. Und so findet unsere Gruppe von Menschen sie vor, als sie jetzt wieder am Strand auftaucht. Menschen – besonders die Kinder unter ihnen – lieben es zu graben und eines von ihnen beginnt den Hügel abzugraben. Als sie mit ihrem Spaten tiefer und tiefer gräbt, als ob sie nach verborgenen Schätzen suchte, bildet sich ein anderer Hügel. Wie bei allen menschlichen Unternehmungen, bedeutet zu graben aufzubauen, und aufzubauen heißt zu graben. Nur wenn wir graben, können wir bauen. Und der Boden? Er ist einfach der Unterschied zwischen den beiden, wo Anstieg und Fallen einander aufheben.

Was die Muschelschale angeht, mit der alles angefangen hat: Wenn man tief genug gräbt, könnte man sie vielleicht finden. Aber höchstwahrscheinlich wird sie bereits in viele kleine Splitter zerbrochen sein, die sich nicht mehr von dem Sand unterscheiden lassen, von dem sie mal umgeben war.

II

Es lebte einmal ein Baum. Er war an einem Flussufer gewachsen und die Strömung des Flusses hatte viele seiner Wurzeln freigelegt, während sie an der Uferböschung zerrte. Manchmal, bei Hochwasser, wurden diese Wurzeln überschwemmt und der Stamm war von Wasser umgeben. Aber es war der Wind, der den Baum schließlich zum Umstürzen brachte, während eines großen Sturms, der die Wälder verwüstete. Über den Flusslauf gekippt, blieben die Wurzeln hoch in der Luft und trocken, während Stamm und Geäst nunmehr überflutet waren, jetzt eher von Wasserströmungen als vom Wind gebeugt und zerschlagen. Nicht dass des Flusses Strömung vollständig blockiert wurde, da der gefallene Baum nur halbwegs auf das gegenüberliegende Ufer reichte und das Wasser genug Platz hatte, um seinen Weg um das neue Hindernis herum zu finden. Außerdem bildeten der Stamm und die Verzweigungen, selbst wo sie lagen, nur eine lückenhafte Barriere. Sie verlangsamten den Fluss, hielten ihn aber nicht vollends auf.

So wie er dalag, entsann sich der Baum verflossener Tage. Er erinnerte sich, wie er als kleiner Jungbaum, mit den allerersten Blättern protzend, Respektspersonen verspottet hatte. „Schaut mich an“, hatte er gesagt, „ich kann das Licht einfangen. Ihr könnt mich nicht in den Schatten stellen.“ Und freundlich ihre blattschweren Äste bewegend hatten die großen Bäume geantwortet: „Du wirst eines Tages groß und stark werden wie wir, aber letztendlich wirst du umstürzen und verrotten. Kein Baum steht für immer. Falls der Wind dich nicht zu Boden schmettert, dann werden dich Pilze von innen heraus auffressen und die Spechte werden an deinem verrottenden Fleisch herumzupfen, um sich von den Käfern zu ernähren, die es bewohnen.“

Unweigerlich werfen die großen Bäume alljährlich die Blätter ab, es fällt Regen und Pilze gehen ans Werk im aufgeweichten Bodenstreu und verwandeln es in einen reichen, nährstoffhaltigen Humus. Der junge Baum wuchs und wuchs. Nicht in einem mühseligen Prozess des Stoffanhäufens, wie es die Waldameisen nahebei tun, wenn sie ihr Nest erbauen, sondern durch die Extrusion von Materialien gemäß ihrer Maserung. Denn die Maserung des Baums besteht eher aus Wachstumslinien denn aus Materiepartikeln und wird von Knoten zusammengehalten und nicht so sehr durch die ausgleichende Schwerkraft. Je mehr er an Höhe aufschoss und an Umfang zunahm, desto weiter breiteten sich seine Wurzeln im Untergrund aus. Und umso größer war sein Durst nach Licht. Wo immer ein Lichtstrahl in das Blätterdach eindrang, würde der Baum ein Blatt ausstrecken, um ihn einzufangen. Mehr Licht bedeutete mehr Humus, mehr Humus bedeutete mehr Wurzelwachstum, mehr Wurzelwachstum bedeutete mehr neue Schösslinge und Blattknospen, mehr Blätter bedeuteten mehr Wachstumsenergie und mehr Laubstreu für die Verwesung und so weiter und so fort. Wann würde der Zyklus jemals aufhören?

Nun, der Sturm machte dem ein Ende. Und hier lag er nun, jener einst so stolze Baum, erniedrigt, nicht mehr aufrecht stehend, sondern hingestreckt, und durchgeweicht in einem Element, das ihm zuvor unbekannt gewesen war, bis auf den Regenfall vom Himmel. Die Wasser des Flusses gluckten und gurgelten um ihn herum und lachten über seine Schmach. „Du wirst alt und stirbst", kicherten sie, „aber wir sind für immer jung. Wir hören nie auf zu fließen." Der Baum war nicht erfreut, und als die Sticheleien der Wasser zu einem Chor anschwollen, wurde die Erniedrigung zur Verbitterung und die Verbitterung zur Halsstarrigkeit. „Wartet nur", sagte er zu sich selbst, „ich will diesen Wassern eine Lektion erteilen, die sie nicht vergessen werden." Und das ist genau das, was er tat.

Sobald die Wasser sich näherten, behinderte der Baum ihr Vorankommen. Verlangsamt ließen die Wasser unbeabsichtigt den Schmutz los, den sie mit sich trugen, den sie von den Ufern und Flussbetten des Oberlaufs abgespült hatten. Allmählich begann sich eine Bank von Ablagerungen zu bilden. Sie füllte die Lücken zwischen den Ästen, die zuvor die Wasser durchgelassen hatten. Und so wie die Sedimente anstiegen, verflachten die Wasser, wobei ihre Geschwindigkeit sich aufgrund der Reibung mit dem Flussbett noch weiter verlangsamte. Die nachfolgenden Wasser wurden zunehmend ungeduldiger. „Beeilt euch", riefen sie, „wir können nicht warten – hinter uns ist noch mehr. Schert um diesen Baum herum aus!" Die Ausweichbewegung ließ das Wasser mit voller Wucht auf das Ufer gegenüber der Stelle prallen, wo der Baum gefallen war.

Die Wucht des Aufpralls auf das Ufer reichte jedoch aus, um die Wasser auf die andere Seite zurückzuschleudern. Und am Wendepunkt, wo die Wasser herumgeworfen wurden, begann das Ufer abzubröseln. Die anhaltende Kollision mit den Wassern zermürbte sie. Die wachsende Sandbank auf der einen Seite brachte die Wasser dazu, auf der anderen Seite eine Kurve auszuschneiden. Und weiter stromabwärts wurde von den Wellen, die hier zurückprallten, eine weitere Kurve auf der ersten Seite herausgeschnitten. Und so weiter. Das einstmals geradlinige Gefälle war zu einem Slalomlauf geworden. „Aufgepasst", riefen die Wasser dem umgestürzten Baum zu, als sie an ihm vorbeirauschten, „das ist cool!" Aber mit jedem Vorüberrauschen wurden sie langsamer. Bald schon war daraus ein schlaffes Mäandern geworden.

Der alte Baum, jetzt hoch und trocken auf der Sandbank, in die er fast vollkommen eingebettet war, seufzte vor Zufriedenheit. Er hatte zu guter Letzt ausgleichende Gerechtigkeit gefunden: vielleicht keinen durchschlagenden Erfolg, aber eine Abrechnung mit der Vergangenheit. Denn der Fluss, der ihn einstmals mit Behauptungen immerwährender Jugend verspottet hatte, war jetzt für alle Zeit dazu verdammt, ohnmächtig herumzuwandern, mal hierhin und mal dahin. Nicht länger lachte und gluckste er. Schon eher kroch er verdrossen und grübelnd dahin.

Das heißt, bis ein anderer schrecklicher Sturm und die anschließende Flut die Sandbank wegschwemmte und den ganzen Baum mit sich riss, die Mäander durchbrach und sie als bogenförmige Teiche zurückließ. Und der Baum? Er fand schließlich den Weg hinaus aufs Meer, wo er nach wie vor herumtreibt, verloren unter den zahllosen anderen Stämmen und Ästen, die als Treibholz in den Ozeanen treiben. Einiges wird an Land gespült und von Menschen als Brennholz oder zum Bauen verwendet. Anderes segelt für alle Zeiten auf den Meeren oder schließt sich den hölzernen Schiffwracks unten auf dem Meeresgrund an. Mag sein, dass solches auch unserem Baum widerfährt, oder dass er vielleicht – auf einen Sandstrand geschwemmt – die Formation eines anderen Hügels ankurbeln wird.

III

Die Stadtleute beklagten sich. „Unsere Straßen sind vom Verkehr blockiert", grummelten sie. „Sie waren für Esel gedacht, nicht für Autos. Sie sind zu schmal, sie winden und drehen sich und Parkplätze gibt es für niemanden. Die lokalen Unternehmen leiden darunter. Wir benötigen einen Stadtplan, der auf die Welt von morgen passt, nicht auf die von gestern." Nach einer langen Kampagne stimmte der Stadtrat zu, etwas dagegen zu tun. „Wir werden die Straßen breiter und gerader machen", sagten sie, „auch wenn es bedeutet, einige alte Bauwerke einreißen zu müssen. Und wir werden für all den Verkehr, der hier nicht haltmachen will, eine Umgehungsstraße errichten."

Die Leute waren glücklich. Große Maschinen kamen an: Planierraupen, Grabungsbagger, Dampfwalzen. Männer und Frauen mit Schutzhelmen erschienen. So auch der Premierminister, der einen Schutzhelm aufsetzte, damit die Presse ein Foto hatte machen können. Da war er und stand Schulter an Schulter mit den Bauarbeiterinnen und Bauarbeitern, die für den Job gekleidet waren. „Unsere Regierung meint es ernst", dachten die Leute. „Wir sollten für sie stimmen!"

Nach vielen Monaten war die Arbeit getan. Der Lärm ging zurück; die Frauen und Männer und ihre Maschinen verschwanden. Der Premierminister trat wieder auf den Plan, diesmal ohne Schutzhelm, aber mit Schere und rotem Band. Erst schlossen sie die Straße mit dem roten Band, wonach der Premier das Band durchschnitt, um die Straße für geöffnet zu erklären. Alle jubelten und das Leben ging weiter.

Zunächst ging alles gut. Der lokale Handel war lebhaft und viele Geschäfte entschieden sich zu expandieren. Mit begrenztem Raum im Stadtzentrum entschlossen sie sich, aus der neuen Umgehungsstraße Nutzen zu ziehen und geräumige Komplexe in den Außenbezirken zu bauen. Die Expansion trieb neue Anwohnerinnen und Anwohner in die Stadt, die wiederum Häuser benötigten. Hastig errichtete Neubausiedlungen schossen auf dem tief liegenden Land rund um den Stadtrand aus dem Boden. Die Menschen, die dort zu leben beschlossen, brauchten ihrerseits Autos, um zur Arbeit und in die neuen Einkaufszentren zu fahren. In den Ausstellungsräumen der Autohäuser herrschte reger Betrieb.

Mehr Menschen, mehr Autos. Nach einer Weile begannen sich die Leute erneut zu beklagen. Anstatt über die Umgehungsstraße zu rasen, fanden sie, dass sie in Verkehrsstaus steckten. Steigende Temperaturen und Abgase aus Auspuffrohren erfüllten die Luft. „Wir brauchen eine neue Umgehungsstraße", sagten die Leute, „die den Durchgangsverkehr aus unserer Stadt herausnimmt, denn die alte ist bereits verstopft. Und wir brauchen eine Tiefgarage im Stadtzentrum." Zurück kamen die Maschinen, zurück auch die Arbeiterinnen und Arbeiter und der Premierminister – ein anderer jetzt – mit seinem harten Helm. Aber dieses Mal hatten die Menschen noch etwas anderes, worüber sie klagen konnten.

„Wir brauchen Sprit, um unsere Autos fahren zu können", sagten sie. „Aber die Ölvorräte gehen zur Neige und der Preis steigt und fällt. Wir können uns das nicht mehr leisten." Der Premier sagte ihnen, sie müssten sich keine Sorgen machen. „Meine Regierung", sagte er, „hat sich verpflichtet, in neue Technologien zu investieren, die uns den Zugang zu unbegrenzten Ölvorkommen ermöglichen. Wir werden landauf, landab Löcher bohren, und zwar tiefer, als je zuvor gebohrt wurde. Und das Öl wird aus ihnen heraussprudeln."

Also erbauten sie die neue Umgehungsstraße, bohrten die Löcher, brachten das Öl an die Oberfläche. Die Menschen fuhren herum und das Leben ging weiter. Dann kam der Regen.

So richtig heftig regnete es zunächst nur ein wenig, was zu Warnungen vor erschwerten Fahrbedingungen führte. Aber dann kam mehr Regen und noch mehr. Der Premierminister kehrte noch einmal zurück, diesmal nicht, um sich mit einem Schutzhelm, sondern in frisch erworbenen Gummistiefeln fotografieren zu lassen. Er watete durch die Straßen der Stadt und sprach den Bewohnerinnen und Bewohnern sein Mitgefühl aus. Er versprach, dass keine Kosten und Mühen gescheut würden, um das Chaos zu beseitigen, sobald der Regen aufgehört habe. Aber Geld kann den Regen nicht aufhalten. Und der Regen hörte nicht auf.

Einige gaben den Politikerinnen und Politikern die Schuld. Einige beschuldigten die Landwirte, den Profit über den Verstand zu stellen und mit ihren landwirtschaftlichen Methoden die Erosion der Felder zu verstärken. Andere blickten in den Himmel und rollten mit den Augen. Wieder andere behaupteten, dass die Verkehrsabgase, die die Atmosphäre verdreckten, das Wetter auf den Kopf gestellt hätten. Wissenschaftlerinnen und Wissenschaftler erklärten in Reih und Glied, dass dies alles auf den anthropogenen Klimawandel zurückzuführen sei, der durch die Ansammlung von Treibhausgasen verursacht werde. Und sie warnten, dass der Kipp-Punkt schon überschritten sei. Jede weitere Erwärmung würde nur dazu führen, dass Gase in die Atmosphäre freigesetzt oder die Meeresströmungen in einer Weise umgelenkt würden, dass eine weitere Destabilisierung eintrat. Die Spirale des Klimawandels sei selbstverstärkend und unumkehrbar.

Es regnete weiter und die Stadt, die nun vollständig unter Wasser stand, war nicht mehr bewohnbar. Die wenigen, die geblieben waren, packten ihre Koffer und reisten ab. Das Leben ging weiter, aber es war immer woanders.

* * *

Viele Jahrhunderte sind ins Land gegangen und ihr wandert durch eine Wüstenlandschaft, unter dem heißen Glast der Sonne. Größtenteils hat der vom Wind verwehte Sand alles übernommen, aber wenige Büsche, die sich den trockenen Bedingungen angepasst haben, stechen hier und da heraus. Und an einigen Stellen hat der Sand auch schon kleine Hügel gebildet. Wenn man sie angräbt, stößt man manchmal auf einen Brocken Beton, einen zerbrochenen Ziegel, einen Klumpen Asphalt, verrostetes Metall. „Hier lebten mal Menschen", heißt es dann, „aber wir wissen nicht, wer sie waren." Und der Sand und der Wind, in ihren ewigen Streit vertieft, sind zu beschäftigt, um es zu bemerken.

LINIE, FALTE, FADEN

Einleitung

Wir begannen unsere Korrespondenzen tief in den Wäldern. Dann, auf dem Weg zur Küste, machten wir uns an den Aufstieg von der Küstenlinie durch die Hügel und Berge hinauf zum Himmel, nur um letztlich wieder an Land zu gehen. Nachdem wir dort gelandet waren, wendeten wir uns dem Boden zu, tauchten ein und wagten uns in den Untergrund. Wir haben uns mit den Elementen vermischt, um die Geschichten der Erde über die Jahrhunderte hinweg mit ihrer eigenen Stimme zu erzählen. Unser nächstes Abenteuer wird uns von diesen Gesprächen mit irdischen Dingen zu den Korrespondenzen aus Worten bringen. Vom Boden zum Blatt Papier; vom Laufen und Fliegen zum Schreiben; vom Sammeln der Blätter im Wald zu ihrer Bindung im Buch.

Es ist ein sanfter Übergang, den wir erkunden werden. Wir werden ohne Unterbrechung fortschreiten von der Furche des gepflügten Feldes zum Draht des Zaunes; vom Schatten des Drahtes auf dem Boden zum negativen Bildabdruck, der auf die Blaupause oder die fotografische Platte geworfen wird; vom Bild zu seinem Positiv, dem materiellen Strang; und vom Schlingen und Verdrehen dieses Strangs zu den Schwingungen des Schriftzugs, wenn er sich seinen unberechenbaren Weg über die Seite bahnt. Beim Übergang von der Welt zum Wort wird keine ontologische Grenze überschritten. Doch während wir unseren Weg fortsetzen, stellen wir fest, dass das Ambiente der Außenwelt allmählich verblasst. Anstelle der Wälder und Felder, die wir zu durchstreifen pflegten, finden wir uns in der vertrauten Umgebung des Arbeitszimmers wieder, wo wir an einem Schreibtisch sitzen und unsere Zeilen schreiben. Von hier aus können wir die Außenwelt nur erahnen oder durch ein Fenster sehen. Sosehr wir uns auch bemühen, sie zu erreichen, wir können nur eine Kratzspur auf der Scheibe hinterlassen.

Bevor wir jedoch mit den nächsten Aufsätzen beginnen, empfehle ich Ihnen ein einfaches Experiment, das Sie ganz leicht zu Hause durchführen können. Nehmen Sie ein Blatt Papier und ziehen Sie eine gerade Linie darüber, Richtung beliebig. Knüllen Sie dann das Papier fest in Ihrer Faust zusammen. Was einst eine glatte, zweiseitige Fläche war, ist nun zu einer Art Kugel geworden, mit einer unregelmäßigen, knäueligen Haut.

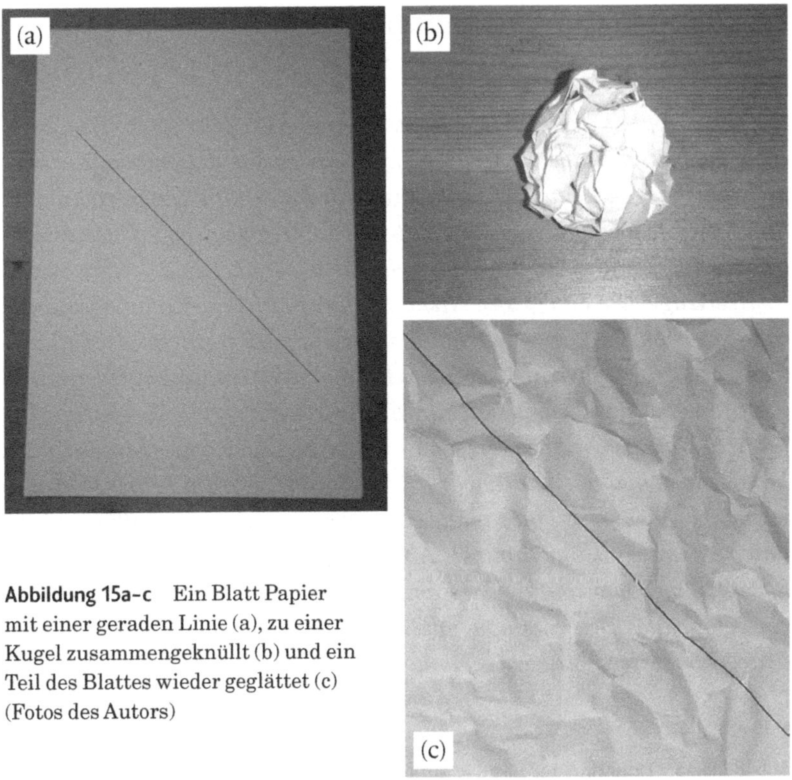

Abbildung 15a–c Ein Blatt Papier mit einer geraden Linie (a), zu einer Kugel zusammengeknüllt (b) und ein Teil des Blattes wieder geglättet (c) (Fotos des Autors)

Die Linie, die Sie gezogen haben, ist größtenteils vom Inneren verschluckt worden, auch wenn Sie hier und da noch etwas davon sehen können. Glätten Sie nun das Papier auf einer flachen Tischplatte (Abbildung 15 a–c). Sie werden feststellen, dass es das Aussehen einer zerfurchten Landschaft angenommen hat, mit einem komplexen Muster von Erhöhungen und Vertiefungen. Von der Seite beleuchtet, zum Beispiel von einer tief stehenden Sonne, legen die dem Licht zugewandten Grate ihre leewärtige Seite in den Schatten, was der gesamten Oberfläche eine subtile, abwechslungsreiche Struktur verleiht. Es ist überraschend, wie aus den einfachsten Anfängen eine Oberfläche von solcher Komplexität entstehen kann. Am überraschendsten vielleicht ist aber das Schicksal der Linienführung. Denn sie scheint ihren Lauf zu nehmen, rauf und runter, als ob sie davon unberührt bliebe. Ist sie zu ihrem eigenen Schatten geworden? Behalten Sie diese Frage im Hinterkopf, während Sie weiter lesen.

Linien in der Landschaft

Ein Großteil des Landes von East Anglia ist sehr flach. Es waren einst Süß- und Salzwassersümpfe, gefährlich für diejenigen, die sich nicht auskannten, und befahrbar nur mit Booten. In den letzten Jahrhunderten jedoch wurden die Niedermoore trockengelegt. Das zurückgewonnene Land wird landwirtschaftlich genutzt und liefert reiche Ernteerträge. Die Fotografin Nisha Keshav hat in einer atemberaubenden Serie von Bildern versucht, das Wesen dieser Agrarlandschaft mit ihren großen Flächen, dem weiten Himmel und den weiten Horizonten einzufangen. Als sie mich bat, eine Einführung zu einer Ausstellung ihrer Arbeiten zu schreiben, die sie Lines in the Landscape *(Linien in der Landschaft) nennen wollte, war ich fasziniert. „Warum Linien?", fragte ich mich. Eines ihrer Fotos zeigte ein großes, vor Kurzem gepflügtes Feld unter einem Frühlingshimmel (Abbildung 16). Das Bild könnte annähernd in vier horizontale Streifen unterteilt werden: im Vordergrund ein gelbgrünes Bett aus hohem Gras, dann das Rostbraun gepflügter Erde, das in der Ferne entschwindend einem schmalen dunkelgrünen*

Abbildung 16 Linien in der Landschaft (Foto von Nisha Kepav)

Band aus belaubten Bäumen weicht, und – über dem durch das Blätterdach markierten Horizont – das Blau, das in das Weiß des wolkengesprenkelten Himmels übergeht. Müsste man das Bild kopieren und dazu lediglich Bleistift und Papier benutzen, könnte man die Gräser als viele kurze aufrechte Linien zeichnen, die Furchen des Pflugs als Linien, die zu einem Fluchtpunkt hin zusammenlaufen und die Feldgrenze und den Baumkronenhorizont als grobe Horizontale, die sich über das Blatt Papier erstrecken. Die Frage ist: Gibt es diese Linien wirklich oder existieren sie nur vor unserem geistigen Auge? Folgt man beim Zeichnen lediglich einer grafischen Konvention, die jeder, der an perspektivische Darstellungen gewöhnt ist, verstehen und „lesen" kann, oder nimmt man durch das Umherschweifen der Augen und die entsprechenden Gesten der Hand an den Entstehungsprozessen der Landschaft selbst teil?

* * *

Gibt es Linien in der Landschaft? Viele würden sagen, das sei nicht der Fall. „*Linien?* Ich sehe keine Linien", soll der große Künstler Francisco Goya erklärt haben.[47] Betrachten Sie die Furchen eines gepflügten Feldes: Die Oberfläche des Bodens ist geriffelt und das winklig einfallende Sonnenlicht beleuchtet auf der einen Seite die Grate, während es auf der anderen Seite die Mulden im Schatten lässt. Im Boden selbst sind jedoch keine Linien zu erkennen. Betrachtet die Setzlinge, die auf den Erhebungen wachsen: Vielleicht sagen wir ja, dass sie entlang von Linien gepflanzt sind, aber wir sind es, die sie in unserer Vorstellung aufreihen. Die Pflanzen selbst, jede an einem bestimmten Ort verwurzelt, haben keine solche Verbindung. Nun betrachtet die Baumstämme: Was wir in ihnen sehen könnten, wären Grenzen der Verdeckung, und verdeckt würde, von einem bestimmten Blickwinkel aus, was jeweils unmittelbar dahinterliegt. Wir könnten diese Abgrenzungen als parallele Linien zeichnen, doch wir wissen, dass die tatsächlichen Formen von Baumstämmen Variationen des Zylindrischen sind. Selbst die Verstrebungen eines Feldtors oder elektrische Kabel erscheinen bei näherer Betrachtung als linienlos.

So scheint es auch mit dem Farn, der Distel und dem Schilfrohr zu sein. Während ihres Wachstums offenbaren sie ein verästeltes Muster, aber ein Stängel ist ein Stängel, ein Strunk ein Strunk und ein Blatt ein Blatt – das sind keine Linien. Noch sind die Gräben, die zur Entwässerung der Moore angelegt wurden, Linien: Gerade mögen sie sein, aber dort, wo Wasser auf Erde trifft und sich mit den Pflanzenstielen mischt, gibt es keine Linien. Der Feldrand, wo braune Erde grünem Gras Platz macht, bietet einen Farbkontrast, aber auch da ist keine Linie eingetragen. Blicken Sie an einem schönen frischen Tag in den Himmel: Die Zirruswolken sähen federleicht aus, sagt man, aber sie sind nicht mehr aus Linien zusammengesetzt als die Flügel eines Vogels; das windgebeugte Schilfrohr – alles wiegt sich in einer Richtung, aber Richtungen sind Abstraktionen unsererseits – in der Welt gibt es sie nicht. Was die Horizontlinie angeht, so ist sie, so weit du auch schauen magst, ebenso wenig zu finden wie das legendäre Ende des Regenbogens.

Aber wenn es wirklich keine Linien in der Landschaft gab, wie kommt es dann, dass wir, mit Bleistift und Papier ausgestattet, so einfach die Furchen oder Begrenzungen eines gepflügten Feldes skizzieren können: die Stämme und Äste von Bäumen; Marschrichtungsmasten und herabhängende Kabel; die Stiele und Blätter von Pflanzen; die Ränder eines Grabens oder das Sich-Aufbauschen einer Wolke; selbst den Horizont, wo in unserer Wahrnehmung die Erde dem Himmel zu begegnen scheint? Und wie kommt es, dass diese Merkmale sofort erkennbar sind, wenn wir unsere Skizze einem Freund zeigen, der den Schauplatz noch nie zuvor besucht hatte? Woher kommen die gezeichneten Linien der Skizze, wenn es in der Welt der Erscheinungen keine zu beobachten gibt? Sind sie nur in unserem Kopf? Können wir die Skizze nur deshalb interpretieren, weil wir eine gemeinsame Reihe von mehr oder weniger willkürlichen Darstellungskonventionen teilen, die es uns ermöglichen, gerade Linien, die auf einen Fluchtpunkt zulaufen, als Furchen zu „lesen", Kritzeleien unterschiedlicher Dichte als Laub, kurze aufrechte Linien als Schilf und längere Parallelen als Baumstämme, und eine einzige gerade Linie, die oben und unten trennt, als den Horizont?

Generationen von Schriftstellern und Theoretikern haben genau das erörtert. Linien, sagen sie, sind ein sichtbarer Ausdruck der Art und Weise, wie der menschliche Geist das Kontinuum der Natur in Regionen, Objekte oder Instanzen zerschneidet, die identifiziert und benannt werden können. Sie grenzen die Dinge voneinander ab: hier das Land, dort der Himmel; hier die Erde, dort das Wasser; hier ein Strommast, dort ein Kabel; hier eine Baumkrone, dort die freie Luft.

Abbildung 17 Gepflügtes Feld, Abzugsgraben und Wald (Foto von Nisha Keshav)

Ohne Linien, so heißt es, könnten wir nichts mehr voneinander unterscheiden: Die Welt wäre ein einziger bunter Fleck. Aber in ihren Fotographien beweist Nisha Keshav ohne Zweifel, dass diejenigen, die sagen, Linien seien lediglich Denkfiguren, ohne irgendeinen Gegenpart in der bewohnten Welt, völlig falschliegen. Es *gibt* Linien in der Landschaft. Tatsächlich legen diese Fotografien bildhaftes Zeugnis davon ab, dass jede lebende Landschaft nicht mehr und nicht weniger als eine Komposition von Linien und Elementen ist.

Zeichnen Sie eine Linie mit Bleistift auf Papier und betrachten Sie sie genau, unter Vergrößerung. Was ist das? Ein länglicher Graphitfleck von unterschiedlicher Breite und Dichte, an den Rändern ausgefranst und von der Bleistiftspitze dank der Abnutzung der Papieroberfläche abgerieben? Nun, wenn dies nach wie vor als Linie zählt, warum dann keine Reifenspuren im Schnee, warum nicht die geharkten Streifen eines geeggten Felds, warum nicht die Rinne des Entwässerungsgrabens (Abbildung 17)? Man kann nicht beides haben: Die Bleistiftspur auf dem Papier ist zugelassen, die Spuren ländlicher Arbeit und ländlichen Wohnens sind es hingegen nicht. Warum sollte das Zusammentreffen und die Vermengung von Graphit und Papier entlang Ihrer Bleistiftlinie prinzipiell etwas anderes sein als das Zusammentreffen und die Vermengung von Wasser und Schilfrohr längs eines Grabens? Wenn die gezeichnete Linie durch die Reibung von Graphit auf Papier entsteht, werden dann nicht auch die Furchen des Feldes gleichermaßen durch das mühsame Ziehen der Harke oder des Pfluges gegen den Widerstand der Erde gebildet? Wenn erstere eine Linie ist, dann sind es auch letztere. Linien wie diese haben eine materielle Präsenz; sie sind nicht nur frei bewegliche Signifikanten, deren richtiger Ort im Bereich der Bilder liegt. Sie sind nicht metaphorisch, sondern real. Und das Wichtigste an ihnen ist, dass sie sich noch nicht von den Elementen gelöst oder getrennt haben, aus denen sie entstanden sind – Elementen wie der zerklüfteten Erde, der aufgewühlten Luft, der Niederschläge und dem Sonnenlicht.

Es gibt Linien in der Landschaft, weil jede Landschaft in Bewegung entstanden ist und weil diese Bewegung materielle Spuren entlang der vielfältigen Pfade ihres Vorgehens hinterlässt. Diese Linien wahrzunehmen bedeutet nicht, die Dinge so zu sehen, wie sie sind, sondern die Richtungen zu sehen, in die sich die Dinge bewegen. Es geht darum, ihre Maserungen, Texturen und Strömungen zu sehen,

Abbildung 18 Stare auf Drähten (Foto von Nisha Keshav)

nicht ihr Layout oder ihre formalen Hüllen. Wir nehmen den Graphitfleck auf dem Papier als Linie wahr, weil wir die Richtung sehen, in die er hinzielt, und das ist bei der Furche, der Wolke und dem Schilfrohr nicht anders. In jedem Fall kann die Linie von ihrem Element unterschieden werden, aber nicht das Element von der Linie. Der Bleistiftstrich wird vom Papier unterschieden, aber nicht das Papier vom Strich; die Furche wird von der Erde unterschieden, aber nicht die Erde von der Furche; die Wolken vom Himmel, aber nicht der Himmel von den Wolken; das Schilf von durchtränkten Gewässersohlen, aber nicht die Gewässersohlen vom Schilf. Betrachtet noch einmal die Streifen des Feldes, geprägt von menschlicher Gestaltungsarbeit, vom Regenwasser begossen und vom Wind unter leuchtendem Himmel gepeitscht. Dies sind Kraft- und Reibungslinien und sie durchqueren die Landschaft, so wie die landwirtschaftliche Arbeit sich mit fließendem Wasser, mit dem Flug der Vögel und mit den Stromkabeln überschneidet, auf denen die Vögel auf ihrem Weg landen (Abbildung 18). Oh ja, es gibt Linien in dieser Landschaft und wir haben Nisha Keshavs Fotografien, um es zu beweisen.

Die Kreidelinie und der Schatten

Dieser Essay, in Auftrag gegeben vom künstlerischen Leiter Benjamin Grillon, wurde ursprünglich als Begleittext zu einem fotografischen Projekt der Künstler Matthieu Raffard und Mathilde Roussel verfasst. Ziel des Projekts war es, das Verhältnis zwischen Raum, Raster und Linie in der Struktur von Bildern zu erforschen. Raffard und Roussel waren besonders interessiert an der Kreidelinie, einem simplen Hilfsmittel, das in der Bauindustrie immer noch weithin benutzt wird, um Oberflächen mit geraden Linien zu markieren. Eine Schnur, die mit weißer oder blauer Kreide überzogen ist, wird straff über eine Fläche gespannt. Wenn sie angezupft wird, vibriert sie und markiert sofort die Oberfläche auf ihrer gesamten Länge. Ist diese Linie, die, gleichgültig gegenüber Oberflächenhindernissen, die kürzeste Entfernung zwischen zwei Punkten durchläuft, eine Abstraktion soliden Baustellenmaterials? Oder ist sie, ihrer Gewichtung nach und in ihrer Spannung, der materielle und greifbare Ausdruck der fiktiven, geometrischen Linien des architektonischen Entwurfs? Sie ist natürlich beides, eine Art Dreh- und Angelpunkt im Gleichgewicht zwischen konzeptioneller und materieller Welt. Darin liegt ihr besonderer Nutzen.

* * *

Ich besuche die Stadt Hammerfest an der Küste von Nordnorwegen. Es ist ein strahlender Novembertag und ich benutze einen beliebten, viel genutzten Weg am Rande der Stadt. Entlang eines Teilstücks des Wegs hat die Stadtverwaltung einen Zaun errichtet, der aus horizontalen Drähten besteht, die zwischen abständig in den Boden getriebenen Pfählen gespannt sind. Während ich gehe, bemerke ich, dass der oberste Draht des Zauns einen Schatten wirft. Zu meinem Erstaunen verläuft der Schatten wie ein dunkles Band direkt auf der Mittellinie des Wegs. Obgleich die Oberfläche des Wegs selbst irgendwie unregelmäßig ist – eine Mischung aus Stein, Morast und Schotter, von zahllosen Füßen abgenutzt –, überquert das Band mühelos jedes Hindernis und weicht nicht ein einziges Mal von seinem Weg ab. Noch bemerkenswerter ist, dass es in dem Moment, in dem die Sonne hinter einer Wolke verschwindet, augenblicklich über seine gesamte sichtbare Länge verschwindet, um dann wie von Geisterhand wiederaufzutauchen, wenn die Sonne wieder hervorkommt. Ich kann nicht umhin, mich über die Seltsamkeit dieser Linie zu wundern, und insbesondere darüber, wie sie sich von den Linien des Weges selbst und des Zaundrahtes unterscheidet.

Die Sache mit dem Weg ist die, dass er sich immer wieder vom Boden abhebt, ohne sich jemals von ihm zu trennen. Fragt mich, wie der Weg am Boden verläuft, und ich kann es euch sagen; fragt mich, was Boden und was Weg ist, und ich kann es nicht. Denn der Weg wird nicht *auf* der Bodenoberfläche angelegt, sondern entsteht als Differenz *in* ihr, markiert etwa durch zusätzliche Abnutzung, das Zertrampeln von Vegetation oder die Abtragung des Bodens. In dieser Hinsicht gleicht er einer Linie, die durch Zeichnen entsteht. Wenn man eine Linie mit einem Bleistift auf ein Blatt zeichnet, entsteht die Linie als Spur der Bleistiftspitze, die durch die Geste der Hand bewegt wird. Beim Weg sind es die Bewegungen der Füße und nicht der Hand, die eine Spur hinterlassen. Aber wie die Linie entsteht auch der Weg, *so wie's langgeht*, als Fortsetzung einer körperlichen Bewegung. Ich gehe natürlich dorthin, wo schon viele gegangen sind, und in diesem Sinne ist die Linie schon da, der ich folgen kann. Doch indem ich ihr folge, trage ich, wenn auch nur unbedeutend, zu ihrer Aufrechterhaltung bei.

Mit dem Draht jedoch scheint es ganz anders zu sein. Denn der Draht wurde nicht durch die Wandertätigkeit von Füßen oder Händen so im Vorbeigehen verlegt, sondern zwischen Pfählen gespannt, die bereits in den Boden getrieben waren. Es ist, als ob im gespannten Draht des Zauns der Verlauf des Weges aufgeschlüsselt und als eine Folge von ungefähr gleich weit entfernten Punkten und den geradlinigen Verbindungen zwischen ihnen rekonstruiert wird. Der Draht kümmert sich nicht um die Oberflächenbeschaffenheit des Bodens, über den er gespannt ist, und der Boden kümmert sich nicht um den Draht. Wenn ich den Weg gehe, habe ich keine Schwierigkeiten, das eine vom anderen zu unterscheiden. Es ist, als ob im gespannten Draht des Zauns der Verlauf des Weges aufgeschlüsselt und als eine Folge von ungefähr gleich weit entfernten Punkten und den geradlinigen Verbindungen zwischen ihnen rekonstruiert wird.

Ich halte einen Moment inne, schaue aufs Meer hinaus und beobachte, wie ein Schiff, das mit Flüssiggas aus einer nah gelegenen Raffinerie beladen ist, durch den schmalen Kanal fährt, der das Festland von den Nachbarinseln trennt. Ich stelle mir vor, wie der Steuermann des Schiffes einen Kurs von Punkt zu Punkt festlegt. Die Linien auf seiner Seekarte, so scheint es mir, haben mit der tatsächlichen Oberfläche des Meeres so wenig zu tun wie der Draht des Zauns mit der Oberfläche des Bodens. Aber wenn die Schifffahrtslinie in dieser Hinsicht dem gespannten Draht ähnelt, so könnte sie in einer anderen Hinsicht nicht unterschiedlicher sein. Denn sie existiert nur auf dem Bildschirm, ist nur auf einer fiktiven Ebene der kartografischen Darstellung abgebildet. Der Draht hingegen hat eine reale, materielle Präsenz in der Welt. Er hat einen Körper, eine Farbe, eine Textur. Man kann ihn anfassen und fühlen. Zupft man daran, vibriert er. Bei starkem Wind können seine Schwingungen sogar einen Ton erzeugen.

Kehren wir zu den Grundlagen zurück. Dieser Unterschied in der geraden Linie, zwischen abstraktem Ideal und phänomenaler Präsenz, begleitet uns schon seit den Anfängen der Geometrie. In den *Elementen* von Euklid wird eine Gerade minimal als die kürzeste Entfernung zwischen zwei Punkten definiert. Als solche ist sie rein begrifflich und rational; sie ist unendlich dünn und wird auf einer Ebene gezeichnet, die sowohl transparent als auch ohne Substanz ist. Die ersten Geometer – wörtlich „Erdvermesser" –, von denen wir mit Sicherheit wissen, waren die Landvermesser im alten Ägypten, die nach jeder jährlichen Nilüberschwemmung Grundstücke für den Anbau absteckten, indem sie Seile zwischen in den Boden gerammten Stangen spannten. Es ist sicher kein Zufall, dass wir in der ägyptischen Antike auch den ersten Hinweis auf die seither weitverbreitete Methode finden, Steine vor dem Behauen abzustecken. Ein mit rotem Ocker bestäubter Faden wurde straff über die Oberfläche des zu schneidenden Materials gespannt. Zupft oder reißt man an dem Faden und bringt ihn in Schwingung, so hinterlässt er sofort eine vollkommen gerade Ockerspur auf der Oberfläche, an der sich der Steinhauer orientieren kann.

Wenn nun der Ursprung der geraden Linie in dem gespannten Faden liegt, ist es sicherlich nicht unvernünftig anzunehmen, dass die ersten geraden Linien, die auf Oberflächen angebracht wurden, eher mit dem Hochschnappen eines Fadens ausgelöst als mit der Hand gezogen wurden. Heutzutage ist das bevorzugte Material weiße oder blaue Kreide und der Faden ist in der Regel aus Nylon und wird auf einer Spule aufgewickelt, aber die grundlegende Technik ist ansonsten unverändert geblieben (Abbildung 19). Um eine zu behauende Fläche zu markieren, wickelt man den Faden von der Spule ab,

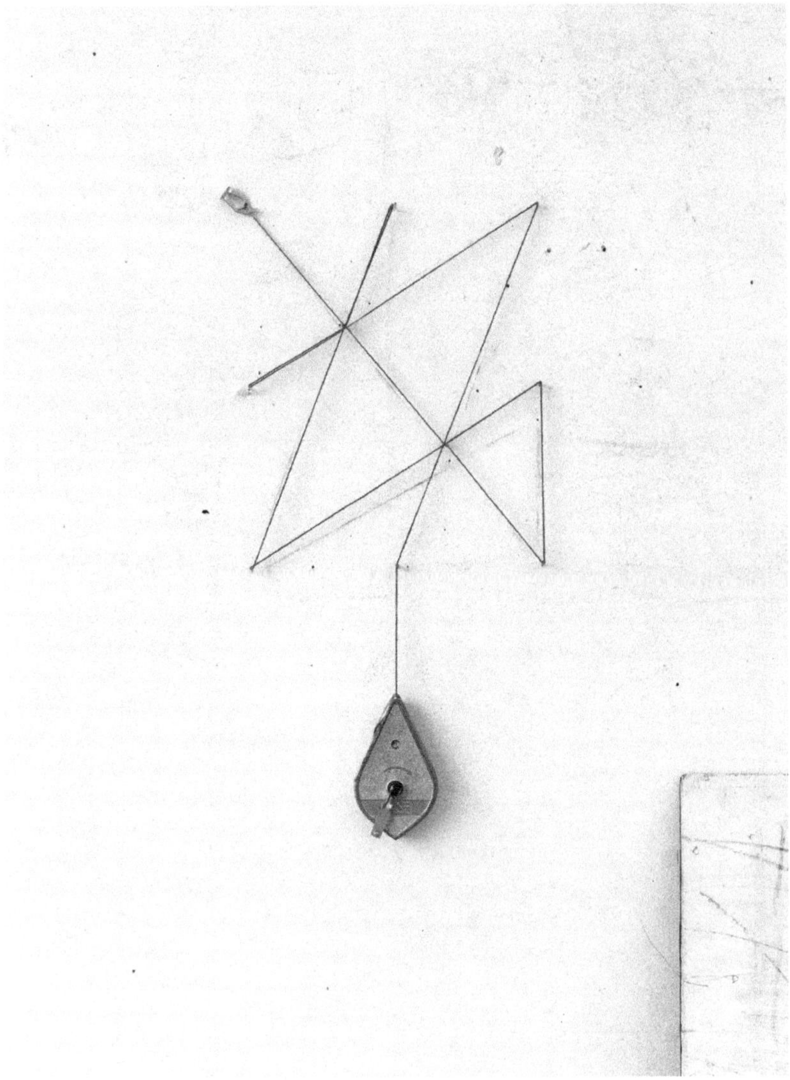

Abbildung 19 Kreidelinie (2019), von Matthieu Raffard und Mathilde Roussel (Foto, mit freundlicher Genehmigung von Benjamin Grillon Studio)

Abbildung 20 Der Schatten der Kreidelinie (2019) von Matthieu Raffard und Mathilde Roussel (Foto, mit freundlicher Genehmigung von Benjamin Grillon Studio)

spannt ihn über die Fläche und schnappt ihn hoch, bis eine Farbspur erscheint.

Während ich dem vom Zaundraht geworfenen Schattenband folge, frage ich mich, ob die Kreidelinie vielleicht den entscheidenden Hinweis auf die Beziehung zwischen Draht und Band enthält. Denn plötzlich dämmert mir, dass diese Beziehung mit derjenigen zwischen Kreidestrich und Kreidespur vergleichbar ist (Abbildung 20). Sie haben gemeinsam, dass die Kraft, die die Linie aktiviert, sei sie nun aus Kreide oder aus Draht, nicht in Längsrichtung – wie beim Begehen eines Weges oder beim Zeichnen mit einem Bleistift –, sondern transversal auf sie einwirkt.

Wenn die Finger am Faden zupfen, fallen die Sonnenstrahlen quer über den Draht, orthogonal zur Spannungslinie. Sowohl der Faden als auch der Draht werfen sofort einen Schatten, und zwar über ihre gesamte Länge. Scheinbar über den Unebenheiten der Oberfläche schwebend, den Variationen gegenüber gleichgültig, verschmilzt dieser Schatten irgendwie mit der Oberfläche, ohne sie augenscheinlich überhaupt zu berühren. Und wie der Baumeister beim Behauen des Materials dem Schatten folgt, bereite ich mir, schattenfolgend, mit meinen Füßen den Weg.

Falte

Der geografische Begriff für die Linie der niedersten Höhenangabe, die dort entsteht, wo sich zwei Hänge kreuzen und einen natürlichen Wasserlauf oder einen Weg durch die Hügel bilden, ist Talweg. *In der Tat ist der Talweg eine Falte in der Landschaft, der Fluss und Weg folgen. Kein Wunder, dass* TALWEG, *eine künstlerische und literarische Zeitschrift, die sich dem Nachdenken über die Linie widmet, die „Falte" zum Thema ihrer Erstausgabe wählte.*[48] *Mein Beitrag war ein kleines Gedicht, das den Bedeutungen des Begriffs nachspürt, von der gefalteten Zeitung, über das Falten von Kleidung und Gesteinsfalten bis zur Ansammlung der Herde* (fold). *Falten sind mannigfach. Aber wie die Faltlinien, die die Oberflächen der Welt zerknittern, oder was mit einem Blatt Papier herausgefunden werden kann, das erst zusammengeknüllt und dann entfaltet, ausgebreitet wird, sind dies Variationen des Einen.*

* * *

Falte / Fold
Wo Seite an Seite Rücken an Rücken oder Gesicht an Gesicht ist.
Welche Geheimnisse liegen zwischen den Bettlaken oder
Zeitungsseiten,
Wo Wörter wie Körper einander berührend sich küssen in
ungesehener Intimität?
Um zu lesen, müssen die Seiten geöffnet werden,
Und Wörter, die einmal des anderen Puls gefühlt hatten,
Müssen getrennt stehen, als ob sie einander nie gekannt hätten,
Von einer Falte separiert.

Falte / Fold
Macht aus Flächen Volumina
Verpackt in Schubläden und Koffern,
Auch wenn das Bügeleisen Flächen aus Volumina macht.
Das zerknüllte Taschentuch und vollgestopfte Taschen liegen
flach auf dem Brett,

Abbildung 21 Das Zusammentreffen von Buchstaben über eine Falte hinweg (Foto des Autors)

Das Leben aus ihnen herausgepresst. Kleidung, die ordentlich im
Regal gestapelt ist,
Sicher vor verschwitzten Poren und unruhigen Gliedern,
Nur für die Schatten geeignet.

Falte / Fold
Gerade die Oberfläche der Erde,
Biegt und verzieht sich, wenn sie von
unvorstellbaren Kräften zusammengedrückt wird.
Über alte Berge zu wandern heißt, die Grate einer Ziehharmonika
zu überqueren,
Abgenutzt durch Jahrhunderte von Erosion. Die Zeit selbst
verliert ihre Orientierung, sodass,
Sehr zur Verblüffung der Geologen,
Ältere Schichten ihre Vorgänger überlagern.

Falte / Fold
Zwei, vier, viele;
Eine Sache, die sich durch Wachstum und Differenzierung
vervielfacht,
Wie eines Hirten Herde oder Pfarrers Kirchengemeinde.
Wanderungen und Lebenswege gesammelt in Kirche oder Pferch,
Wo sie gezählt werden können.
Vielfalt, an einem Ort entfaltet, gemeinsam, alles in einem.

Einen Faden spazieren führen

In einer materiellen Welt kann es ohne Flächen keine Linien geben, ohne Linien keine Flächen. Wo immer Flächen existieren, müssen sie sich irgendwie durch ein lineares Verweben von Material herausgebildet haben. Und wo immer Linien existieren, müssen sie entweder in einer Fläche aufgespürt oder durch sie hindurchgefädelt werden. Aber Formen von Linien, Spuren und Fäden haben nun mal grundlegend verschiedene Eigenschaften – das ist mein Thema in diesem Essay, den ich nach einem Besuch im Studio der in Brüssel ansässigen Textilkünstlerinnen Anne Masson und Eric Chevalier schrieb.[49] *Als ich das Studio betrat, befand ich mich in einer Welt, in der alle vertrauten Dinge, mit denen wir uns im Alltag umgeben, wie Kleider und Möbel, sich ver- und entwirrten und dabei fabelhafte und unerwartete Prozessmuster bildeten. Die Linien hatten übernommen. Ein Knäuel Wolle wurde zu einer Weste, oder war es die Weste, die zu einem Wollknäuel wurde? Stühle, deren verfilzte Sitze sich auflösten, verhedderten sich ineinander, sodass nirgendwo mehr ein Sitzplatz zu haben war. Haken, die dazu gedacht waren, Dinge daran aufzuhängen, hängten sich selbst aneinander, ohne Rücksicht auf die Sachen, die eigentlich daran hängen sollten.*

Wickeln, verheddern und aufhängen sind Dinge, die man mit Fäden machen kann, die man mit Spuren nicht machen kann. Sie können auch gedehnt und gezupft werden. Und man kann sie zerschneiden. Das alles sind Gebrechen des Fleisches, das selbst ein Gewebe aus Fäden ist. Was passiert also, wenn das Fleisch verwundet wird?

* * *

Vom Zeichnen hat Paul Klee bemerkt, dass es heißt, eine Linie auf einen Spaziergang mitzunehmen. Jede gezeichnete Linie ist die Spur einer Geste, eine von einer sich bewegenden Spitze auf einer Fläche hinterlassene Markierung (siehe S. 95). Aber die Spur ist lediglich eine Art von Linie. Eine andere Art, genauso allgegenwärtig, ist der Faden. Was würde geschehen, wenn wir einen Faden auf einen Spaziergang mitzunehmen gedächten? Es gibt selbstverständlich einige Unterschiede. Zum einen muss der Faden, anders als die Spur, die sich einfach erweitert, während du so dahingehst, erst einmal gesponnen wer-

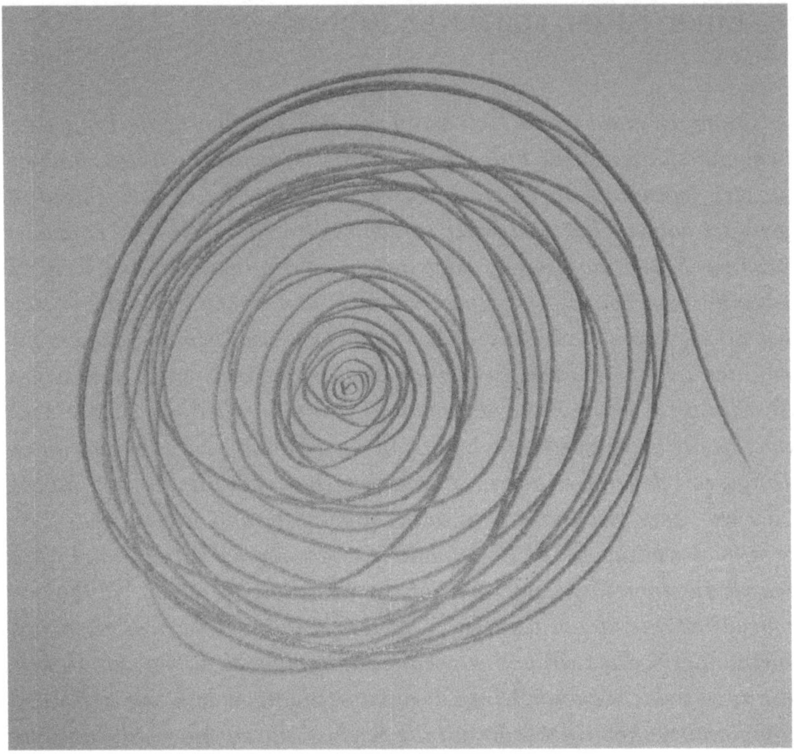

Abbildung 22 Spiralförmige Bleistiftlinie (Foto des Autors)

den. Noch bevor Sie Ihren Gang antreten, muss die Linie schon vorbereitet worden sein: Sie ist in aller Wahrscheinlichkeit zu einem Knäuel oder auf einer Spule zusammengerollt worden. Man kann auch eine Linie aufwickeln, mit einer spiralbildenden Bewegung des Bleistifts, der Bewegung des Fadenaufspulens nicht ganz unähnlich, was in Abbildung 22 gezeigt wird. Was man mit der Spur jedoch nicht machen kann, ist, sie abzuwickeln; noch kann man sie, so das getan ist, wieder aufwickeln. Ebenso wenig kann man sie herumbewegen oder ihr Layout verändern – obgleich man sie natürlich ausradieren kann, was mit einem Faden nicht möglich ist.

Zum anderen ist es möglich, einen Faden zu spannen. Ein gespannter Faden ist geradlinig und straff, wie die Saite einer Geige. Man zupfe oder streiche die Saite und sie vibriert. Eine Spur kann nicht vibrieren. Vielleicht kann sie Erschütterungen aufzeichnen, wie zum Beispiel ein Seismograf die Bodenvibrationen eines Erdbebens registriert. Aber auf der Geige ist es die Saite selbst, die vibriert. Ein anderes Beispiel des gespannten Fadens ist der Kettfaden des Webstuhls. Es gibt Gründe zu glauben, dass die Kettfäden der Prototyp für die Linierung des Manuskripts sind, was zu der Parallele zwischen den Schwingungen des Schussfadens beim Weben und der Buchstabenzeile beim Schreiben führt, die noch im Begriff von Schrift als Text überlebt.[50] Aber als praktische Handlungen unterscheiden sich das Spannen eines Fadens und das Linienziehen doch ziemlich, denn Ersteres schafft eine Spannung, Letzteres nicht. Die gespannte Linie ist dynamisch, die gezogene Linie ist träge. Die eine verdankt ihre Geradlinigkeit dem Spiel der Kräfte, die dem Material inhärent sind und die ihm durch die Mechanik des Spinnens verliehen wurden. Die Geradheit der anderen Linie ist ein bloßer Reflex der Kante des Lineals, das als Schablone benutzt worden ist, um die Bewegung des Markierungspunktes zu leiten. Wenn man die Fäden über eine biegsame Oberfläche z.B. aus Pappe oder gar Holz spannt, kann die Spannung ausreichen, um die Oberfläche zu krümmen; kein Lineal hat jedoch die gleiche Wirkung. Wenn die Linien eingeritzt werden, ist das wahrscheinliche Ergebnis nicht, dass sich die Oberfläche seitlich verzieht, sondern dass sie in Längsrichtung geschnitten wird.

Mit diesen Unterschieden zwischen Spur und Faden im Kopf wollen wir unseren Spaziergang antreten. Wir haben genügend Faden – sagen wir einmal: Wolle – zu einem Knäuel aufgerollt dabei. Das Knäuel ist an sich ein interessantes Ding. Man könnte es mit den vielen Ballformen vergleichen, die ersonnen wurden, um in Spielen der verschiedensten Art gerollt oder geschleudert zu werden. Das Garnknäuel, obgleich von sphärischer Form, hat keine einheitliche Oberfläche. Entsprechend hat die aufgewickelte Spur, die ich vorhin gezeichnet habe (Abbildung 22), keinen zusammenhängenden Umfang. Wenn man sich auf die Suche nach der Oberfläche eines Wollknäuels begibt, wird man es schließlich abwickeln, bis nichts mehr von dem Knäuel übrig ist. Wenn man aber genügend Material in Reserve hat, kann man auch weiterwickeln. Würde man dabei die Oberfläche des Knäuels mit einer neuen Schicht bedecken? Keineswegs, denn es gab ja gar keine Oberfläche. Anders ausgedrückt: Das Wollknäuel ist nie vollständig, es ist immer ein „Knäuel im Werden“ und die Linie des Werdens ist der Faden. Was das Ganze zusammenhält, ist die Spannung im Faden, die

Abbildung 23 Wollknäuel, von Anne Masson und Eric Chevalier (Foto von Christian Aschman)

dafür sorgt, dass man mit jeder Drehung das bisher Gebundene weiterbindet. (Abbildung 23). Es kann aber genauso gut eine Ent-Bindung sein und genau das geschieht, wenn man zu gehen beginnt.

Den Faden auf einen Spaziergang mitzunehmen erfordert vielleicht einiges Werkzeug. Das einfachste Werkzeug ist die Nadel: ein langes, dünnes Hilfsmittel, an einem Ende zugespitzt, am anderen eventuell (oder auch nicht) mit einem Öhr versehen. Bei Nähereien und Stickereien verläuft der Faden durch das Nadelöhr; beim Stricken wird er um den Schaft geschlungen. In jedem Fall, ob beim Nähen oder Stricken, besteht die Hauptfunktion des Werkzeugs nicht darin, eine Spur zu hinterlassen, auch wenn man die scharfe Spitze im Prinzip dazu verwenden könnte. Das Werkzeug schafft keine Linie, da die Linie bereits vorhanden ist. Es stellt mit dem Faden eher genau das an, was mit einer Spur nicht gemacht werden kann – das heißt, ihn in ein Muster von Schlaufen oder Knoten einzuordnen, wobei die Spitze dazu dient, die Öffnung zu finden, und die Öse oder der Schaft dazu, sie durchzuziehen. Anstatt sich selbst spiralig aufzuwickeln, bildet die Linie hier ein kompliziertes Gewirr, das nur durch Auflösen der Schlaufen entwirrt werden kann. In den Händen einer geschickten Näherin ermöglicht die Nadel eine Art Miniaturakrobatik: In größerem Maßstab wäre sie wie ein Spaziergang, bei dem man nicht einen Fuß vor den anderen setzt, sondern eine Reihe von Purzelbäumen schlägt. Durch regelmäßige Wiederholung greifen die Schlaufen ineinander und bilden ein Gewebe.

Und so wird, auf dem akrobatischen Rundgang, der Faden so schnell in das Gewebe zurückgebunden, wie er sich vom Knäuel abwickelt. Die Fadenlinie ist weder Knäuel noch Gewebe, noch ist sie etwas, das die beiden miteinander verbindet, als wären Knäuel und Gewebe getrennte Objekte, die neu verknüpft werden müssten. Eher ist es ein „Knäuel im Begriff, ein Gewebe zu werden". Aber es könnte genauso gut ein „Gewebe, das im Begriff steht, ein Knäuel zu werden", sein. Die Schönheit des Fadens besteht darin, dass das, was mal verwickelt war, jederzeit ent-wickelt werden kann, nur um erneut auf eine Art ver-wickelt zu werden, die neue und unvorhergesehene Formen und Muster hervorbringt (Abbildung 24). Sowohl im Knäuel als auch im Gewebe existiert ein Gleichgewicht zwischen Spannung und Entspannung. Deshalb kann man solche Wörter wie „eng" und „locker" verwenden, statt die konventionellere Zweiheit „geschlossen" und „offen". Ein Garnknäuel zu durchschneiden ist wie das Zerschneiden von lebendem Fleisch: Die Spannung im Faden wird beim Schneiden unmittelbar freigesetzt, sodass die beiden weggezogenen Seiten des Schnitts eine klaffende Wunde hinterlassen. Besteht eine Verbindung zwischen der Aufwicklung des Knäuels und der Fleischwunde? In einem jetzt überholten Sinne bedeutete „to wind" (aufwickeln) in der Tat, eine Waffe in einer kurvigen Bahn zu führen, um den Gegner zu verwunden. Lebendiges Gewebe ist, wie das Wollknäuel, ein Gebinde von Fäden.

In ähnlicher Weise kann das Durchschneiden von Fäden eines Gewebes eine strukturierte Verzerrung erzeugen, da sich die Fäden neu ordnen, um ein neues Gleichgewicht zu erreichen, ohne dass Weberin oder Weber manuell eingreifen müssen. Schon eher wie die exquisiten Blasenmuster, die sich in einer Schale mit Seifenwasser durch das Kräftegleichgewicht der Oberflächenspannung bilden, sind auch die textilen Muster Ausdruck eines entsprechenden Gleichgewichts der Zugkräfte aller einzelnen Fäden. Und wie beim Platzen einer Seifenblase wird auch beim Durchtrennen eines Fadens das gesamte Mus-

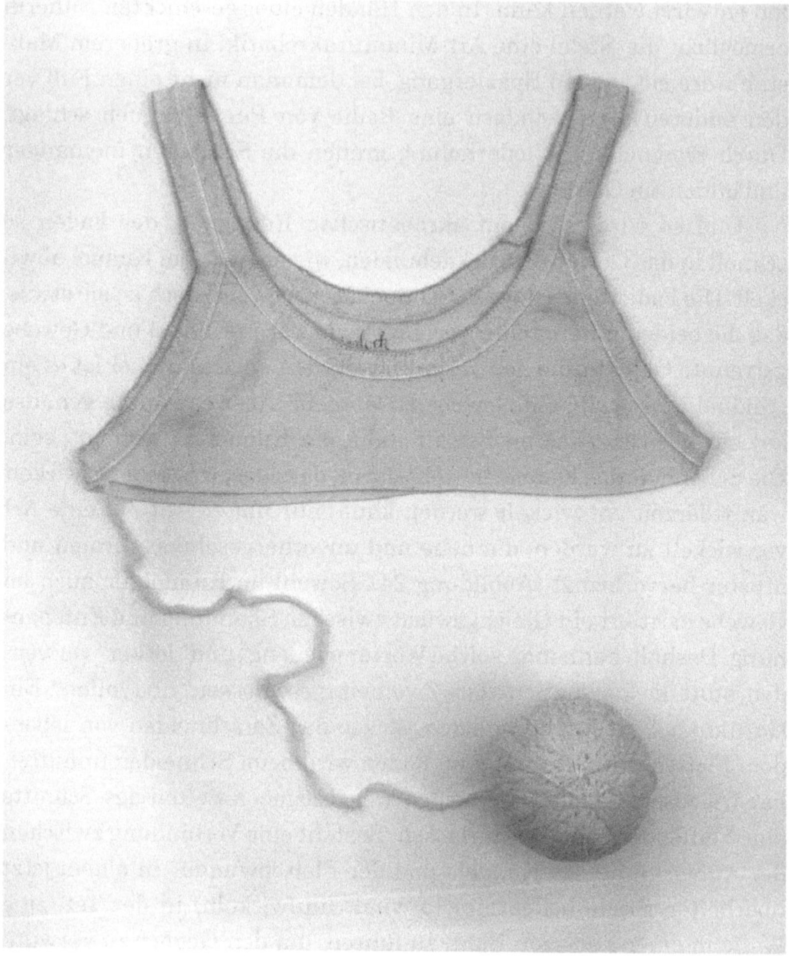

Abbildung 24 Weste und Knäuel, von Anne Masson und Eric Chevalier (Foto von Christian Aschman)

ter neugestaltet. Es entsteht, wie wir gern sagen, „von selbst", obwohl es richtiger wäre zu sagen, dass dieses Gleichgewicht eine Art Einvernehmen ist, das durch eine Verhandlung der Kräfte zwischen den Schnüren – also den Fäden – selbst erreicht wird.

Ein anderes Wort für Einvernehmen könnte Sympathie sein. Die übereinstimmenden Fäden des Textils sind in einer wohlwollenden Verbindung miteinander verknüpft. Wie Notenlinien zu einem mehrstimmigen Chor, aber anders als die Komponenten einer skulpturalen Anordnung, sind sie nicht *an*einander gebunden, sondern *mit*einander verknüpft. Mit ihrem Wechsel von Spannung und Auflösung, ihrer rhythmischen Struktur, ihren Kontrapunkten und Harmonien ähneln Textilien viel eher musikalischen Kompositionen als bildhauerischen Werken. Wenn wir also zwei zusammengebundene Stühle sehen, scheint die Objekthaftigkeit ihrer Textilität untergeordnet zu sein und nicht andersherum. Ursprünglich, frisch aus dem Geschäft oder Ausstellungsraum, hatten diese Stühle vielleicht eine mattierte Sitzfläche; dieses gewebte Element wäre jedoch durch eine ganz-

Abbildung 25 Zwei Stühle in einem, von Anne Masson und Eric Chevalier (Foto von Christian Aschman)

heitliche, zimmermannsmäßige Montage gerahmt worden. Aber nach vielen Jahren des Zusammenlebens haben sie eine gewisse Affinität, ja sogar Liebe entwickelt, die sich aus der gegenseitigen Zuneigung der Sitzenden heraus entwickelt hat. Wenn die Möbel, die wir täglich benutzen, so sehr Teil von uns sind wie die Kleidung, die wir tragen, warum können sich dann Möbelstücke nicht umarmen wie die Menschen? Auch Stühle können einander lieben; doch wenn sie es erst einmal tun, sind sie vielleicht nicht mehr von großem Wert, um sich daraufzusetzen (Abbildung 25). In solch einer verkehrten Welt wäre es das Schicksal der Menschen, die Last der verliebten Möbel zu tragen und vielleicht auch dem Druck der Zwietracht standzuhalten, falls die Freundschaft in Streit umschlägt.

Es ist, als würden diese Knäuelstühle den Tango tanzen – mit der gleichen intimen Intensität. Nicht mehr voneinander getrennte oder zu trennende Gegenstände sind sie in einer kugeligen Umarmung vereint, zwei-in-einem. Aus Möbelstücken einen Tanz zu machen heißt zu zeigen, wie sie ihr Leben *mit* uns führen, so wie wir es mit ihnen tun. An ihren Oberflächen, die wie die des Wollknäuels nicht eine Innenwelt privater Individualität verdecken, sondern die Erfahrungsschichten, die eine solche Verkleidung impliziert, durcheinanderbringen, mischen sich verwobene Leben. Wie das stille Wasser eines Teiches, an dessen Oberfläche sich der reflektierte Himmel mit schwimmendem Unkraut und Brechungen aus trüber Tiefe vermengt, ist die Oberfläche von Geweben ein Spiel aus Licht und Schatten, Farbe und Ton, Harmonie und Melodie. Die Textur ist eine Oberfläche, die nicht verheimlicht oder verdeckt, sondern sich durchdringt. Und auf solchen Oberflächen schreiten wir unsere sich immer weiter ausdehnenden Lebensfäden ab.

Buchstabenzeile und Durchstreicher

Am Anfang einer kurzen Videoarbeit namens Walk (strike through with pen)[51] *wird die Künstlerin Anna Macdonald auf einem Stuhl in der Mitte eines Feldes sitzend gefilmt (Abbildung 26(a)). Sie hält eine Reihe von Papieren, die in einem leichten Wind flattern. Das Feld selbst ist unauffällig: flach, ein bisschen schlammig, mit zottigem Gras und Unkraut durchsetzt. Der Horizont ist von Bäumen ohne Laub übersät, der Himmel frei von Merkmalen. Es muss Spätherbst oder Winter sein. In der Ferne ist Vogelgezwitscher zu hören, sonst kein anderes Geräusch als ein leichtes, unheilvolles Zischen oder Knirschen, das mit einem kleinen Klicken endet, als würde ein Stift aus seinem Halter gezogen. Leise und bedächtig erhebt sich Macdonald von ihrem Stuhl und beginnt, den Blick geradeaus gerichtet, zu gehen. Auf der Leinwand sehen wir ihre Figur im Profil, wie sie von links nach rechts geht. Doch schon nach wenigen Schritten ertönt ein plötzliches, schneidendes Geräusch und eine braunschwarze Linie zieht sich durch das Bild und durchtrennt die Figur der schreitenden Künstlerin knapp unterhalb ihres Halses (Abbildung 26(b)). Kaum einen Augenblick zögernd, geht sie weiter und der Strich verblasst bald, dann wiederholt sich das Ganze, nur dass diesmal die Figur auf Hüfthöhe durchschnitten wird (Abbildung 26(c)). Nach etwa zwanzig Schritten bleibt sie stehen und dreht sich um, um sich dem Hocker zuzuwenden. Es gibt einen weiteren Schnitt, der jetzt durch ihr Gesicht geht (26(d)). Das Video endet nach nur einer Minute und achtzehn Sekunden mit der Ausblendung des Bildes, wobei nur die Schnittlinie übrig bleibt. Wenn man sich dem Hintergrund zuwendet, erkennt man, dass die Markierung tatsächlich auf einer strukturierten Papieroberfläche geschah und dass auch das Videobild auf der gleichen Oberfläche abgespielt wurde. Was geht hier vor?*

* * *

In einer Welt des Lebens wachsen die Linien von der Spitze aus. Wurzeln und Ausläufer ertasten sich ihren Weg im Erdreich, drehen und wenden sich als Reaktion auf die ständig sich ändernden Bedingungen. Schösslinge und Setzlinge biegen und beugen sich im Wettbewerb um einen Platz an der Sonne. An Land hinterlassen Tiere unste-

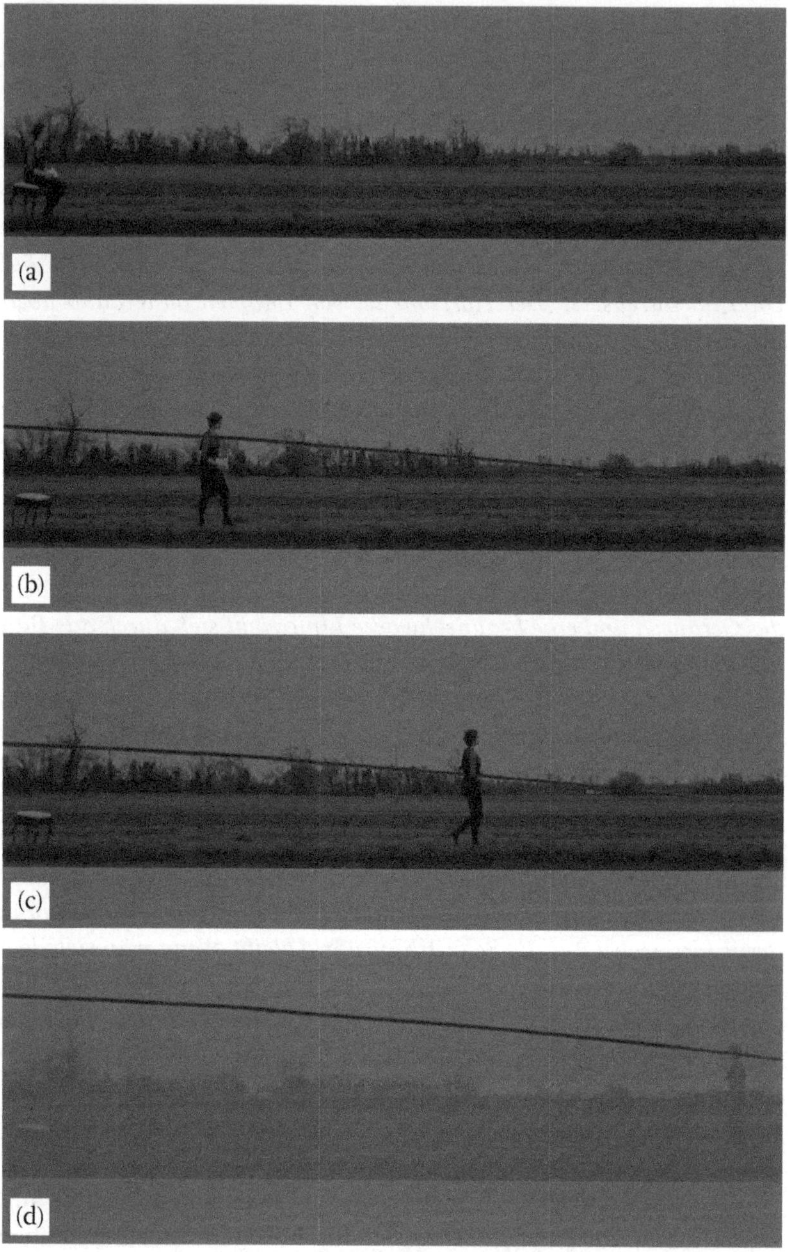

Abbildung 26 Vier Standaufnahmen aus *Walk (strike through with pen)* (2016) von Anna Macdonald **(a)** um 0’03”; **(b)** um 0’30”; **(c)** um 0’39””; **(d)** um 1‘10”. (Mit freundlicher Genehmigung der Künstlerin)

te Spuren im Unterholz, während Vögel von einem Zweig zum andern flitzen oder in sich windenden Luftströmungen aufwärtssegeln. Auf einer verkehrsreichen Straße fädeln sich die Menschen ein und aus, um Zusammenstöße zu vermeiden. Und im simplen Akt des Schreibens mit einer Feder hinterlassen die gestischen Fingerspitzenbewegungen der denkenden Hand eine kringelige Linie in Form eines Schriftzugs. In den meisten westlichen Schriftsystemen, zieht sich die Linie von links nach rechts. Aber die Feder macht nur langsame Fortschritte von einem Seitenrand zum andern. Die meiste Zeit oszilliert die Feder auf und ab oder macht sogar rückläufige Schlaufen, bevor sie wieder vorangeht.

Das Durchstreichen ist hingegen eine gänzlich andere Angelegenheit. Es kommt überraschend, ist gewaltsam und brisant. Die Axt, die durch Holz schlägt, spaltet es in zwei. Die Kriegerschwerter, die durch Fleisch hauen, lassen das Schlachtfeld überstreut mit abgetrennten Gliedmaßen zurück; Köpfe rollen unter der Guillotine. Und eine Kunstleinwand, von des Vandalen Messer aufgeschlitzt, behält einen klaffenden Riss. In jedem Fall wird die Schnittkante unter der ihr eigenen Schwungkraft wie ein Projektil vorangetrieben. Wenn es darum geht, Kleider zuzuschneiden, mag unser Werkzeug der Wahl durchaus eine Schere sein: Das Material wird zerschnitten, wenn sich die Schere schließt. Die zwei Klingen zertrennen die Fäden, aus denen der Stoff einst gewoben wurde, mit der doppelten Kraft eines Messers. Auf Papier angewendet, schneiden die Klingen gleichermaßen durch den Text wie durch Gewebefäden und reduzieren ihn zu Papierschnitzeln.

Glücklicherweise hat das Durchstreichen mit einer Feder keine solchen schlimmen Folgen. Die Handbewegung ist ähnlich. Sie ist ebenso impulsiv. Die Hand schwingt in Aktion und verläuft ohne Zögern oder Abweichung. Die bogenähnliche Spur, die sie hinterlässt, ähnelt, falls sie nicht von einem Lineal geleitet wird, eher der Flugbahn einer Rakete als dem Mäandern einer Wurzel oder dem Gang einer Fußgängerin. Doch was auch immer unter der Spur liegt, bleibt intakt. Ist es ein Bild, so wie auf einer Ansichtskarte, kann es weiterhin gesehen werden; ist es ein Text, wie auf der Kartenrückseite, kann er noch immer gelesen werden. Allerdings kann einem die störende Linie in die Quere kommen und das Betrachten und Lesen etwas schwieriger machen. Aber verglichen mit den Alternativen des Zer- und Kleinschneidens einerseits oder des Zerkratzens und Ausradierens andererseits bewahrt das inschriftsgemäße Durchstreichen in einzigartiger Weise das Ausgestrichene und vermag dadurch vielleicht sogar seine Bedeutung zu verstärken. Wie der Künstler Jean-Michel Basquiat zugibt: „~~Ich streiche Wörter durch, sodass man sie besser sehen kann; die Tatsache, dass sie undeutlich sind, lässt uns wünschen, sie lesen zu können~~."[52] Freilich braucht es nur eine kleine Verschiebung abwärts, um das Durchstreichen in eine Unterstreichung zu verwandeln und aus dem Annullierten eine Hervorhebung zu machen. Die Frage ist, wie ist das möglich?

Philosophinnen und Philosophen von Martin Heidegger bis Jacques Derrida haben viel aus der Idee gemacht, „unter Löschung" zu schreiben (auf Französisch: *sous rature*), als eine Möglichkeit, auf zwei Hochzeiten zu tanzen, solange es um Wörter geht.[53] Die Wörter sind nie ganz richtig, also wünscht man sie auszustreichen, aber man kommt nicht ohne sie aus, also sorgt man dafür, dass sie lesbar bleiben. Genau genommen heißt es jedoch, ein Wort zu löschen, es funktional *unleserlich* zu machen. Anders als beim Durchstreichen ist es eine oberflächenorientierte Bewegung, die eine Deckschicht abkratzt, einschließlich jeden Textes und jeder bildlichen Darstellung, die darin eingeschrieben sind. In den meisten Fällen ist die Beseitigung nur partiell, mit dem Ergebnis, dass eine Wiederverwendung zur Entstehung eines Palimpsests führt. Aber bei einem Palimpsest, wie wir auf S. 97 gesehen haben, bringt das Löschen alte Wörter an die Oberfläche, statt sie gewissermaßen wegzusperren. Nur Philosophin oder Philosoph könnten unter der gleichen Idee in Ausführung und Wirkung so unterschiedliche praktische Vorgänge wie Radieren und Durchstreichen verwechseln! Kein Schreiber, keine Schriftsetzerin, auch kein Korrektor würde den gleichen Fehler machen. Auch würden sie weder das Radieren noch das Durchstreichen, die beide die Integrität der Oberfläche bewahren, als ein zerstörendes Zerschneiden oder Zerschnippseln ansehe. Zwar überleben Fragmente den Schredder, so bedarf es doch ihrer Wiedervereinigung, damit etwas gelesen werden kann, ähnlich wie eine Archäologin die Scherben eines alten Topfes zusammensetzen würde, um seine Form und Dekoration wiederherzustellen, oder wie ein angehender Betrüger hofft, die Details einer Kreditkarte aus den zerschnittenen Schnipseln von Abrechnungsbelegen zu rekonstruieren.

Was das Durchstreichen mit einer Feder, verglichen mit einer schneidenden Klinge, angeht, so ist das Bezeichnende daran, dass die Geste samt der Spur, die sie hinterlässt, sich auf einer getrennten Realitätsebene entfaltet, einer, die das Original überlagert, ohne je mit diesem in Kontakt zu kommen. Zur Erklärung dessen, was ich meine, möchte ich ein gänzlich anderes Beispiel anführen. John Audubons *Birds of America* ist mit seinen 29,5 Inches Höhe mal 28,5 Inches Breite [= 74,9 x 72,9 cm] eines der größten Bücher, die jemals gedruckt worden sind.[54] Jede Seite schmückt das Porträt eines bestimmten Vogels, der auf dem Kontinent heimisch ist, und das Buch verdankt seine Größe hauptsächlich Audubons Entschlossenheit, jede Spezies in seiner realen Lebensgröße zu malen. Das Buch sollte das zweidimensionale Gegenstück zum dreidimensionalen Diorama einer Tierpräparatorin sein und wie mit dem Diorama war jedes Porträt in eine Modell-Landschaft gesetzt, die der jeweiligen Art angemessen war. In Audubons Porträt eines Schreikranichs, erkennt man, wie der Hals des Vogels in einer anatomisch unmöglichen Angleichung vorgebeugt ist, um auf die Seite zu passen. Aber man kann desgleichen sehen, dass der Schnabel offen ist, offensichtlich bereit, eine Eidechse aufzuschnappen, die sich am Boden aufwärmt. Schaut man jedoch erneut hin, so erkennt man, dass der Vogel und die Eidechse zwei völlig verschiedenen Bildern angehören. Die Eidechse ist Teil eines Gemäldes, das den Vordergrund, den Wald und einen See einschließt. Der Vogel, in einem ganz anderen Maßstab gemalt, ist vor diesem Hintergrund eingesetzt, so wie man vielleicht ein Bild auf eine Tapete kleben würde. Und während der Vogel wie das Modell eines Tierpräparators eine gewisse Wirklichkeit vorgibt, so ist die Landschaft offenkundig eine Repräsentation, als ob in einem Spiegel reflektiert. Der Vogel kann demnach die Eidechse so wenig schnappen, wie er hinter das Spiegelglas treten kann.

Kehren wir jetzt zu Anna Macdonalds Video zurück, dann in dem Wissen bestätigt, dass die Feder, wenn sie dreimal über die Bildbreite hinwegfegt, ihrem gehenden Körper nicht mehr Schaden zufügen kann, als der Kranichschnabel der kauernden Eidechse. In der Tat haben Feder und Körper überhaupt keinen Kontakt und die Illusion, dass sie welchen hätten, ist nichts weiter als das Artefakt einer doppelten Belichtung. Wenn Sie mit einer Axt Holz spalten, sind Sie-mit-Ihrer-Axt und das Holz gemeinsame Beteiligte in der gleichen Welt. Mit einem Schlag der Axt wird das Holz entzweigehauen. Aber im Video sind zwei getrennte Welten nebeneinandergestellt: die Außenwelt von

Feld und Wäldern und die Innenwelt von Feder und Papier. Tatsächlich wurde bei der Herstellung des Federstrichs eigenständig gefilmt und der Federstrich über ein bereits vorhandenes Stück Film gelegt, auf dem die Künstlerin über das Feld geht. Die Töne wurden auf ähnliche Weise übereinandergelegt, so wie das Zischen der Feder, wenn sie aus ihrem Halter gezogen wird, über ein Vogellied montiert ist. Zu Beginn des Videos sind wir so sehr in der Außenwelt versunken, hinter dem Spiegel, dass wir das abrupte Erscheinen des Durchstreichens als fremden Eingriff empfinden, der bald schon wieder verblasst. „Was in aller Welt war das?", fragen wir uns. Aber am Schluss sind wir wieder vor dem Spiegel, in der Welt von Feder und Papier, während das Bild der Künstlerin im Feld wie ein Traum beim Erwachen dahinschwindet.

Sodann, was sagt uns dies alles über das Durchstreichen in einer verbalen Inschrift? Wenn wir uns beim Schreiben selbst korrigieren oder einen Text überarbeiten, streichen wir die Wörter, die entfallen sollen, einfach und routinemäßig durch. Aber in Wahrheit durchkreuzt der Durchstrich die Schriftlinie, *ohne sie jemals zu berühren*. Die Linie kann sich um sich selbst schlingen, wie ein Garn beim Stricken. Andere Linien können eingefügt oder in den Text eingewebt werden. Das Einzige, was so eine Linie nicht kann, ist, sich selbst zurückzuspulen oder sich selbst durchzukreuzen. Noch, was das anbelangt, kann sie sich selbst unterstreichen. Paradoxerweise gehört der Durchstrich, wenngleich auf der gleichen Seite wie die Schriftlinie untergebracht, die er zu beseitigen scheint, zu einem gänzlich anderen Inschriftsverzeichnis. Er hat zugegebenermaßen nicht mehr Kontakt mit dem Text als die Unterstreichung. Die Verschiebung der Strichhöhe nach oben oder unten, z. B. von Entfernen zu ~~Entfernen~~[55], beeinflusst die Bedeutung, ändert aber nicht das Register. Man könnte es mit dem Blick durch ein Sprossenfenster vergleichen. Der horizontale Spross, der die oberen von den unteren Scheiben trennt, halbiert den Blick nach draußen und durchkreuzt bestimmte interessante Aspekte. Ihr wollt das Interessante deutlicher sehen? Dazu müsst ihr nur euren Blick etwas anheben, woraufhin die Sprosslinie auf ein Niveau unter das fragliche Merkmal sinkt und es markanter kadriert. Aber der Spross gehört natürlich zum Fenster und nicht zu der Welt draußen.

Das Gleiche gilt für den Durchstrich und den Schriftzug und diese Überschneidung verkörpert auch den Zustand der Schriftstellerin, deren Fantasie Himmel und Erde durchstreift, sich mit der Erde, dem Wind und dem Vogelgezwitscher der Außenwelt vermischt, deren Hand jedoch – beschränkt auf die Innenwelt des Arbeitszimmers – in einer kurzsichtigen Beschäftigung mit dem Blatt gefangen ist. Im Aufeinandertreffen kollidieren diese Welten zufällig und die Spur, die das hinterlässt, ist das Zeichen ihres Zusammenstoßes.

AUS LIEBE ZU DEN WÖRTERN

Einleitung

Für die meisten von uns sind Wörter, während wir so durch unser Leben gehen, unsere hauptsächlichen Verständigungsmittel. Mit ihnen laden wir andere ein, sich um uns zu versammeln, reden mit ihnen, verknüpfen unsere eigenen Lebensgeschichten mit den ihren, kümmern uns um das, was sie sagen, und antworten darauf. Angereichert mit der Patina des täglichen Gebrauchs, mit immer neuer Textur, treten sie im Bewegungsspiel des Mundes und der Lippen beim Sprechen hervor oder ergießen sich in den Spuren der Hand der Schriftstellerin auf das Blatt. Sie können laut oder leise, turbulent oder heiter sein. Wörter, gesprochen oder handgeschrieben, sind ein Echo auf den Puls der Dinge. Sie können streicheln, erschrecken, verzaubern, abstoßen. Sie gewähren, wie der Philosoph Maurice Merleau-Ponty es einmal formulierte, so viele Möglichkeiten, die Welt und ihr Loblied zu singen.[56] Wir könnten sagen, dass Worte eine Poetik der Behausung vermitteln.

Doch wenn wir uns so umsehen, scheint es, dass irgendwas in unserem Verhältnis zu den Wörtern ernsthaft schiefgegangen ist. Es ist, als ob sie sich gegen uns gewandt hätten, oder wir gegen sie. Wir machen sie routinemäßig für die Unterdrückung von Gefühlen verantwortlich oder dafür, dass sie nicht für die Authentizität von Erfahrungen einstehen. Um herauszufinden, wie sich etwas wirklich anfühlt, bestehen wir darauf, unbedingt unter die Worte oder hinter sie zu gelangen. Worte, so scheint es, sind nicht länger unsere Gewohnheit oder unser Gewand. Vielmehr sind sie zu einem Mittel geworden, mit dem wir die Dinge verkleiden und sie mit einem Glanz überziehen, der die Wahrheit verdeckt, die diese Dinge erzählen könnten, wenn man sie sich selbst überließe. Natürlich gibt es immer noch Menschen, die mit Worten die Tiefen der menschlichen Gefühle ausloten. Aber sie haben sich auf ein spezielles – und für viele auch geheimnisvolles – Handwerk spezialisiert. Anstatt die Welt poetisch zu bewohnen, haben wir eine kleine Nische in der bewohnten Welt für Poetinnen und Poeten geschaffen.

Vielleicht hat keine zeitgenössische Gemeinschaft eine größere Antipathie gegenüber Wörtern entwickelt als jene, die vornehmlich mit ihnen arbeitet. Ich meine die Gemeinschaft der Gelehrten und vor allem jener Wissenschaftlerinnen und Wissenschaftler, die sich selbst als Akademiker begreifen. Gelehrte sind Menschen, die studieren; akademische Gelehrte denken über das Studium auf besondere Art und Weise. Denn weit davon entfernt, *mit* der Welt zu studieren oder sich zu gestatten, von ihr unterrichtet zu werden, machen sie Studien *über* die Welt und behaupten, dadurch eine intellektuelle Überlegenheit erlangt zu haben, von der aus sich die Dinge mit einer Klarheit und Definition offenbaren, die dem normalen Volk verwehrt bleibt.

Diese souveräne Perspektive verlangt von den Akademikerinnen und Akademikern, dass sie sich von den Dingen, die sie betreffen, fernhalten und sich nicht die Hände schmutzig machen, indem sie sich unter sie mischen. Vor allem müssen sie darauf achten, dass ihre Worte steril sind. Wie die Instrumente der Chirurgen dürfen sie nicht durch viszeralen Kontakt beschmutzt werden, weder mit ihren Operateuren noch mit den zu Operierenden. Wörter sollen angewendet werden – aber nicht benutzt –, sie sollen kennzeichnen, aber nichts besagen, sie sollen artikulieren, aber nichts äußern, sie sollen erläutern, aber nicht erzählen.

Benutzen, besagen, äußern und erzählen sind Möglichkeiten, die wir haben, um uns andere nahezubringen oder sie in unser Leben und unsere Gewohnheiten einzubeziehen. Aber anwenden, bezeichnen, artikulieren und erläutern heißt, sie auf Armeslänge fernzuhalten, jedem Kontakt abzuschwören. Zumindest will man den Anschein der Objektivität aufrechterhalten. Dennoch: Objektivität lässt uns in unseren eigenen Fußstapfen erstarren; sie verwehrt uns, Dinge oder Personen in unserer Gegenwart zuzulassen, sodass wir ihnen antworten könnten. Sie blockiert jeglichen Austausch. Wenn wir wirklich *mit* der Welt zu studieren gedenken, muss diese Blockade beseitigt werden. Und wenn wir es mit Worten tun sollten, müssen die Wörter – und insbesondere die geschriebenen Wörter – von dem *cordon sanitaire* befreit werden, den die Akademie um sie geworfen hat. In den nachstehenden vier kurzen Stücken fordere ich die Rückführung der Worte in die Hand, in die Produktionsbewegung und die Empfindung, welche diese Bewegung hervorruft. Vielleicht können sie dann endlich der Quarantäne der akademischen Welt entkommen und in die Fülle des menschlichen Lebens zurückkehren.

Worte, mit denen man der Welt begegnen mag

Die traditionelle akademische Niederlassung platziert Worte auf die nahe Seite und die Welt auf die entfernte Seite einer unbezwingbaren ontologischen Barriere. Es scheint, dass Worte und Welt einander nie begegnen können. Als Wissenschaftler und auch Akademiker, habe ich diese Trennung für lange Zeit übel genommen. Damit bin ich aber keineswegs allein. Die letzten Jahre haben zahlreiche Experimente mit alternativen Schreibmöglichkeiten erlebt, die die Stimmen der Wissenschaft wieder zur Teilnahme an der Welt, von der sie sprechen, befähigen. Einige dieser Experimente wurden kürzlich zu einem Band von Essays mit dem Thema gegenstandsloser Methoden zusammengefasst, herausgegeben von dem Ethnografen und Filmemacher Philip Vannini.[57] *Nicht einer der Beitragenden zu der Sammlung ging jedoch so weit, mit Alternativen zu Tastatur und Bildschirm im Akt des Schreibens selbst zu spielen. In diesem Stück, das ursprünglich als Vorwort zu dem Band erschien, reflektiere ich über genau diese Möglichkeit.*

* * *

Vor ein paar Jahren erwachte ich eines Nachts aus einem Traum und hatte folgende Zeilen im Kopf:

Oft inmitten meiner Unternehmungen,
Erhebt sich etwas und sagt:
„Genug mit Worten,
Lasst uns der Welt begegnen."

Ich weiß nicht, wer diese Zeilen dahin getan hat. Bestimmt habe ich sie nicht erfunden. Aber unmittelbar nach dem Wachwerden, und bevor sie Zeit hatten, sich in Luft aufzulösen, stieg ich aus dem Bett und schrieb sie nieder. Sie bleiben, an eine Pinnwand geheftet, in meinem Arbeitszimmer und von Zeit zu Zeit werfe ich einen Blick darauf, um mich an die Botschaft zu erinnern, die sie enthalten.

Vielleicht könnten sie als Manifest einer Art zu arbeiten betrachtet werden, die Repräsentationen verabscheut. Das ist genau genommen keine Theorie, noch ist es eine Methode oder Technik, wie diese gemeinhin verstanden wird. Es handelt sich um keine Reihe geregelter Schritte, die zur Verwirklichung eines bestimmten Ziels getan werden müssen. Es ist vielmehr ein Mittel, um zu tragen und getragen zu werden, das heißt, um ein Leben mit anderen – allen Menschen und Nichtmenschen – zu führen, das sich der Vergangenheit bewusst, feinfühlig auf die Bedingungen der Gegenwart abgestimmt und spekulativ offen für die Möglichkeiten der Zukunft ist. Das ist es, was ich als *Korrespondenz* bezeichne, und zwar nicht in dem Sinne, dass wir mit einer exakten Entsprechung oder einem Simulakrum für das daherkommen, was wir in den Dingen und Ereignissen um uns herum vorfinden, sondern dass wir darauf mit eigenen Interventionen, Fragen und Erwiderungen *antworten*. Es ist, als wären wir in einen Austausch von Briefen involviert. „Wir wollen der Welt begegnen", ist für mich eine Einladung – eine Aufforderung oder sogar ein Aufruf –, sich an einer solchen Korrespondenz zu beteiligen. Gleichzeitig ist es eine Klage gegen die Feigheit von Wissenschaftlerinnen und Wissenschaftlern, die vorzugsweise den Rückzug in eine Haltung antreten, die ich einmal mit „Tangentialismus" beschrieben gehört habe, wobei unsere Begegnung nur ein Blick ist, der sich von dem unbehaglichen Vorhaben abwendet, unsere eigenen Bemühungen zu sehr mit dem Leben und der Zeit derer zu vermischen, mit denen wir durch unsere Studien in Kontakt gekommen sind. In der Tat sind Korrespondenz und Tangentialismus genaue Gegensätze und beinhalten ganz unterschiedliche Auffassungen davon, was unter Wissenschaft zu verstehen ist.

„Genug der Worte", erklärte meine Muse und ich sympathisiere mit ihr. Wir leiden besonders im akademischen Bereich unter einer Übersättigung an Vokabeln. Es wäre nicht so schlimm, wenn diese Wörter, wie gutes Essen reich an Geschmack, vielfältig in der Struktur wären und in den kontemplativen Gefühlen, die sie hervorrufen, einen bleibenden Geschmack zurückließen. Sorgfältig ausgewählte und gut vorbereitete Worte fördern das Nachdenken. Sie beleben dementsprechend den Geist, der darauf antwortet. Aber die Tatsache, dass die meisten Wortkunstwerke dieser Art in einen begrenzten Bereich, die Poesie, ausgelagert wurden, zeigt, wo das Problem liegt. Wenn die Schrift nicht ihre Seele verloren hätte, wozu bräuchten wir dann die Poesie? Wir gehen dorthin, um das zu finden, was ansonsten verloren ist. Unablässig bombardiert vom formelhaften Zuckerwerk der akademischen Prosa, belastet mit obskurem Vokabular, ehrerbietiger

Namensgebung und immer länger werdenden Listen von Zitaten, hat meine Muse genug. Ich auch. Aber ich würde nicht den ganzen Weg gehen und die Worte ganz aufgeben wollen. Worte sind in der Tat unser wertvollster Besitz und sollten als solcher behandelt werden, wie eine Schatulle mit funkelnden Juwelen. Solche Juwelen zu halten bedeutet, die Welt auf der Handfläche, in der hohlen Hand zu halten. Wir *können* mit Worten korrespondieren, wie es früher die Briefschreiberinnen taten, aber nur, wenn wir unseren Worten erlauben zu leuchten.

Die Herausforderung besteht also darin, eine andere Art des Schreibens zu finden. Wir müssen experimentieren: Dinge ausprobieren und zusehen, was geschieht. Bislang jedoch sind unsere Experimente von den Konventionen des gedruckten Worts eingeschränkt worden. Diese Konventionen lassen das Schreiben eher wie einen Akt verbaler Komposition erscheinen, als dass man dabei an eine Schreibleistung dächte. Mit einer Tastatur, die an einen mechanischen Drucker angeschlossen ist – der typische Apparat der akademischen Schreibenden –, sind die Ausdrucksmöglichkeiten des Wortes als eine Abfolge von Zeichen auf Papier sehr begrenzt. Sicherlich kann man die Schriftart variieren und verschiedene Mittel zur Hervorhebung verwenden, aber das ist nichts im Vergleich zu den kontinuierlichen Modulationen von Gefühl und Form in einer einfachen kalligrafischen Linie – einer Linie, die jede Nuance der Hand, die sie zeichnet, registriert. Wenn unsere Worte wirklich wie Juwelen glänzen sollen, müssen sie dann nicht der Hand zurückgegeben werden?

Unsere Überlegungen zur Arbeitsweise dürfen sich freilich nicht auf Fragen des Stils und der Komposition beschränken, sie müssen sich auch auf die von uns verwendeten Instrumente und ihre Besetzung erstrecken. Wie vergleicht sich die Tastatur mit der Feder, dem Bleistift und dem Pinsel? Erproben wir sie und sehen, was dabei herauskommt. Vielleicht finden wir dann, dass beim Arbeiten mit Wörtern aus der Schriftstellerin einmal mehr eine Zeichnerin oder eine Künstlerin wird oder sogar eine Art Musikerin. Wir könnten mit unserem endlosen Schreiben *über* Performanzen aufhören und selbst zu Performern werden. Die Kunst der Korrespondenz verlangt nicht weniger. Vielleicht liegt es an unserer Abhängigkeit von der Tastatur, dass wir Akademiker und Akademikerinnen von der Idee des stillschweigenden, verkörperten Wissens so angetan sind. Wir glauben wie meine Muse, dass der einzige Weg, auf dem wir mit der Welt in Verbindung treten können – das heißt teilzunehmen an ihrer Entfaltung aus dem wahren Inneren unseres Wesens –, darin besteht, der Domäne des Wortes, der Repräsentation, zu entkommen. Es erscheint uns, als seien die Worte immer auf der Außenseite: Sie artikulieren, spezifizieren, explizieren. Als solche ist ihre Rolle, die Dinge festzunageln, näher zu bestimmen und sie unbeweglich zu machen.

Doch hinter unseren abgegriffenen Worten schlägt das Herz des stillschweigenden Wissens, das unsere Bewegungen und Gefühle belebt und seine Hand im Stimmlichen und Gestischen zeigt. Warum also sollten diese Stimme und Geste wortlos sein? Nur weil wir von einem Begriff des Wortes ausgehen, von dem alle Spuren der stimmlichen und manuellen Leistung, des Ausdrucks und des Affekts beseitigt sind. Das ist die Art von Wörtern, an die wir Akademikerinnen und Akademiker gewöhnt sind, und damit stehen wir in einer Reihe von Berufen, für die eine akademische Ausbildung als unerlässlich gilt: Regierungsbeamte, Bürokraten, Juristen, Ärzte und Manager. Aber dies ist nicht die Welt der Dichterinnen, Sängerinnen, Schauspielerinnen, Kalligrafinnen und Handwerkerinnen. Für sie wird das Wort, oft geräuschvoll und turbulent, in geschickten und sinnlichen Körperübungen vorgetragen – nicht nur in der Praxis des Schreibens, der Unterschrift, des Singens oder Sprechens, sondern auch im lauten Lesen. Wenn dies die Domäne des Stillschweigens ist, dann ist das Stillschweigen weder wertlos noch stumm. Es ist rau und verbal. Weder im Bereich des Expliziten noch im Bereich des Stillschweigens herrscht Stille. Allein hier, auf der gedruckten Seite, hat die Welt ihre Stimme verloren. Das Stillschweigende verhält sich zum Expliziten wie das Stimmhafte zum Stimmlosen, nicht umgekehrt.

Nun, vielleicht, brauchen wir ein neues Verständnis von Sprache, eines, das sie ins Leben zurückbringt als „Sprechen“. In einer lebenden Sprache – einer, die semantisch nicht eingeschlossen ist in einen kategorischen Rahmen, sondern sich im erfindungsreichen Erzählen ihrer Sprecher und Sprecherinnen endlos selbst erschafft – können Wörter so lebendig und beweglich sein wie die Praktiken, denen sie entsprechen. Sie können lautstark sein, wie wenn der Praktiker vor Zufriedenheit über eine gut gemachte Arbeit aufschreit und andere einlädt, sich seiner Wertschätzung anzuschließen, oder auch, wenn die Dinge aus dem Ruder laufen und zu Fehlern und Missgeschicken führen. Und sie können diskursiv sein, wie bei ihrer Verwendung in Erzählungen und Geschichten. Aber in keinem der beiden Fälle sind sie in expliziten, propositionalen Formen verknüpft oder artikuliert. Macht sie das irgendwie weniger verbal? Wer, von denen abgesehen, deren Leben auf die Akademie beschränkt ist, wäre so pompös and so begrenzt in ihren fantasievollen Horizonten, dass sie das Wort „artikuliert“ immer vor das Wort „Sprache“ oder „Schrift“ setzten, sodass jede Äußerung oder Inskription, die nicht syntaktisch als eine zusammenhängende Einheit strukturiert ist, ins Subsprachliche oder Nonverbale verwiesen würde? In Wahrheit ist es die Artikulation, die das Wort zum Schweigen gebracht hat, indem es selbiges ausschrieb und an Referenzkoordinaten band, unabhängig von den stimmlichen und gestischen Produktionsströmungen.

Wir brauchen daher nicht zu befürchten, der Welt mit Worten zu begegnen. Andere Wesen gehen anders dabei vor, aber die sprachliche Kommunikation war immer schon Menschenart und -recht. Aber es sollen Worte der Begrüßung sein, nicht der Konfrontation; des Fragens, nicht des Verhörs oder Interviews; der Erwiderung, nicht der Repräsentation; des Vorgefühls, nicht der Vorhersage. Damit soll nicht gesagt sein, dass wir alle Dichterinnen oder Romanautoren werden müssten, geschweige denn, dass wir versuchen sollten, den Philosophen nachzueifern, die, was ihre weltlichen Verstrickungen angeht, das, was sie predigen, nicht in die Praxis umgesetzt und bei denen weder die Kohärenz des Denkens noch die Klarheit des Ausdrucks jemals zu ihren stärksten Eigenschaften gehört haben. Aber es bedeutet, dass wir unsere Worte so bearbeiten sollten, wie Handwerker ihre Materialien bearbeiten, auf eine Art und Weise, die in den eingeschriebenen Arbeitsspuren von der Herstellung zeugt und die diese Einschreibungen als schöne Dinge an und für sich anbietet.

In Verteidigung der Handschrift

Dieses Stück empfiehlt abermals die Erneuerung der Handschrift. Ich schrieb es für eine Reihe Writing Across Boundaries *(Schreiben über Grenzen hinaus), die vom Anthropologischen Institut in Durham online angeboten wurde und für die eine Anzahl geistes- und sozialwissenschaftlicher, akademischer Autorinnen und Autoren gebeten worden waren, über ihre berufliche Praxis*[58] *nachzudenken. Ich war einer von ihnen.*

* * *

Ich habe normalerweise mit der Hand geschrieben, mittels eines Füllfederhalters. In der Vergangenheit habe ich nie eine Schreibmaschine benutzt, wenn ich nicht musste, und ich muss einer der Letzten gewesen sein, der den Verlockungen der Wortverarbeitung unterlagen. Allein die Vorstellung, dass Schreiben eine Verarbeitung von Wörtern bedeutet, hat mich entsetzt. Heute jedoch ertappe ich mich dabei, wie ich immer häufiger auf die Tasten meines Laptops tippe und nur gelegentlich zum Federhalter greife. Ich finde das sowohl beunruhigend als auch frustrierend. Ich weiß, dass ich es nur tue, weil ich, wie die meisten Akademikerinnen und Akademiker, unter Zeitdruck stehe. Der Computer ist nicht mehr und nicht weniger als ein Gehäuse mit Vereinfachungen. Zugegeben, einige sind praktisch. Wenn ich zum Beispiel versuche, die Sätze eines Abschnitts in eine vernünftige Ordnung zu bringen, so hilft mir der Computer damit aus, sodass ich in der Lage bin, verschiedene Vertauschungen umzusetzen, bis die Lösung schließlich aufscheint. Andere Vereinfachungen erleichtern bloß die Fehlerkorrekturen, die sich der Technologie selbst verdanken. Ich mache selten Schreibfehler, wenn ich mit der Hand schreibe, wenn ich jedoch eine Tastatur benutze, verschreibe ich mich häufig. Zum Teil geschieht das deswegen, weil meine unbeholfenen und untrainierten Finger ständig auf die falschen Tasten hauen. Entscheidender jedoch ist, dass meine Hand Worte als kontinuierliche, fließende Gesten kennt und nicht als Abfolge separater Buchstaben.

In einer handgeschriebenden Schrift entsteht die Linie, wenn sie sich auf dem Blatt entfaltet, direkt aus dieser gestischen Bewegung, mit all der Sorgfalt, dem Gefühl und der Hingabe, die darin steckt.

Ich vergleiche das mit dem Üben meines Cellos: Wenn ich übe – und das tue ich, so oft ich kann –, dann strömt der Ton aus dem Kontakt zwischen Bogen und Saiten. Genauso fließt die Handschrift aus dem sich bewegenden Kontakt zwischen Stift und Papier. Die Tastatur unterbricht diese Verbindung. Das Tippen meiner Finger auf die Tasten hat keine Beziehung zu den Markierungen, die auf der Seite oder dem Bildschirm erscheinen. Diese Markierungen zeigen keine Spur Bewegung oder Gefühl. Sie sind kalt und ausdruckslos. Mit dem Computer zu schreiben, finde ich, ist freudlos und seelenzerstörend. Dem Schreiben reißt es das Herz heraus.

Ich bin traurig über die Regel, die in meiner Institution wie auch in den meisten anderen zu beobachten ist, die von den Studierenden verlangt, Arbeiten in einem standardisierten, mit Textverarbeitung erstellten Format zu verfassen. Mir wurde gesagt, dass ein Grund für diese Regel darin besteht, dass die Arbeit mithilfe von Anti-Plagiatssoftware auf ihre Selbstständigkeit überprüft werden kann. Von Beginn an werden Studierende mit der Idee vertraut gemacht, dass akademisches Schreiben ein Spiel ist, bei dem es in erster Linie darum geht, durch die Reihung und Neukombination von Materialien aus vorgegebenen Quellen etwas Neues zu schaffen. Textverarbeitungsprogramme sind ausdrücklich als Hilfsmittel für dieses Spiel konzipiert, dem sich viele Akademikerinnern und Akademiker, die in seinen Konventionen geschult wurden, nur zu gerne hingeben. Aber das Spiel ist ein Zerrbild des schriftstellerischen Handwerks. Im Gegensatz zu Universitätsregularien ermutige ich meine Studierenden, mit der Hand zu schreiben – und zu zeichnen – und die Erfahrung, die sie damit machen, mit der zu vergleichen, die sie beim Gebrauch eines Computers haben. Das Ergebnis ist eindeutig. Handschrift und Handzeichnung, so berichten sie, erwecken lang unterdrückte Empfindsamkeiten aufs Neue und führen ein größeres Gespür für eine persönliche Beteiligung herbei, die ihrerseits wiederum tiefgreifende Einsichten bewirkt.

Durch die Einbindung in eine Erwartungskultur, in der Neuartigkeit höher als Tiefgang und das Produkt höher als sein Entstehungsprozess bewertet wird, haben die Institutionen ihre Prioritäten auf den Kopf gestellt. Es ist an sich nichts Falsches daran, etwas zu kopieren. Wie Musikerinnen und Kalligrafen schon immer wussten, ist das Kopieren eine Form der Meditation, die langsam, aber sicher zu einem tieferen Verständnis führen kann, ganz gleich, ob es sich um das Üben eines Stücks oder das Schreiben eines Textes handelt. Es bezieht das gesamte Wesen der Übenden ein: die Hand, die das Werk schreibt oder spielt, den Geist, der sich mit seiner Bedeutung beschäftigt, und das Gedächtnis, das es festhält. Somit liegt das Problem nicht beim Kopieren *per se*, sondern darin, dass der Computer die Möglichkeit bietet, die mühsamen Prozesse des Umschreibens und Umgestaltens per Knopfdruck abzukürzen. So wie das Kopieren Denken *ist*, bedeutet die Verkürzung des Kopierens sich am Denken selbst vorbeizumogeln. Es liegt in der Natur des Denkens, dass es sich dreht und wendet, abschweift und mäandert. Ein Jäger, der den kürzesten Weg von einem Ausgangspunkt bis zu einem vorherbestimmten Ziel einschlägt, würde niemals Beute machen. Um zu jagen, muss man wachsam sein für Fingerzeige und bereit, Spuren zu folgen, wo immer sie auch hinführen mögen. Nachdenkliche Autoren müssen gute Jäger sein.

Doch beschränkt sich das Denken nicht auf die Augenblicke, in denen man einen Stift hält, ganz zu schweigen von den Zeiten, in denen man auf den Computerbildschirm starrt. Es ist ständig in Bewegung und kann zu jeder Tages- und Nachtzeit unerwartet zu einer Offenbarung werden, die das Wesentliche dessen, was man zu sagen versucht hat, erfasst. Man muss bereit sein, es niederzuschreiben, denn es kann widrigenfalls so schnell entschwinden wie ein Traum beim Erwachen. Viele Schriftsteller haben genau für solche Fälle immer ein gebundenes Notizbuch bei sich. Ich habe das auch.

Ich möchte jedoch mit einem Lob auf die Frühstückszerealien schließen. Aus Müslipackungen ausgeschnittener Pappkarton eignet sich hervorragend, um spontane Gedanken festzuhalten. Die Pappe ist steif genug, sodass man nichts Festes darunterhalten muss, und groß genug, um reichlich unlinierten Platz zu gewähren. Manchmal wache ich am frühen Morgen auf mit einer Passage im Kopf, die mir den gesamten vorherigen Tag zu schaffen gemacht hatte und die sich mir jetzt formvollendet präsentiert. Aufgestützt im Bett liegend, schreibe ich den Text schnell auf eine Zerealienpackung. Ich kann ein paar Hundert Wörter in kaum einem Zehntel dieser Zahl in Minuten schreiben, und wenn ich das getan habe und die Wörter sicher gespeichert sind, kann ich weitermachen. Viele der Passagen, auf die ich am stolzesten bin, begannen ihr Dasein auf diese Weise. Ich habe noch nie etwas gefunden, das so gut funktioniert wie eine Müslipackung. Sie sind dem Computer haushoch überlegen.

Diabolismus und Logophilie

Dieser Teil wurde ursprünglich als Vorwort zu einer Sammlung von Essays des historischen Geografen Kenneth R. Olwig[59] *geschrieben. Jahrzehntelang hat Olwig ein humanistisches Verständnis der Idee von Landschaft verfochten und uns aufgefordert, seine Wurzeln in landwirtschaftlichen Praktiken anzuerkennen, die der Theatralisierung als Bühne und Kulisse in der frühen Neuzeit lange vorausgingen. In Olwigs Werk wurde überdies der Fokus auf Landschaft immer von einer Faszination für Vokabeln und ihre Etymologie begleitet. Für ihn sind die Geschichten der Landnutzung und des Wortgebrauchs so eng miteinander verwoben, dass sie praktisch untrennbar sind. Wenn wir die Landschaft, in der wir leben, wertschätzen wollen, müssen wir unbedingt auch die Worte in Ehren halten, mit denen wir sprechen und schreiben.*

* * *

Ich schaltete das Radio früh an diesem Morgen ein, um eine Sendung über Landwirtschaft zu hören. Es kam ein Beitrag über Anbau und Ernte von Saatkartoffeln und ein Landwirt, der dies zu seinem Beruf gemacht hatte, erläuterte, wie wichtig es sei, die Reinheit des Saatguts zu erhalten, von dem alle Kartoffeln, die auf unseren Tisch kommen, im Wesentlichen Klone sind. „Wir müssen auf UEV achten", sagte er, „auf UEV." „UEV?", fragte der Moderator. „Ja", kam die Antwort, „das sind *unerwünschte Varianten*." Mir fiel auf, dass die Antwort des Landwirts wahrhaft teuflisch war. Ein Wort, das in den gesammelten Aufsätzen von Kenneth Olwig einen Ehrenplatz einnimmt. In diesen Essays, die sich vordergründig mit der langen und heiklen Geschichte der Idee der Landschaft befassen, werden weitaus umfassendere Fragen zum Schicksal der Menschheit – und damit auch der Geisteswissenschaften, der Sprache, der Buchstaben und des Lernens – in einer Welt angesprochen, die offenbar in einer teuflischen Spirale der Verachtung des Worts und der daraus resultierenden Dehumanisierung gefangen ist und in der der utopische Traum von der totalen technowissenschaftlichen Kontrolle immer mehr Leben umkrempelt. In dieser schönen neuen Welt, die zwar universell, aber dennoch denjenigen vorbehalten ist, die über eine angemessene Erziehung und Lebensart verfügen, werden die Menschen, die bisher Abweichungen in ihrem Zusammenleben gewohnt waren, wie die Kartoffeln des Bauern als UEV verstoßen. Als Migrantinnen, Flüchtlinge oder Staatenlose gebrandmarkt, werden sie aus ihrer Heimat vertrieben, fühlen sich aber im Ausland nicht weniger unwillkommen.

Worte sind menschliche Dinge. Sie sind die Möglichkeiten, die wir haben, um unsere Gegenwart spürbar zu machen und gleichzeitig die Personen, Orte und Dinge – also die *Themen* –, von denen wir sprechen, in die Gegenwart zu holen. Mit Worten rufen wir diese Themen ins Gedächtnis, verweilen bei ihnen und schließen uns mit anderen zusammen, die das Gleiche tun, sei es in Freundschaft oder Feindschaft, Gemeinsamkeit oder Verschiedenheit, Übereinstimmung oder Streit. UEV ist jedoch kein Wort, sondern ein Akronym. Und wenn Wörter uns die Möglichkeit zu einer Verbindung mit der Welt bieten, dienen Akronyme dem entgegengesetzten Zweck, indem sie uns von ihr abschneiden. Mit dem Akronym können wir die Themen, die uns beschäftigen, benennen und ihnen gleichzeitig den Rücken kehren, indem wir uns der Verstrickungen enthalten, die sich aus dem Aussprechen ihrer Namen ergeben würden. Indem er nicht standardisierte Kartoffeln als UEV bezeichnet, kann der Landwirt sich zurückhalten; er braucht weder seinen Wunsch zu äußern noch die geschulte Aufmerksamkeit anzuerkennen, die ihn auf Abweichungen aufmerksam macht. Er kann Distanz, Gleichgültigkeit und Objektivität vortäuschen. Das Akronym verwirft die Gegenwart, es verdrängt die Dinge aus dem Kopf und verbannt den Affekt. Aber gleichzeitig zeugt es von einer Autorität, die nicht auf Geschick und Aufmerksamkeit, sondern auf angeblich objektiven Prinzipien des rationalen Managements beruht. So ist das Akronym in doppeltem Sinne ein Instrument der Kontrolle: Es übersieht und überschaut doch so manches, lehnt es ab, sich um seine Referenten zu kümmern, während es sie einer Prüfung und Kontrolle unterzieht. Es verwundert einen nicht, dass die Kolonisierung der Sprache durch Akronyme verhältnismäßig zum Fortschritt von Naturwissenschaft und Technologie gewachsen ist, wobei die Macht der Konzerne und des Staates hinter diesem Fortschritt steht und er hinter ihnen.

Nirgends ist das evidenter als im Bereich militärischer Operationen. Das britische Verteidigungsministerium hat eine Liste von annähernd 20 000 Akronymen veröffentlicht, unter ihnen das wohlbekannte IED („improvised explosive device", improvisierter Sprengsatz*),

WMD („weapon of mass destruction“, Massenvernichtungswaffe**) und SAM („surface-to-air missile“, Boden-Luft-Rakete***), einschließlich der unheimlicheren HK und SK („hard kill“, hartes Töten, und „soft kill“, sanftes Töten: Hard-Kill- und Soft-Kill-Verteidigungssysteme). Manche, wie NKZ („nuclear killing zone“, nukleare Tötungszone), präsentieren das buchstäblich Unaussprechbare als einfache Sachverhalte.[60] Die Gewalt, die das Akronym der Sprache hier antut, läuft parallel zu der Gewalt, die die Militarisierung dem Land zufügt. Es war schließlich das Militär, das unter dem Deckmantel der sogenannten *Ordnance*, der Kriegsartillerie, die Kartierung und Vermessung auf die britischen Inseln brachte. Wo das Akronym Wörter auf Identifikationsmerkmale reduziert, reduziert die kartografische Karte Orte auf Positionen im Raum. Und wenn das Akronym den militärischen Befehlshaber in die Lage versetzt, das Unaussprechliche auszusprechen, so ermöglicht ihm die Karte, Zerstörungen unvorstellbaren Ausmaßes zu planen, ohne sich um die menschlichen Folgen zu scheren. Beide sind aus dem gleichen Grund teuflisch. Wie Olwig erklärt, hat das Präfix *dia-* seinen etymologischen Ursprung im klassischen Griechisch für „Kreuzung“, während *bolos* einen „Wurf“ bedeutet. Das Diabolische ist also ein Überkreuzwerfen, bei dem Karte und Territorium, Sprache und Welt, die einst voneinander getrennt waren, so miteinander verschmolzen werden, dass das Territorium zu seiner eigenen Karte und die Karte zu ihrem eigenen Territorium wird. Es ist dieser Diabolismus, der es dem Militär ermöglicht, die reale Landschaft wie ein Spielbrett zu behandeln und ihre Bewohnerinnen und Bewohner wie Spielfiguren, die womöglich das Pech haben, einen Ort zu besetzen, der von einer SAM anvisiert wird, oder einen Raum, der auf der Karte als NKZ markiert ist.

Das Schicksal der Landschaft und der Sprache sind untrennbar miteinander verbunden und in der heutigen Zeit werden sie gleichermaßen angegriffen. Für die Technowissenschaft sind Worte eine Ablenkung. Sie stören und vernebeln unsere Wahrnehmung. Wörter werden regelmäßig beschuldigt, die objektive Wahrheit der Dinge zu verbergen, die Realität zu verfälschen und die Fakten zu vertuschen. Und Ortsverbundenheit wird ihrerseits als Hindernis für die Gewinnung von Ressourcen, für globale Märkte und für die internationale Entwicklung angesehen. Die heutige Welt, so könnten wir sagen, ist nicht nur *logophobisch*, sondern auch *topophobisch*. Im Gegensatz dazu gehen Olwigs Essays detailliert daran, sowohl das Wort wie den Ort zu feiern. Tatsächlich ist ihr Autor ein unverschämter *Logophiler*. Er hat immer ein Lexikon zur Hand und nutzt jeden Vorwand, um es zu konsultieren. Für ihn ist es ein Sprung nicht aus der Realität heraus, sondern direkt in sie hinein, der die Entwicklung einer Lebenswelt in all ihrem Reichtum, ihrer Vielfalt und ihrer zeitlichen Tiefe offenbart. Und diese *Logophilie* führt wiederum zu dem, was Olwigs einstiger Mentor – der große humanistische Geograf Yi-Fu Tuan – *Topophilie* nannte: die affektive Bindung zwischen Menschen und Orten.[61] Das liegt nicht daran, dass Worte für Orte stehen oder sie ersetzen, sondern daran, dass Worte in ihrer sprachlichen und schriftlichen Ausführung Orte schaffen. Sie schaffen sie im Recht, im Brauch, im Erzählen von Geschichten, im alltäglichen Gespräch der Nachbarn und in ihren Zusammenkünften, um über gemeinsame Angelegenheiten zu beraten. Und das Schaffen von Orten und Dingen als Versammlungsorte ist auch das Schaffen von Landschaft – sie schaffen buchstäblich Land, das im Prozess der menschlichen Gemeinschaft immer wieder neu geformt wird.

Es ist dieses Zusammentreffen, so Olwig, das Sprache und Landschaft symbolisch werden lässt. Einmal mehr nimmt er uns mit auf einen etymologischen Ausflug zu den Ursprüngen des Begriffs in der Kombination des Präfixes *sym-* (vom Griechischen für gemeinsames Tun) mit dem „Wurf", *bolos*. In diesem ursprünglichen Sinn – „gemeinsames Werfen" – der Verbundenheit bei einem gemeinsamen Gespräch über die Lebenswelt ist das Symbolische das genaue Gegenteil des Diabolischen. Wo das Teuflische, nach der Abtrennung des strategischen Raums kartografischer Repräsentation von seiner territorialen Grundlage, die beiden durchschneidet und verschmilzt, nimmt das Symbolische die Geschichten gleichzeitiger Lebensläufe auf und verwebt sie in einer fortlaufenden und wechselseitig empfänglichen gemeinsamen Generation. Die Lektion, die wir von Olwigs Essays lernen, ist folgende: Um das diabolische Szenario totaler technokratischer Kontrolle zu vermeiden, sollten wir uns in einer von UEV bereinigten Welt nicht an objektive Fakten, sondern an reale Dinge halten. Dies sind die Ansammlungen von Diskurs und Weisheit, von Wunsch und Variation, die seit Langem den Boden des menschlichen Gedeihens bilden. Und um dies zu erreichen, muss der erste Schritt darin bestehen, die *Logophobie* zu überwinden, die den modernen Geist befallen hat und die unsere Sprache so sehr infiziert hat, dass sie ihre Redewendungen in mechanische Tastenanschläge und akronymische Zeichenketten verwandelt. Wir müssen uns wieder in die Worte verlieben. Und sobald Liebe zum Studium wird, sollte der Logophile zur Philologin werden. Die Philologie, die von der Technowissenschaft als verstaubtes Hobby der Antiquare an den Rand der Wissenschaft gedrängt wurde, sollte wieder ins Zentrum der Aufmerksamkeit gerückt werden. In ihr liegt nichts weniger als die Zukunft der Wissenschaft und unserer gemeinsamen Menschheit.

Kalter blauer Stahl

Menschen haben alle ihre jeweils eigene Art, ihr Schreibgerät zu halten und damit zu schreiben, so wie alle ihre jeweils ganz eigene Stimme haben. Bei jedem von uns ist unsere Handschrift untrennbar von dem, wer wir sind. Doch in unserem digitalen Zeitalter wird sie in zunehmendem Maße verachtet. In dem Maße, wie sich der verbale Verkehr beschleunigt hat, haben sich Worte mehr und mehr vom Leben und den Gefühlen der unter Druck stehenden Autorinnen und Autoren losgelöst, die nicht zögern, sie abzufeuern, statt ihre Leidenschaft in sie zu ergießen. Wie können wir die melodische Schönheit des geschriebenen Wortes zurückgewinnen, das unter der Hand Gestalt annimmt? Wie kann eine so flüchtige Handlung in etwas Dauerhaftes verwandelt werden, etwas, das wir bewundern und feiern können? Wie kann der Austausch von Worten wieder zu einer Begegnung der Hände und Herzen werden, die sie geschrieben haben?

Diese Fragen stehen im Mittelpunkt des Werks der schottischen Künstlerin Shauna McMullan. In einer Installation mit dem Titel Something About a Word, *lud McMullan hundert Menschen aus Bridgeton, einem Stadtteil im Osten von Glasgow, dazu ein, in ihrer eigenen Handschrift Gedanken zu äußern, die von der Farbe Blau inspiriert wären. Ich habe diesen Aufsatz als Antwort auf Bitte der Künstlerin, über das Werk nachzudenken, für eine Begleitbroschüre geschrieben. Das veranlasste mich, erneut zu überlegen, was mit Worten geschieht, wenn sie sich von gestischen Spuren zu Objekten verfestigen.*

* * *

Für einige Zeit habe ich in meinem Federetui ein ganz besonderes Objekt mit mir herumgetragen. Da ist es, mit verschiedenen Stiften und Bleistiften, Lineal, Radiergummis, Anspitzern und Büroklammern (Abbildung 27). Ich zeige es den Leuten und frage sie, ob sie mir sagen könnten, was das sei. Keiner hat eine Idee. Das Objekt ist de facto ein Wort. Nun sind Wörter für gewöhnlich nicht die Art von Dingen, die man in einem Federetui mit sich tragen würde. Das Etui ist für die Werkzeuge, die man benötigt, um Wörter zu machen, nicht für die Wörter selbst. Natürlich tragen wir obendrein Wörter mit uns herum; sie sind in unseren Köpfen, in unserer Erinnerung und auf Papier, zwi-

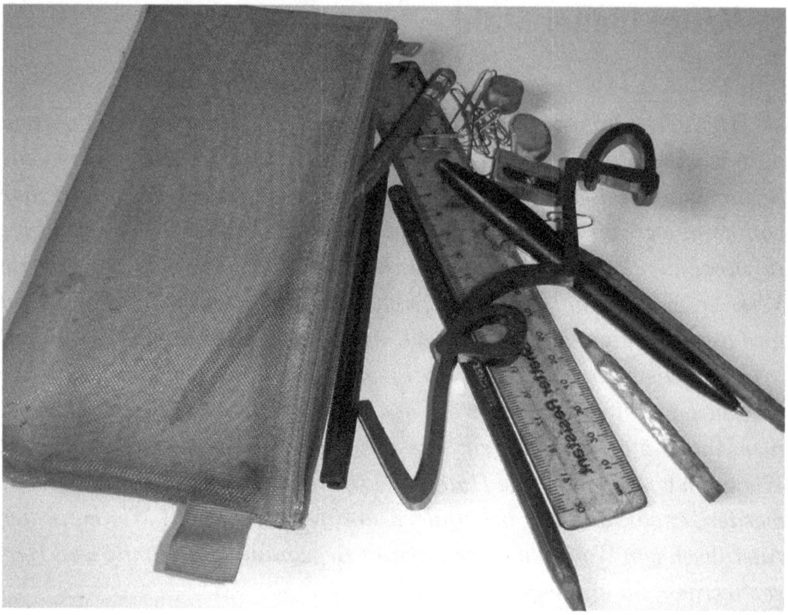

Abbildung 27 Der Inhalt meines Schreibmäppchens (Foto des Autors)

schen den Umschlägen von Taschenbüchern. Doch gewiss, wenn man ein Wort behalten und bei sich haben will, statt es zu äußern – wenn es etwas sein soll, das wir mit uns nehmen, um das wir uns kümmern und das wir schätzen, statt es von unseren Lippen in die Vergessenheit entweichen zu lassen –, dann muss es nachgezeichnet, aufgeschrieben oder die eine oder andere Oberfläche, neural oder materiell, damit verschönert werden. Aber mein Wort ist nicht in meiner Erinnerung eingegraben, prangt nicht auf meiner Kleidung oder ist auf einen Fetzen Papier gekritzelt, den ich in meiner Tasche aufbewahre, um es nicht zu vergessen. Gleichwohl kommt mein Wort mit mir, wohin ich auch gehe. Und warum kann niemand sonst das Wort als das erkennen, was es ist?

Hier nenne ich das Wie und Warum. Das Wort war tatsächlich zunächst auf Papier geschrieben worden, in einer handgeschriebenen und mitunter hastigen Art. Falls etwas Ungewöhnliches an der Handschrift ist, so dies, dass der Schreiber die Buchstabenformen auf römische Kapitalen gegründet hatte, die so arrangiert waren, dass sie in einer einzigen Linie ineinander übergehen, sodass selbst die ganze Welt ausgeschrieben werden könnte, ohne die Feder zu heben. Der nächste Schritt bestand darin, das handgeschriebene Wort zu scannen und den Scan in eine Maschine einzuspeisen, die in der Lage war, sechs Millimeter dicken Baustahl mit äußerster Präzision zu schneiden. Das Ergebnis ist ein starres, hartes und schweres dreidimensionales Objekt, das die Form eines Streifens von konstanter Breite und Dicke hat, dessen Biegungen, Schleifen und Vorsprünge jedoch genau denen der Originalschrift entsprechen. Die Tintenlinie ist zu einem Band aus Stahl geworden. Ich kann das Wort aufheben oder hinsetzen, zwischen meinen Fingern halten und die Kanten der Buchstabenzeile spüren, es von vorne wie hinten und aus jedem möglichen Winkel untersuchen; und kann das Wort-Ding sogar schwenken, während ich es an einem Ende oder dem anderen festhalte! Das sind Dinge, die man mit Worten auf Papier nicht machen kann.

Doch diese Freiheit hat, wie es scheint, ihren Preis. Denn ohne zu wissen, was ich gerade erzählt habe, wärt ihr nicht in der Lage, mein Wort zu lesen oder es überhaupt als Wort zu erkennen. Es erschiene, wie im Falle eines jeden, dem ich es gezeigt habe, einfach als mysteriöses Objekt, ein Rätsel. Das kann nicht bloß deshalb so sein, weil es dreidimensional ist. Schließlich sind wir Stadtbewohnerinnen daran gewöhnt, solide Lettern zu sehen, an Schaufensterfronten und auf Schildern oft großformatige, ja sogar beleuchtete Buchstaben, und es fällt uns nicht schwer, sie zu erkennen und die Wörter auszusprechen, die sie bilden. Was an diesen urbanen Buchstaben auffällt, ist jedoch, dass sie zumeist passiv und unbeweglich sind und nicht die geringste Spur von den Prozessen zeigen, die zu ihrer Entstehung beigetragen haben. Meist handelt es sich um Großbuchstaben. Vom Säuglingsalter an lernen wir, Großbuchstaben an ihren Formen zu erkennen, nicht an den Bewegungen, durch die sie gestaltet werden. Noch bevor sie lesen können, geben wir Kindern Großbuchstaben aus Holz oder Plastik zum Spielen. Durch dieses frühe Training ermutigen wir sie, Wörter als aus Blöcken zusammengesetzte Gebilde zu betrachten und nicht als Kompositionen aus Bewegung und Gestik.

Tatsächlich liegt in der Passivität und Unbeweglichkeit von Buchstaben in Blockschrift – das heißt in ihrer Monumentalität – genau die Quelle ihrer Macht und Autorität. Sie regieren über uns wie der Staat über seine Bürgerinnen und Bürger und sind da, um jedwede Spuren von Stimme, Gefühl und Gemütsbewegung zu ersticken oder auszulöschen. Sie erinnern uns an die ätzende Schlussfolgerung von Claude Lévi-Strauss, dass der eigentliche Zweck der Erfindung der Schrift darin bestand, den Sklavenhandel zu erleichtern.[62] Aber der Autor meines Wortes hat die Autorität der Großbuchstaben geschickt untergraben, indem er sie in die Praxis der kursiven Schreibschrift übertragen hat. Auf diese Weise wird das Monument in den alltäglichen Gebrauch überführt und sein Machtanspruch entlarvt. Die einst starren Lettern biegen und strecken sich; sie werden Teil einer Bewegung. Wenn man mit der Hand schreibt, behält man Großbuchstaben und Wörter als Bewegungen in Erinnerung, als Gesten, nicht als Formen. Darüber hinaus werden diese Gesten, die von unseren Gefühlen, Stimmungen und Motivationen inspiriert sind und diese weitergeben, direkt und ohne Unterbrechung in die Zeilen auf dem Blatt übertragen. In dieser Hinsicht ist der Stift der mit der Hand Schreibenden wie der Bogen des Streichers: Die handschriftliche Linie ist wie die musikalische zugleich dynamisch, rhythmisch und melodisch. Und wenn die Linie sich der Bewegung verdankt, dann lesen wir sie auch mittels Bewegung.

Handgeschriebenes auf dem Papier zu lesen ist so, wie die Hinterlassenschaft einer Hand zu lesen, die sich bereits fortbewegt hat. Wir können die Fährte aufnehmen, aber der Impuls, der sie geschaffen hat, ist verbraucht. Wir kommen immer etwas zu spät. In Stahl geschnitten erscheint es hingegen, als ob das Wort genau im Augenblick seiner Entstehung konserviert worden wäre, wie ein in Bernstein gefangenes Insekt. Die Kraft des Wortes, die Energie in der Hand der Schreibenden und das Gefühl, das es angetrieben hat, sind nicht einfach vorübergezogen, um eine Spur zu hinterlassen, sondern bleiben im Metall gestaut, von wo aus sie jederzeit freigesetzt werden können. Aber hier ist der Haken. Das Wort kann nicht dazu gebracht werden, seine Kraft freizusetzen, indem man es einfach nur *an*sieht, so wie man die Großbuchstaben eines Schildes oder eines Denkmals betrachten könnte. Deshalb würden Sie, wenn ich Sie bitten würde, einen Blick auf mein Objekt zu werfen, kein Wort sehen. Kein noch so angestrengtes Starren wird enthüllen, was es ist. Wenn ich Sie aber aufforderte, es zu zeichnen, indem Sie entweder mit Bleistift und Papier oder vor Ihrem geistigen Auge die Biegungen und Schleifen des Metallstreifens nachzeichnetet, dann würde das Wort auf einmal unter Ihrer Hand oder vor Ihren Augen wieder erscheinen, wie ein U-Boot, das aus dem Meer auftaucht. Das Wort ist wahrhaftig eine Aladin'sche Wunderlam-

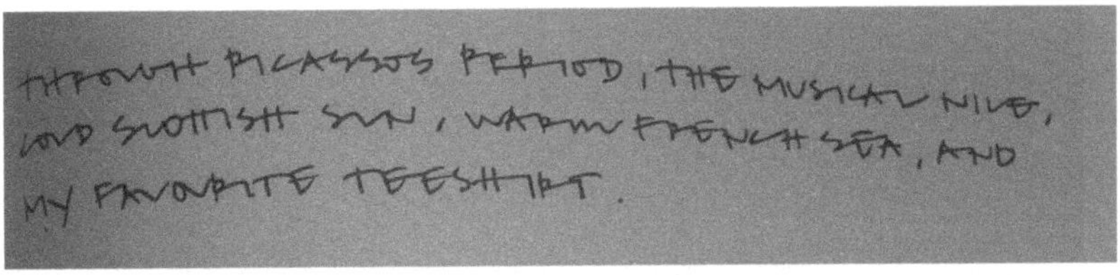

Abbildung 28 Gerry Grams schrieb diese Zeilen über die Farbe „Blau".
Aus Shauna McMullan, *Something About a Word* (2011)
(Mit freundlicher Genehmigung der Künstlerin)

pe: augenscheinlich nur ein träger Metallklumpen von merkwürdigem Design, den man sanft mit den Augen und Fingern berührt – so wie Aladin die Lampe berührte –, und ganze Welten werden freigesetzt, mit weiten Ozeanen und leerem Himmel, von Wärme und Kälte, von unermesslichen Möglichkeiten. Es bedarf nur einer sanften Berührung, einer kleinen Geste, manuell oder visuell, um den Geist des Wortes wieder zu wecken und eine Atmosphäre zu schaffen.

Ich kann jetzt die Identität meines Wortes enthüllen. Es ist „cold" (kalt) und entstammt dem folgenden Satz: „Durch die Periode Picassos, den musikalischen Nil, die *kalte* schottische Sonne, das warme französische Meer und mein Lieblings-T-Shirt" (Abbildung 28). Der Satz wurde von Gerry Grams verfasst, einem von hundert Bürgerinnen und Bürgern aus Bridgeton, als Erwiderung auf Shauna McMullans Aufforderung, niederzuschreiben, was einem zu dem Wort *blau* einfiel. Diese handgeschriebenen Zeilen wurden aus Stahl geschnitten, pulverbeschichtet, um einen blaugrauen Schimmer zu erhalten, und in parallelen Reihen auf einer einzigen vertikalen Ebene aufgehängt (Abbildung 29). Mein Wort ist nur ein Beispiel aus einer viel größeren Komposition, die mir die Künstlerin freundlicherweise zur Verfügung gestellt hat, und es ist nun an der Zeit, sich der Komposition als Ganzem zuzuwenden. In vielerlei Hinsicht ähnelt *Something About a Word* einem mehrstimmigen Chorwerk. Jede Zeile hat ihre eigene Stimme, kenntlich nicht nur durch die besondere Wortwahl, die ihr Melodie und Rhythmus verleihen, sondern auch durch die spezifische Klangfarbe, die sich im Charakter der Handschrift manifestiert. Im Zusammenklang ergeben diese Stimmen jedoch eine Harmonie. So kann das Werk wie eine Partitur gelesen werden, entweder horizontal (für Melodie, Rhythmus und Klangfarbe) oder vertikal (für die Harmo-

Abbildung 29 *Something About a Word*, von Shauna McMullan (2011) (Mit freundlicher Genehmigung der Künstlerin)

nie) oder in beiden Richtungen gleichzeitig. Die Beziehung zwischen Melodie und Harmonie ist hier die zwischen Linie und Farbe. Und diese Farbe ist Blau.

In der westlichen Kunstliteratur gibt es eine gewisse Tendenz, Farbe als bloße Verschönerung oder als „Make-up“ zu betrachten, das verführen oder bezaubern soll, aber nicht, wie Zeichnung oder Schrift, irgendwelche Gedankenprozesse vermittelt. Aber das ist nicht alles. Als ein Phänomen des Lichts verleiht Farbe den Dingen ein besonderes Leuchten: eine Atmosphäre oder Aura, die das Bewusstsein jener überwältigt, die in seinen Bann geraten. Maurice Merleau-Ponty hatte über das Blau des Himmels beispielsweise das zu sagen: „Ich stehe ihm nicht als akosmisches Subjekt gegenüber; ich besitze es nicht in Gedanken oder breite ihm gegenüber irgendeine Idee von Blau aus, die sein Geheimnis enthüllen könnte. (...) Ich bin der Himmel selbst, wie er sich zusammenzieht und vereinigt (...) ; mein Bewusstsein ist gesättigt mit diesem grenzenlosen Blau.“[63] Kurz gesagt, wir sehen kein Licht, sondern sehen *im* Licht; da der Himmel Licht ist, sehen wir im Himmel; da der Himmel blau *ist*, sehen wir in seinem Blau.

Farbe ist demzufolge keine bloße Ausschmückung, die dem Denken ein äußeres Gewand verleiht, sondern ebenjenes Milieu, in dem sich Denken abspielt. Wie die Atmosphäre mit ihrem Wetter dringt die Farbe in uns ein und bewirkt, dass alles, was wir tun, sagen oder schreiben, in einer bestimmten Stimmung oder Disposition geschieht. Sie ist das Temperament unseres Wesens. Wir inhalieren sie, wie wir die Luft atmen, und mit dem Ausatmen nach außen weben wir unsere sprachlichen, gesanglichen und handschriftlichen Zeilen in das Gewebe der Welt. Umgekehrt, wenn wir die Gewohnheiten der Hand zurückverfolgen, wie sie sich in den welligen Bändern aus blaugrauem Stahl verkriecht, so wird die Farbe wieder freigesetzt wie der Geist aus der Lampe. Die Linie ist haptisch, die Farbe atmosphärisch. In der Polyphonie von *Something About a Word* vereinen sich die vielfältigen Leben, Stimmen und Schriften einer Gemeinschaft, die sich in Melodie, Rhythmus und Klangfarbe unterscheiden, unter dem harmonischen Blau eines alles überwölbenden Himmels.

Au revoir

Wie sollte ein Buch enden? Physisch endet es für gewöhnlich mit dem Rücken des Umschlags, der aus etwas dickerem Material ist als seine Seiten. Vielleicht fühlt sich das Schließen eines Buchs deshalb so ganz anders an als das Umblättern von Seiten. Drinnen im Buch ist man wie eine Wandernde; man folgt einem Pfad durch die Landschaft. Man kann immer nur bis zum nächsten Horizont sehen. Aber mit jedem Umblättern öffnet sich ein neuer Horizont vor einem, während das, was vorher ein Horizont war, jetzt Boden unter den Füßen ist oder bereits in die Ferne rückt. Aber wenn es so ist mit dem Seitenumblättern, dann gibt es in der Erfahrung der Wandernden nichts, was mit dem Schließen des Buchdeckels zu vergleichen wäre. Denn in diesem Augenblick ist es so, als ob die wirkliche Welt selbst – eine Welt, die man dabei war zu erkunden und von der man sich eingebildet hatte, es würde immer so weitergehen mit ihr – uns den Rücken zukehrt und preisgibt, dass sie letzten Endes nur ein begrenzter, eingeschlossener Kontinent war. Was eine Ansammlung von Seiten darstellte, verwandelt sich in eine Schachtel mit Inhalt. Aber wir bewohnen eine Welt, keine Schachtel. Eine Schachtel ist entweder geöffnet oder verschlossen; das Gewebe der Welt jedoch ist gefaltet. Es ist niemals völlig offen oder völlig geschlossen. Wie bei Leben und Tod bedeutet ein Öffnen an einer Stelle immer auch ein Schließen an einer anderen Stelle. Es gibt kein Abschotten.

Dieser Unterschied zwischen Falten und Entfalten einerseits und Öffnen und Schließen andererseits ist so alt wie das Buch. Schon viele Jahrhunderte vor der christlichen Ära schrieben die Etrusker Zaubersprüche und Beschwörungen auf Leinenstoffe, die weitgehend so gefaltet wurden, wie das heute mit Laken und Handtüchern geschieht, während ihre griechischen Zeitgenossen ihre Lemmata auf mit Wachs überzogene Holztäfelchen schrieben und kopierten. Die Römer erbten beide Traditionen: Sie banden Blätterstapel aus Papyrus oder Pergament, der Falzlinie folgend, und fügten Täfelchen aus Hartholzplatten entlang ihrer Kanten blockartig zusammen. Die erstgenannten, eher flüchtigen wurden persönlich verwendet und – ähnlich wie die heutigen Notizbücher – für gelegentliche Beobachtungen und Übungen verwendet. Das zweite Format war für die dauerhaftere Archivierung von Gesetzen und Verordnungen vorgesehen. Es ist demnach keine Überraschung, dass sowohl das Buch *(codex)* wie auch die darin enthaltenen Regeln *(codices)* ihre jeweiligen Namen aus dem lateinischen Wort für Baumstamm, *caudex*, entnahmen. Immer schon seit der Antike sind Buch und Baum durch den Stamm miteinander verbunden gewesen.

Es war den Klerikern, Scholaren und Handwerkern des Mittelalters vorbehalten, die beiden Prinzipien des Sammelns und Zusammenwirkens miteinander zu kombinieren, sodass das Buch in einer Form geschaffen wurde, die sich bis in unsere Zeit erhalten hat. Der Schlüssel zu dieser Kombination bestand darin, jede mehrseitige Blattanhäufung faktisch wie eine Tafel zu behandeln und dann zusammenzubinden – so wie der Multitafelkodex einst zwischen Hartholzdeckeln verknotet gewesen war. Daher finden wir im Buch von heute beide Prinzipien aktiv: das Prinzip des Faltens und Auseinanderfaltens, jedes Mal, wenn man eine Seite wendet, und das des Öffnens und Schließens, wenn man zu Beginn den Titelumschlag anhebt und am Ende den Rückendeckel zuklappt. Nicht nur im Buch jedoch sind die Prinzipien des Sammelns und Assemblierens miteinander verknüpft. In einer Welt voller Dinge, die nicht so gerade eben gewachsen, sondern in gewissem Sinne von menschlichen Händen und menschlichem Geist gestaltet worden sind, können Zusammenfügung und Ansammlung ebenso wenig auseinandergerissen werden, wie ein Ding von seinem Schatten getrennt werden kann – oder der Verstand von dem Leben, von dem er erhalten wird.

Der Intellekt fühlt sich am wohlsten in einer Welt der formalen festen Körper, der geometrischen Regelmäßigkeit, wo Regeln, Codes und Theoreme herrschen. Das ist eine Welt, in der alles aus Teilen zusammengebaut oder integriert ist, die so entworfen sind, dass sie mit absoluter Genauigkeit passen. Aber es ist auch eine Welt der starren Verschränktheit, mit wenig oder keinem Raum zum Atmen, oder für die Nachdrücklichkeit und Elastizität, die es zum Üben braucht. Sie ist grundsätzlich unbeseelt. Wenn es zu ihren Bildungswehen kommt – zu der Arbeit und dem Leiden, durch die sie als Kristallisation der Lebens- und Erfahrungsströme ins Dasein gerufen wurde –, dann schweigt die Versammlung. Ihre Logik ist zeitlos und ewig. Doch nichts darin hält wirklich. Damit die Dinge halten, müssen sie sich Greifarme mit Flexibilität zur Biegsamkeit und genügend Sensibilität, um zu antworten, wachsen lassen. Sie müssen fähig sein zur Umschlingung, in der Lage zuzugreifen, wie die Finger zweier Hände. Doch was die Hände sammeln und binden, wird vom Intellekt geteilt und abgetrennt. In der modernen Geschichte der Akademie ist es Aufgabe des Intellekts, die Daten der Erfahrung zu sammeln und sie zwischen die Umschläge der einzelnen Disziplinen zu stecken. Hier im Lande der Akademien, wo die Vernunft König ist und die Fakten für sich selbst stehen, gibt es keine losen Enden. Alles ist geordnet und ausgewiesen und doch hängt nichts zusammen.

Man stelle sich beispielsweise eine Ziegelmauer vor. Sie wird zusammengehalten durch den Mörtel, der die Zwischenräume zwischen den Ziegeln füllt. Falls die Ziegel perfekt passende, geometrische Körper wären, sollte es keine Zwischenräume geben. Aber wenn es keine Räume zu füllen gäbe, würde die Mauer nicht stehen. Die kleinste Erschütterung würde sie zum Einsturz bringen. Genauso verhält es sich mit einem maßstabsgetreuen Modell, das aus einem Bausatz zusammengesetzt wurde. Die vorab gegossenen oder zugeschnittenen Teile sollten nahtlos zusammenpassen. Doch auch Modellbauer brauchen Klebstoff. Die langen Polymermoleküle des Klebstoffs ziehen sich durch die Oberflächen, auf die sie aufgetragen werden – die mit bloßem Auge fest erscheinen, aber auf atomarer Ebene gitterartig sind –, und verbinden sie bei Kontakt zu einem dichten Gewebe. Und um zum Buch zurückzukehren, so sind es Seitenbindung und Einband, die verhindern, dass das Buch bei Benutzung auseinanderfällt, obwohl die Lesenden an den Seiten zerren wie der Wind an den Blättern der Bäume. Der Mörtel, der Klebstoff und die Bindungsfäden: Dies sind Materialien, die sich um und durch die Oberflächen der Festkörper winden, auf die sie treffen, und so eine Art Netz bilden. Alle haben, zumindest am Anfang, die Eigenschaften von Fließfähigkeit und Flexibilität. Sie sind das Gegenteil von starr. Doch wie der Mörtel letztlich hart wird, der Klebstoff trocknet und die Fäden geknüpft werden, strafft sich das Netz und hält die soliden Komponenten fest in seinem Griff.

Das Netz, sagen wir, ist der Schatten des Zusammenfügens. Entnähme man die Ziegel der Wand, bliebe ein kontinuierliches, zartes, fast spitzenartiges Gewebe aus Mörtel übrig. Entfernte man die wesentlichen Teile eines bestückten Bausatzes, bliebe ein spinnnetzartiges Gewirr von Klebefäden zurück. Entzöge man dem Buch die zusammengefügten Ansammlungen, so erhielte man eine Textur aus

Schlaufen, Knoten und Stichen, wie sie den Webern, Korbmacherinnen oder Stickerinnen vertraut gewesen wäre. Historisch gesehen waren dies in der Tat Handwerke, die eng mit dem Buchbinden verbunden waren, und oft sogar von den gleichen Personen praktiziert wurden, wobei sie sich eines gemeinsamen Repertoires von Techniken bedienten. Aber es ist die Webart des Netzes, die die Komponenten des Zusammengefügten zusammenhält, es ist auch die Abnutzung, das Ausfransen und schließlich das Brechen der einzelnen Zeilen, das dazu führt, dass die Dinge auseinanderfallen. In einer lebendigen Welt hält nichts ewig, aber gerade deshalb kann das Leben unbegrenzt weitergehen. Die Abnutzung birgt das Versprechen der Erneuerung.

Fragen Sie also nicht, ob dieses Buch etwas Zusammengefügtes oder Angesammeltes ist. Wie bei allem anderen von materieller Machart ist es beides. Wie eine Schachtel hat es Inhalte und dies sind die in ihm gesammelten Essays. Doch jeder Essay ist eine Art Anhäufung, eher eine vorläufige Übung im beobachtenden Denken als eine schlüssige Kombinbation logisch zusammenhängender Aussagen. Darüber hinaus werden sie durch korrespondierende, sich durchziehende Linien zusammengehalten, so wie sich auch materielle Fäden durch die zusammengetragenen Seiten gezogen hätten, wären sie mit traditionellen Techniken gebunden worden. Diese doppelte Natur des Buches stellt mich jedoch vor ein Problem. Denn während es meine Absicht war, eine dem Briefwechsel nachempfundene Sammlung von Korrespondenzen zu präsentieren, führt die Tatsache, dass sie zu einem Buch zusammengefügt sind, Momente des Öffnens und Schließens ein, die durch die Einbände markiert werden und genau diesen Zweck unterlaufen. Denn das Öffnen eines Briefes ist keineswegs wie das Öffnen eines Buches und ein einmal geöffneter Brief kann auch nicht mehr geschlossen werden. Wenn er nicht mehr offen ist, kann das nur daran liegen, dass er vergessen, weggeworfen oder zerstört wurde. Halten wir inne, um diese Vorgänge zu vergleichen.

Wenn das Aufklappen eines Bucheinbands bedeutet, den Deckel des Inhalts zu lüften, so ist das Öffnen eines Briefes eher so, als würde man einer Besucherin die Tür öffnen. Es heißt, sie aus der Enge ihrer Reise zu befreien und sie über die Schwelle hereinzulassen. Früher bedeutete dies, ein persönliches Siegel zu brechen, ein Ritual, das dem Öffnen eines Kutschenschlags zur Begrüßung eines ankommenden Gastes nicht unähnlich war. Es war schließlich üblich, den Brief mit Gruß-, ja liebevollen Worten zu beginnen. Heutzutage, wenn man überhaupt noch Briefe wechselt, würde man wahrscheinlich ein Briefmesser an den Umschlag setzen, den die Absenderin mit Klebstoff versiegelt und möglicherweise mit dem eigenen Speichel aktiviert hat. In jedem Fall ist der Akt des Öffnens gleichbedeutend mit der Freigabe zurückgehaltener Zeilen in die Kontinuität eines Gesprächs. Der Brief wird entfaltet, ausgebreitet und die Worte beginnen aus seinen Seiten zu sprechen, als ob die Korrespondentin im Zimmer wäre und mit dir redete. Und wenn ihr zu Ende gelesen habt? Ihr könnt ihn nicht einfach wieder schließen und ihn zurück ins Regal legen – wie ihr ein Buch in die Bibliothek zurückbrächtet –, als wäre er nie geöffnet worden. Bei einer Schachtel könnt ihr den Deckel stets erneuern, aber der Akt des Siegelaufbrechens oder Umschlagöffnens kann niemals zurückgenommen werden.

Da korrespondierend jede Intervention zu einer Antwort einlädt und jede Antwort ihrerseits eine Intervention ist, gibt es nichts, was dem Prozess immanent wäre und ihn zu einem Ende bringen würde. Wie mit dem Leben selbst, geht der Impuls dahin, weiterzumachen. Wohingegen ein Buch weggelegt wird, wenn man damit fertig ist, bestattet zwischen seinen Einbänden, können nur Vernachlässigung oder Gewalt der Korrespondenz ein Ende bereiten. Sie könnte einfach versiegen, da die Briefe – vergraben in einem Stapel von Papieren oder vergessen in einer Schreibtischschublade – unbeantwortet bleiben. Es ist nicht so, als ob sie nie nach einer Antwort verlangt hätten, aber wenn die Zeit vergeht und das Engagement nachlässt, wird der Ruf allmählich zu einem Wimmern und schließlich zum Schweigen gebracht. Andererseits kann eine Korrespondenz abrupt beendet werden, sollte ein Brief entweder Anlass zum Ärgernis geben oder die Empfängerin in eine kompromittierende Situation bringen, gar erpressbar machen. In solchen Fällen kann nichts weniger als die physische Entsorgung oder Zerstörung – ob zerknüllt und in die Mülltonne geworfen oder den Flammen eines Feuers übergeben – den verärgerten oder beschuldigten Empfänger besänftigen.

Hier ist also mein Problem. Ich möchte unsere Korrespondenz nicht beenden, weder durch Vernachlässigung noch auf gewaltsame Weise. Doch ich bin dazu angehalten, dieses Buch zu einem Abschluss zu bringen. Und es muss ein Punkt kommen, wenn auch Sie den Buchdeckel schließen – ein Punkt, an dem Sie sagen werden, Sie hätten das Buch beendet. Was dann? Werden die Wörter bei Ihnen bleiben? Natürlich hoffe ich das. Denken wir also über den Einband auf andere Weise, mit weniger Endgültigkeit, nach. Es muss sich nicht unbedingt um einen *Ver*deckungsvorgang handeln, wie zum Beispiel bei einer Beerdigung, wenn der Leichnam mit einer Grabplatte zugedeckt wird. Denn eine Abdeckung kann auch Zuflucht und Schutz bieten, eine sichere Verwahrung für den künftigen Gebrauch. Bedecken wir nicht häufig Sachen, *um* später zu ihnen zurückzukehren? Immerhin kann ein geschlossenes Buch jederzeit wieder geöffnet werden und ein guter Einband wird gewährleisten, dass die Seiten in der Zwischenzeit nicht beschmutzt werden. Bücher können immer und immer wieder gelesen werden, so wie Landschaften durchwandert. Denken Sie also, während Sie diese Worte lesen, die letzte Seite umblättern und den Einband schließen, an die Wiederkehr. Wie wir beim Auseinandergehen sagen: *Au revoir.* Da ich diese Zeilen von meinem Zuhause in Aberdeen in Nordostschottland aus schreibe, lassen Sie mich enden mit dem Motto, mit dem diese Stadt auf das Wohl ihrer Besucher und Besucherinnen anstößt: „Glücklich, sich kennenzulernen, traurig, sich zu trennen, glücklich, sich wiederzusehen. *Bon Accord!*“

Endnoten

Vorwort

1 Frei verfügbar online unter *https: / / knowingfromtheinside.org /.*

Einleitung

2 Hannah Arendt, The crisis of education (1954), *Hannah-Arendt: Between Past and Future.* Einleitung Jerome Kohn, London: Penguin 2006, S. 170–93, S. 193.
3 Tim Ingold, Anthropology beyond humanity (Edward Westermarck Memorial Lecture, May 2013), *Suomen Antropologi* 38 (3), 2013: S. 5–23.
4 Tim Ingold, *The Life of Lines*, Abingdon: Routledge 2015, S. 147–153.
5 Amanda Ravetz, BLACK GOLD: trustworthiness in artistic research (seen from the sidelines of art and health), *Interdisciplinary Science Reviews* 43, 2018: S. 348–71.
6 Ravetz, BLACK GOLD, S. 362.
7 Seamus Heaney, „Digging", *New Selected Poems 1966–1987,* London: Faber & Faber 1990, S. 1–2.

Irgendwo in Nordkarelien …

8 Tim Dee (Hrsg.), *Ground Work: Writings on Places and People*, London: Jonathan Cape 2018.

Pechschwarz und Feuerschein

9 Eine frühere Version dieses Essays unter dem Titel *Pitch* („Pech") wurde in *An Unfinished Compendium of Materials* veröffentlicht, herausgegeben von Rachel Harkness, University of Aberdeen: *knowingfromtheinside.org*, 2017, S. 125–126.
10 *Oxford English Dictionary*, n.1, III, 19 a.
11 Spike Bucklow, *The Alchemy of Paint: Art, Science and Secrets from the Middle Ages*, London: Marion Boyars 2009, S. 60.
12 Johann Wolfgang von Goethe, *The Theory of Colours,* übersetzt von Charles Lock Eastlake, London: John Murray 1840, S. 206, § 502. Original: *Zur Farbenlehre*, 2 Bde., Tübingen: Cotta 1810.

Im Schatten des Baumwesens

13 *In the Shadow of Tree Being: A Walk with Giuseppe Penone* © Tim Ingold, erstmals veröffentlicht In *Giuseppe Penone: The Inner Life of Forms*, herausgegeben von Carlos Basualdo, New York: Gagosian 2018.

Ta, Da, Ça!

14 Roland Barthes, *La chambre claire: Note sur la photographie*, Paris: Gallimard, Le Seuil 1980, S. 15–16. Deutsch: *Die helle Kammer. Bemerkung zur Photographie*, Übersetzung Dietrich Leube, Frankfurt am Main 1989.
15 Jean-Pierre Vernant, *Myth and Thought Among the Greeks*, London: Routledge & Kegan Paul, 1983, S. 260. Deutsch von Horst Brühmann: *Mythos und Denken bei den Griechen. Historisch-psychologische Studien*, Konstanz: Konstanz University Press 2016.

Einleitung

16 John Carey, Aerial ships and underwater monasteries: the evolution of a monastic marvel, *Proceedings of the Harvard Celtic Colloquium* 12 (1992): 16–28; Seamus Heaney, Lightenings, *New Selected Poems, 1988–2013*, London: Faber & Faber 2014, S. 32.

17 Augustinus, *Bekenntnisse*. Aus dem Lateinischen übersetzt von Otto F. Lachmann. Leipzig, Reclam 1888.

Des Bergsteigers Klage

18 Es war dies das Hielan' Ways Symposium, *Perceptions of Exploration,* 15–16 November 2014, Tomintoul, Moray.

19 Alfred North Whitehead, *The Concept of Nature* (The Tarner Lectures 1919), Cambridge: Cambridge University Press 1964, S. 14–13. Deutsch: *Der Begriff der Natur*, hrsg. v. R. Löw, Weinheim 1990.

Im Flug

20 *Aerocene,* zusammengestellt und herausgegeben vom Studio Tomás Saraceno, Milan: Skira Editore 2017.

21 Zu Flugträumen siehe Gaston Bachelard, *Air and Dreams: An Essay on the Imagination of Movement.* Ins Englische übersetzt von Edith and Frederick Farrell, Dallas, TX: Dallas Institute Publications 1988, S. 65–89.

22 Dies ist ein Zitat aus der Bildunterschrift der Tate Gallery. Siehe: *http://www.tate.org.uk/art/artworks/lanyon-thermal- too375.*

23 Titus Lucretius Carus, *On the Nature of Things (De Rerum Natura).* Ins Englische übersetzt von William Ellery Leonard, New York: Dutton 1921, S. 38. Deutsch: *Von der Natur der Dinge,* übersetzt von Karl Ludwig von Knobel, Leipzig 1831 = 2. Aufl. Frankfurt am Main/Hamburg: Fischer 1960 [= Lucretius, *De rerum natura* 2, 309/10].

24 Henri Bergson, *Creative Evolution.* Übersetzt aus dem Französischen von Arthur Mitchell, New York: Henry Holt, 1911, S. 128. Original: *L'Evolution créatrice,* Paris: Alcan 1907. Deutsche Übersetzung von Gertrud Kantorowicz, *Schöpferische Entwicklung*, Jena: Diederichs 1921, S. 133.

Schneegeräusche

25 Mikel Nieto, *A Soft Hiss of This World*, 2019, siehe *http://mikelrnieto.net/en/publications/books/a-soft-hiss/.*

26 Der Theologe John Hull, der in seiner Lebensmitte erblindete, beschreibt, wie ständig fallender Regen „so seine eine Art hat, die Konturen von allem hervorzuheben". Siehe John Hull, *Sight and Insight: A Journey into the World of Blindness*, Oxford: One World Publications, 1997, S. 26.

27 Für diese und andere Bezugnahmen auf schottische Begriffe bin ich Amanda Thomson, *A Scots Dictionary of Nature*, Glasgow: Saraband, 2018, zu Dank verpflichtet.

Einleitung

28 Edwin Abbott, *Flatland: A Romance of Many Dimensions*, London: Seeling & Co. 1884. Es gibt mehrere deutsche Übersetzungen. Die letzte: *Flatland. Eine phantastische Geschichte über viele Dimensionen,* übersetzt von Daniel Tibi, Nordhausen: Verlag Traugott Bautz, 2012.

Schere, Stein, Papier

29 Paul Klee, *Notebooks, Volume 1: The Thinking Eye*, hrsg. von Jürg Spiller, ins Englische übersetzt von Ralph Manheim, London: Lund Humphries 1961, S. 105. Deutsch: *Das bildnerische Denken*, hrsg. u. bearb. von Jürg Spiller, Basel/Stuttgart: Schwabe 1971.

30 Tom Brown, Jr., *The Tracker. The True Story of Tom Brown, Jr., as Told to William Jon Watkins*, New York: Prentice Hall 1978, S. 6.

31 John Ruskin, *The Works of John Ruskin* (Library Edition), Bd. 7, herausgegeben von Edward Tyas Cook und Alexander Wedderburn, London: George Allen 1905, S. 14–15.

Ad Coelum

32 „Volumetric Sovereignty: A Forum", herausgegeben von Franck Billé, *Society + Space* 2019; vollständige Sammlung verfügbar unter *http://www.societyandspace.org/forums/volumetric-sovereignty.*

Schwimmen wir?

33 Siehe *http://www.arts-et-metiers.net/musée/paris-flotte-t-il.*

Unterschlupf

34 Tim Knowles, *The Howff Project*, Bristol: Intellect 2019.

Die Zeit verbringen

35 *LA+ International Journal of Landscape Architecture* No. 8, Spezialausgabe zum Thema „Zeit", herausgegeben von Richard Weller und Tatum L. Hands, University of Pennsylvania School of Design, 2018.

36 Adrian Heathfield und Tehching Hsieh, *Out of Now: The Lifeworks of Tehching Hsieh*, London: Live Art Development Agency – Cambridge, MA: MIT Press 2009.

37 Heathfield und Hsieh, *Out of Now*, S. 327, 334.

Einleitung

38 Julie Cruikshank, *Do Glaciers Listen? Local Knowledge, Colonial Encounters and Social Imagination,* Vancouver: UBC Press; Seattle: University of Washington Press 2003.

Die Elemente des Glücks

39 *YOU: Collection Lafayette Anticipations*, Paris: Musée d'Art moderne de Paris 2019.

40 Lucretius, *The Nature of Things*, ins Englische übersetzt von A. E. Stallings, eingeleitet von Richard Jenkyns, London: Penguin 2007, S. 42. Deutsch: Lukrez, *Von der Natur der Dinge*, Karl Ludwig von Knobel, 2. Aufl., Leipzig 1931. Neuauflage: Fischer Bücherei, Exempla Classica, Fischer Verlag: Frankfurt am Main 1960.

Das Leben eines Steins

41 *Être pierre: Catalogue de l'exposition au musée Zadkine,* Paris: Paris Musées 2017.

42 Das Gewicht von Körpern „ist", dem Philosophen Jean-Luc Nancy zufolge, „die Anhebung ihrer Massen an die Oberfläche". Jean-Luc Nancy, *Corpus*, ins Englische übersetzt von Richard Rand, New York: Fordham University Press 2008, S. 93. Deutsch: Corpus, Zürich: Diaphanes 2002.

Der Landesteg

43 *Catalyst: Art, Sustainability and Place in the Work of Wolfgang Weileder*, herausgegeben von Simon Guy, Bielefeld: Kerber Verlag 2015.

Über das Aussterben

44 Ursprünglich veröffentlicht von Little Toller Books in *The Clearing*, 29. November 2018, verfügbar unter *http://www.littletoller.co.uk./the-clearing/on-extinction-by-tim-ingold/.*

Drei kurze Fabeln der Selbstverstärkung

45 Walter Behrmann, „Der Vorgang der Selbstverstärkung", *Zeitschrift der Gesellschaft für Erdkunde zu Berlin*, 1919: S. 153–7.

46 *Grain, Vapor, Ray (Volume 1, Grain)*, herausgegeben von Katrin Klingan, Ashkan Sepavand, Christoph Rosol und Bernd M. Scherer, Cambridge, MA: MIT Press 2015, S. 137–146. Nachgedruckt in *The End of the World Project*, herausgegeben von Richard Lopez, John Bloomberg-Rissman und T. C.Marshall, Munster: Moria Books 2019, S. 546–55.

Linien in der Landschaft

47 Zitiert nach Edward Laning, *The Art of Drawing*, New York: McGraw Hill 1971, S. 32.

Falte

48 *TALWEG 01*, Strasbourg: Pétrole Éditions 2014, siehe: *http://www.petrole-editions.com/editions/talweg01.*

Einen Faden spazieren führen

49 Zuerst veröffentlicht in Anne Masson und Eric Chevalier, *des choses à faire*, Gent: MER 2015, S. 71–79.

50 Tim Ingold, *Lines. A Brief History*, Abingdon: Routledge 2007, S. 69–70, deutsche Übersetzung von Quirin Rieder: *Eine Kurze Geschichte der Linien*, Konstanz: Konstanz University Press 2021, S. 87-91

Buchstabenzeile und Durchstreicher

51 Das Video wurde von Anna Macdonald im Jahr 2016 als Teil eines gemeinsamen Forschungsprojekts mit Marie-Andrée Jacob an der University of Kneele geschaffen und durch ein Fellowship (Stipendium) des Arts and Humanities Research Council (Förderungsnummer AH/J008338/1) finanziert. Siehe Marie-Andrée Jacob, „The strikethrough: an approach to regulatory writing and professional discipline", *Legal Studies*, 37/1, 2017: 137–161; Marie-Andrée Jacob und Anna Macdonald, „A change of heart: retraction and body", *Law Text Culture* 23, 2019, Spezialnummer, „Legal Materiality", herausgegeben von Hyo Yoon Kang und Sara Kendall.

52 Raphael Rubinstein, „Missing: erasure | Must include: erasure", in *UNDER ERASURE*, kuratiert von Heather – Raphael Rubinstein. Pierogi Gallery, New York. Veröffentlicht von Nonprofessional Experiments, 2018–19. *http://www.under-erasure.com.*

53 Diese Idee wird des Langen und Breiten von Gayatri Chakravorty Spivak erörtert, in der Einleitung ihres Übersetzers zu Jacques Derrida, *Of Grammatology,* Baltimore, MD: John Hopkins University Press, 197$, S. IX–LXXXVII. Deutsch: *Grammatologie*, übersetzt von Jörg Rheinberger und Hanns Zischler. Frankfurt am Main 1983 (französisch: *De la grammatologie*, Paris 1967).

54 Das Buch mit Abbildungen von Audubon wurde in London und Edinburgh zwischen 1827 und 1838 veröffentlicht.

55 Wie in dem Titel von Raphael Rubinsteins Essay „Missing erasure: | Must include: erasure“, s. o.

Einleitung

56 Maurice Merleau-Ponty, *Phenomenology of Perception*, übersetzt aus dem Französischen von Colin Smih, London: Routledge & Kegan Paul 1962, S. 187. Original: Phénoménologie de la perception, Paris: Gallimard 1945. Deutsch: *Phänomenologie der Wahrnehmung*, übersetzt von Rudolf Boehm (auch Vorwort), Berlin 1967/74: De Gruyter.

Worte, mit denen man der Welt begegnen mag

57 *Non-Representational Methodologies: Re-Envisioning Research*, herausgegeben von Philip Vannini, Abingdon: Routledge 2015.

In Verteidigung der Handschrift

58 *Writing Across Boundaries,* Durham University, Department of Anthropology, *https://www.dur.ac.uk/writingacrossboundaries/*.

Diabolismus und Logophilie

59 Kenneth R. Olwig, *The Meanings of Landscape: Essays on Place, Space, Environment and Justice*, Abingdon: Routledge 2019.

60 Die Liste von 2014 führt den Titel „Ministry of Defence acronyms and abbreviations“ und ist verfügbar auf *https://www.gov.uk/government/publications/ministry-of-defence-acronyms-and-abbreviations.* Streng genommen unterscheidet man Akronyme von Abkürzungen aufgrund dessen, ob sie als ein Wort ausgesprochen werden (so SAM als „sam“) oder durch Aussprechen der einzelnen Buchstaben (also UEV als „u-e-vau“). Hier wähle ich eine offenere Definition des Akronyms, die jede aus Anfangsbuchstaben bestehende Abkürzung umfasst, unabhängig davon, wie sie ausgesprochen wird.

61 Yi-Fu Tuan, *Topophilia: A Study of Environmental Perceptions, Attitudes, and Values,* Englewood Cliffs, NJ: Prentice-Hall 1974.

Kalter blauer Stahl

62 Claude Lévi-Strauss, *Tristes tropiques*, übersetzt aus dem Französischen von John und Doreen Weightman, London: Jonathan Cape 1955, S. 299. Deutsch in der Übersetzung von Eva Moldenhauer, Frankfurt am Main: Suhrkamp 1978.

63 Maurice Merleau-Ponty, *Phenomenology of Perception*, aus dem Französischen übersetzt von Colin Smith, London: Routledge & Kegan Paul 1962, S. 214. Original: *Phénoménologie du perception,* Paris: Gallimard 1945. Deutsche Übersetzung von Rudolf Boehm: *Phänomenologie der Wahrnehmung*, Berlin: De Gruyter 1966/1974.

*Deutsche Abkürzung: USBV, unkonventionelle Spreng- und Brandvorrichtung
** Deutsche Abkürzung: MVW, Massenvernichtungswaffe(n)
*** Deutsche Abkürzung: FlaRak, Flugabwehrrakete